KNAUR

Von Regine Kölpin sind bereits folgende Titel erschienen:
Oma zeigt Flagge
Oma geht campen
Oma wird Oma
Oma tanzt auf Wolke 7
Oma macht klar Schiff
Ins Watt gebissen
Der Möwenschiss-Mord
Den Letzten beißen die Robben

Über die Autorin:
Regine Kölpin, geb. 1964 in Oberhausen (Nordrhein-Westfalen). Die Autorin lebt seit ihrer Kindheit in Friesland an der Nordsee. Regine Kölpin schreibt für namhafte Verlage (mit Gitta Edelmann auch unter dem Pseudonym Felicitas Kind) Romane, Geschenkbücher und Kurztexte. Ihre Bücher waren mehrere Wochen auf der SPIEGEL-Bestsellerliste. Regine Kölpin hat einige Auszeichnungen erhalten. Unter anderem den Bronzenen Homer 2020 (mit Gitta Edelmann), den Titel Starke Frau Frieslands 2011, das Stipendium Tatort Töwerland 2010 u.v.m. Sie gehört dem PEN-Zentrum Deutschland und den Autorenvereinigungen Delia (Liebesroman) und Homer (Historischer Roman) an. Mit ihrem Mann Frank Kölpin lebt sie in einem kleinen idyllischen Dorf an der Küste. Dort konzipieren sie gemeinsam Musik- und Bühnenprojekte und genießen ihr Großfamiliendasein mit fünf erwachsenen Kindern und mehreren Enkeln oder lassen sich auf ihren Reisen mit dem Wohnmobil zu Neuem inspirieren.
Mehr Infos unter: www.regine-koelpin.de

Regine Kölpin

Oma hat die Hosen an

Roman

KNAUR

Besuchen Sie uns im Internet:
www.knaur.de

MIX
Papier | Fördert gute Waldnutzung
FSC® C083411
FSC www.fsc.org

Originalausgabe März 2024

Ein Imprint der Verlagsgruppe
Droemer Knaur GmbH & Co. KG
Maria-Luiko-Straße 54, 80636 München

Redaktion: Gisela Menza
Covergestaltung: semper smile, München
Coverabbildung: semper smile unter Verwendung verschiedener Motive von Shutterstock.com
Illustration im Innenteil: Roman Kybus / Shutterstock.com
Satz: Adobe InDesign im Verlag
Druck und Bindung: CPI books GmbH, Leck
ISBN 978-3-426-52886-0

Kontaktadresse nach
EU-Produktsicherheitsverordnung:
produktsicherheit@droemer-knaur.de

5 4 3

Kapitel 1

Der Tag roch nach Sommer, frisch gemähtem Gras und den Erdbeeren, die Elisa gerade neben den anderen Zutaten eingekauft hatte und die nun frisch geputzt vor ihr auf dem Küchentisch standen, um für die drei Kuchen verarbeitet zu werden.

Denn es war Erdbeertag, und den zelebrierte sie seit Jahren mit ihrer Familie. Hatte sie doch extra nach neuen Kuchenrezepten gegoogelt, denn sie wollte nicht jedes Jahr mit den gleichen Torten aufwarten.

Auf ihre Familie warteten am morgigen Sonntag ein Erdbeerkranz nach Frankfurter Art, den sie selbst kreiert hatte, ein Erdbeerboden mit saftigem Grundteig und ihr neuer Versuch – die beschwipste Erdbeertorte.

Elisa liebte den süßen Geschmack der reifen Früchte, denn wenn sie die kosten durfte, wusste sie, dass die dunklen Tage nun endgültig vorbei waren und sie fortan lange draußen auf der Bank sitzen und den Vögeln bei ihrer Gutenachtmusik zuhören konnte. In ihrem Alter waren solche Dinge schöner als jedes Abenteuer. Obwohl – mal wieder richtig etwas erleben, nicht so viel allein sein … das hätte auch etwas.

Elisa konnte es kaum erwarten, endlich mit dem Backen zu beginnen. Diese Tätigkeit entspannte sie und vertrieb die Einsamkeit, die sie in den letzten Monaten immer häufiger schmerzhaft verspürte.

»Aber zuerst werde ich ein Käffchen auf meiner Terrasse einnehmen und den kommenden Tag in Ruhe angehen. Hektik hat noch keinem geholfen.«

Elisa schenkte sich einen Kaffee in ihren Lieblingsbecher ein und setzte sich nach draußen auf ihre Terrasse.

Von hier aus hatte sie einen fantastischen Blick auf das Flüsschen Medem, das sich mit ruhigem Strom Richtung Nordsee und Elbmündung durch das Hadelner Land zog.

Ihr kleines Fachwerkhaus, das Elisa seit über vierzig Jahren bewohnte, schien im Sommer den Himmel anzulachen, im Winter aber duckte es sich vor der Kälte zwischen die umliegenden Häuser und versprach anheimelnde Gemütlichkeit. Elisa liebte ihr Städtchen Otterndorf, in dem es an manchen Stellen schien, als wäre die Zeit stehen geblieben. Für sie eine beruhigende Vorstellung, denn manchmal glaubte sie, das Leben sprudelte viel zu schnell an ihr vorbei. Plötzlich war sie alt. Plötzlich zeigten ihr die fünfundsiebzig Jahre, dass die Sanduhr des Lebens immer leerer wurde.

»Noch bin ich fit«, murmelte sie und nahm einen Schluck Kaffee, den sie immer schwarz trank. »Und neugierig darauf, was mir die Zukunft so bringen mag.«

Denn auch in ihrem Alter hatte man noch Hoffnung auf positive Veränderungen. Sonst müsste sie ja Morgen für Morgen in den Garten gehen und beginnen, ihre Endzeitgrube auszuheben. Dazu war sie allerdings noch nicht bereit, und schließlich zahlte man am Ende ja genug für die letzte Ruhestätte, sodass es auch die Totengräber übernehmen konnten.

»Über was denkst du schon wieder nach«, sagte Elisa mit einem leisen Kichern zu sich selbst. »Jetzt freust du dich mal lieber auf morgen!«

Dann schlug sie die Hand vor den Mund, weil sie sich schon zum x-ten Mal dabei ertappte, dass sie Selbstgespräche führte. Ja, sie war wirklich einsam geworden.

Elisa hatte sich sogar schon ein paarmal als Besucherin einer Beisetzung wiedergefunden, weil sie nichts Besseres vorhatte. So konnte sie an der Kaffeetafel teilnehmen, etwas vom gefüllten Butterkuchen naschen und sich mit den anderen Leuten unterhalten.

Doch solche Besuche sollten nicht zur Gewohnheit werden.

Früher, ja früher, da hatte sie das Tanzbein geschwungen, bis der Morgen graute. Sie war auf dem Pferderücken durch die Marsch und am Deich entlanggeritten und hatte die Weite genossen. Den Wind, der ihr die damals langen Haare aus dem Gesicht geblasen hatte. Aber diese Zeiten waren lange vorbei.

»Das Leben ändert sich eben«, murmelte Elisa. Sie erhob sich, hielt sich aber mit der rechten Hand sofort das Kreuz. Sie sollte mal wieder ihren Physiotherapeuten aufsuchen und sich generalüberholen lassen. Das war wie mit einem Oldtimer, der gehörte auch ab und zu frisch geölt. Ihre Abstände verringerten sich allerdings ständig.

»Bei mir kann der gute Heinzi oben am Hals beginnen und an den großen Zehen wieder aufhören. Nur reichen dazu die von der Kasse vorgesehenen zwanzig Minuten nicht.«

Weil Elisa die krankengymnastischen Behandlungen sehr mochte, buchte sie so manches Mal eine zweite Therapie in Folge und ließ sich von Heinzi so richtig durchkneten. Er hatte Töwerhannen, Zauberhände.

Bis zum großen Zeh arbeitete er sich aber nie durch, so weit kam er gar nicht, weil ihn auf dem Weg dorthin zu viele andere Baustellen abhielten. Hier ein verspannter Muskel, da eine Blockade.

»Bin eben schon ein richtiger Oldie«, sagte Elisa zu sich und warf einen prüfenden Blick zu ihrem blauen Ruderboot mit dem kleinen Seestern vorn am Bug. Es lag gut vertäut am Steg und hatte die steife Brise gestern wohlbehalten überstanden. Damit fuhr sie noch regelmäßig raus, wenn sie den Kopf frei haben wollte. Weit ging es nicht mehr, weil sie das Rudern anstrengte, aber Heinzi war wie sie der Ansicht, dass es sie fit hielt. Und es war so schön, die Augen zu schließen und dem leisen Schlagen der kleinen Wellen am Bootsrumpf zu lauschen, das leichte Schaukeln zu genießen und sich den Wind um die Nase wehen zu lassen. Dann der leicht fischige Geruch, der Wasser zu eigen war und sie mit Frieden erfüllte. Elisa wollte nirgendwo anders leben als in Otterndorf und in der Nähe des Meeres. Wenn sie wollte, konnte sie auf ihrem Hollandrad zum Deich Richtung Cuxhaven strampeln und die unendliche Weite der Nordsee genießen, denn nichts machte Seele und Geist freier, als bis zum Horizont blicken zu können.

»Morgen, wenn alles vorbei ist, dann mache ich mich wieder auf den Weg«, flüsterte sie. »Bis zur Schleuse schaffe ich es zwar nicht mehr, aber etwas weiter als bis zum Alten Hafen ist schon drin. Das kräftigt dann meine Muckis!«

»Moin!«

Elisa schrak aus ihren Gedanken hoch, als ein kleines grün gestrichenes Motorboot, auf dessen Seite eine lachende Möwe abgebildet war, gemächlich über die Medem schipperte. Ihr winkte ein Mann in ihrem Alter und mit blau gestrickter Skippermütze auf dem Kopf zu. Darunter quoll langes Haar hervor, das Gesicht wurde von einem dichten Rauschebart verdeckt, und er war gekleidet wie ein alter Fischer mit Troyer und schwarzer Cordhose.

Gleich würde der Mann zurückkommen, denn er fuhr immer nur bis zur Brücke am Stadtpark, machte dort kehrt und schipperte Richtung Hafen zum *Großen Specken* und dann vermutlich weiter gen Nordsee.

Elisa kannte den Skipper nur vom Sehen, seinem täglichen und freundlichen »Moin« – gepaart mit einem fröhlichen Winken. Seit etwa einem halben Jahr tuckerte er häufig an ihrem Häuschen vorbei.

Trotzdem fand Elisa es nett, wie freundlich er sie jedes Mal begrüßte. Und ein bisschen ertappte sie sich auch dabei, dass sie auf sein Boot wartete, wenn sie im Garten stand und auf die Medem blickte. Weil ihr die freundliche Stimme gute Laune bescherte. Und das Gefühl, nicht allein zu sein.

Irgendwie sagte ihr das Gefühl, dass der Mann ebenfalls allein war und das Bootfahren als seine Abwechslung sah. So wie sie das Backen oder das Herumwuseln in ihrem kleinen Garten. Aber dennoch fehlte ihr etwas. War es die Herausforderung oder doch einfach ein Mensch an ihrer Seite, für den sie sich verantwortlich fühlte oder derjenige für sie?

Das Alleinsein setzte Elisa täglich mehr zu, und es machte ihr immer weniger Spaß. Sie musste dringend etwas an dieser Situation ändern, wenn sie nicht Gefahr laufen wollte, dass ihr die Decke auf den Kopf fiel.

Elisa hatte sich sogar vor einiger Zeit ein paar Tage bei einem Onlineportal angemeldet. Also da, wo laut Werbung auch alten Damen wie ihr die Herzen schöner Männer sofort zuflogen und sie sich im Dreiminutentakt verlieben konnte.

Aber das stimmte gar nicht, wie sie ernüchtert hatte feststellen müssen.

In den drei Tagen waren Briefe von etwa zehn Kerlen eingetrudelt. Bei vieren handelte es sich um amerikanische Mariner, allesamt verwitwet mit Kindern. Ja, sollte sie sich auf ihre alten Tage noch um den Stars-and-Stripes-Nachwuchs kümmern und sich dann auch noch für einen jungen Kerl aufhübschen, damit er ihr nach der Brutpflege nicht gleich wieder wegflog? Was für ein Stress!

Mit etwas Pech hatte sie dann seine Ableger auf ewig an der Backe, während er bereits neue Kulturen mit einer jungen Pflanze angesetzt hatte.

Nicht mit ihr!

Diese Herren hatte sie gleich weggeklickt, auch wenn sie mit ihren Uniformen recht schmuck aussahen. Aber eigentlich war sie eher pazifistisch unterwegs und legte auf Lametta an der Brust keinen Wert.

Drei der anderen Galane trugen Vollbart, einer sogar bis zur Brust, und sie hatten allesamt Tattoos auf den muskulösen Oberarmen. Das war gar nichts für Elisa. Dieses Herumgesteche auf der Haut, wo dann diese eigenartigen Gemälde entstanden, die sich je nach Hautzustand entweder ausdehnten oder hoffnungslos zusammenfalteten, als wäre einem Ballon die Luft ausgegangen. Was sollte sie also mit einem lebendigen Gemälde? Wenn sie ein Bild schön fand, kaufte und rahmte sie es, und ab an die Wand. Das konnte sie aber ja mit einem Verehrer nicht machen – also falls sie das Bild dann wider Erwarten doch schön fand und es gern ständig betrachten wollte.

Die mussten also auch von ihrem Bildschirm verschwinden.

Die restlichen drei Männer wirkten schon auf den Fotos so, als würden sie den Mund nicht aufbekommen, denn ihnen gelang nicht einmal ein Lächeln. Dann die pomadigen Haare und dieser Business-Auftritt, als hätten sie ein Bewerbungsgespräch bei der Bank vor sich und buhlten nicht um ein Liebesabenteuer mit einer Dame, denen sie ihr Herz schenken wollten, sondern darum, ihr einen Kredit anzuschnacken. Also: weg damit.

Ihr Papierkorb mit aussortierten Verehrern hatte sich so schnell gefüllt, wie das Portal versprochen hatte, dass sie eigentlich ihre Liebe finden sollte.

Der letzte und einzig attraktive Kandidat war fünfundzwanzig, hatte sich bestimmt nur verklickt oder gehörte der Zunft der Heiratsschwindler an. Also war auch er von ihrem Bildschirm verschwunden.

Das Projekt Onlinedating hatte Elisa folglich wieder ad acta gelegt. Von wegen, jeder verliebt sich alle drei Minuten!

Bei ihr war der Funke jedenfalls nicht übergesprungen, und er würde es wohl auch nicht mehr. Manchmal war es einfach besser, ein Häkchen zu setzen.

Sie war mit dem Thema Beziehung und Liebe durch. Das hatte auch viele Vorteile, schließlich war es nicht schlecht, einfach ihr Ding machen zu können und sich nicht absprechen zu müssen. Und sie lief nicht mehr Gefahr, dass ihr das Herz gebrochen werden konnte. Das hatte sie mit Julius' Tod hinter sich und war froh, endlich wieder lachen zu können.

Es war dennoch befremdlich, dass sie sich über ein grün gestrichenes Boot und dem damit verbundenen freundlichen »Moin« derart freuen konnte – selbst wenn der Fahrer einem gefährlichen Piraten ähnelte.

Elisa hörte das leise Brummen des Motorbootes erneut, und ihr Herz schlug unwillkürlich schneller. Das Tuckern wurde lauter, und dann war der Bärtige wieder auf der Höhe ihres Hauses.

Dieses Mal tippte er sich mit Zeige- und Mittelfinger an die aufgekrempelte Mütze und lächelte freundlich.

Elisa winkte wie jeden Tag zurück, und erst als das Boot verschwunden war, drehte sie sich um und ging zurück zum Haus.

»Ich sollte wirklich mal nachforschen, wie er heißt und wo er wohnt«, murmelte sie. »Auch Piraten können ja nett sein. Sind nicht alle Verbrecher.« Elisa kicherte übermütig. »Aber heute habe ich keine Zeit, heute ist Backen angesagt.«

Schließlich sollte morgen alles fertig sein, wenn Immo mit der Familie kam. Es war immer etwas eng, weil sie nur zwei freie Dachzimmer hatte, aber Elisa hatte die Betten schon bezogen und die Zimmer gereinigt. Wie in jedem Jahr kamen sie am Sonntagnachmittag und blieben eine Nacht. Ihr Montagsfrühstück, bevor es zurück in den Alltag ging, hatten sie stets sehr genossen. Und auch die Enge beim Schlafen war kein Problem.

»Fast wie früher, wenn wir als Halbstarke unterwegs waren und irgendwo geschlafen haben«, sagte sie zu sich. »Da gab es auch keine Himmelbetten und viel Platz. Oft musste eine Isomatte reichen.«

An Immos Seite war aber leider seit drei Jahren Gesa zu finden. Sie glich von der Statur her einer jungen Birke. Schön und biegsam, gertenschlank. Vom Wesen her erinnerte sie Elisa aber eher an die böse Königin von Schneewittchen. Gesa ließ keinen Zweifel an dem Anspruch, dass sie allein die Schönste im ganzen Land war, und ihren Stiefsohn Tobias nahm sie eben in Kauf. Gut, das war nicht Elisas Baustelle, das mussten Immo und Tobias mit Gesa klären.

»Ich sollte jetzt loslegen«, beschloss sie.

Obwohl Elisa die Rezepte zum Teil aus dem Internet hatte, musste sie die Seite nicht erneut aufrufen. So etwas konnte sie sich schließlich merken. So morsch ihre Knochen auch an einigen Stellen schienen, sosehr sich die Muskeln auch hin und wieder versteiften: Ihr Kopf funktionierte noch einwandfrei.

Und Kuchenrezepte konnte sie ausnahmslos in ihren Gehirnwindungen abspeichern. Da war sie spitzfindig.

Jetzt schnell die Schürze umbinden, und dann konnte es losgehen. Sie wollte mit dem Grießboden beginnen, dann hatte sie sich warm gebacken. Das war wie vor einem Sportprogramm, wenn man etwas Vorbereitungszeit mit leichten Aufwärmübungen brauchte, damit später auch die schweren Disziplinen gut zu bewerkstelligen waren.

Mit flinken Bewegungen zauberte sie den ersten Teig.

Was war es für ein erhebendes Gefühl, wenn der Duft süß und vanillelastig durch die Küche waberte! Das löste in ihr ähnliche Glücksgefühle aus wie die Sommertage in ihrem Garten auf jener Bank. Oder das Lächeln des Piraten. Verdammt, sie sollte sich ihn ganz schnell aus dem Kopf schlagen. Auch er trug Vollbart, und das war für sie ein absolutes Ausschlusskriterium, weil sie glaubte, dass der Bart ganz sicher kratzte, wenn man sich näher kam.

Der Teig für den Grießboden war fertig. Sie füllte ihn in eine Springform, nachdem sie die runde Platte zuvor mit Backpapier ausgelegt hatte. Dann löste er sich später leichter. Danach kam der Boden in den Backofen.

Weil sie jeden Kuchen der Reihe nach abbuk, um den unterschiedlichen Temperaturen gerecht zu werden, konnte sie sich mit dem Rührteig Zeit lassen und auch schon den Teig für ihren beschwipsten Erdbeerkuchen vorbereiten.

Elisa stellte das Radio lauter und freute sich über den Hit von Neil Diamond: »It's a beautiful noise«. Dazu ließ es sich herrlich rühren, und ihr ging der passende Hüftschwung dazu gut von den Füßen. Heinzi wäre begeistert!

Inzwischen zog schon der Duft des Grießbodens durch die Küche. Elisa prüfte ihn, ja, er hatte sowohl die richtige Festigkeit als auch die leicht braune Färbung. Bei dem Kuchen musste sie immer höllisch achtgeben, damit er nicht zu dunkel wurde und dann an Geschmack einbüßte.

Der Rührteig für den Erdbeerkranz war schon in der Springform mit dem geschwungenen röhrenförmigen Boden eingefüllt, so hätte er später oben eine schöne wellige Form.

Ein wenig würde er gleich noch aufgehen und dann hoffentlich nach dem Backen eine lockere Konsistenz haben.

So vergingen die Stunden mit Rühren, Vermischen und Dekorieren, bis alle drei Kuchen fertig waren. Kurz überlegte Elisa noch, ob sie auch einen Waffelteig machen sollte, denn an einem Kaffeenachmittag wäre es die Krönung, wenn der Duft der frischen Waffeln durchs Haus zog und einfach Lust auf Kuchen machte. Dazu frisch geschlagene Sahne und gezuckerte Erdbeeren.

Doch ein Blick auf ihren Vorrat an Früchten zeigte ihr, dass sie von der Idee Abstand nehmen musste, denn die Früchte würden nicht ausreichen. Es war wohl besser, sie selbst und sofort zu vertilgen.

Danach betrachtete Elisa zufrieden ihr Werk. Der Kuchen und die beiden Torten sahen meisterhaft aus. Nun noch alles kalt stellen, und dann konnte es morgen losgehen.

Kapitel 2

Der Sonntag brachte nicht nur strahlenden Sonnenschein, sondern auch eine große Hitze mit sich, sodass Elisa schon befürchtete, ihre Kuchen würden später bei der Wärme zerlaufen. Aber sie hatte im Keller einen großen Kühlschrank und musste sich deswegen nicht den Kopf zerbrechen.

Gleich wollte sie noch Sahne schlagen, und dann konnte ihr Sohn Immo mit Gesa und Tobias kommen. Dank ihm wusste sie nun immerhin, was das Wort chillen bedeutete. Sie hatte es nicht einmal googeln müssen, denn es reichte, ihm zuzuschauen.

Tobias betrieb dieses merkwürdige Ausruhen, bei dem man sich offenbar gedankenmäßig oder mental, wie man heute sagte, weit weg katapultierte, allerdings stets so akribisch, dass Elisa befürchtete, er könnte dabei einschlafen, vom Stuhl fallen und sich den Kopf aufschlagen. Das konnte er schon als Kind gut, deshalb wusste Elisa, wie doll diese Wunden bluteten. Und wenn er dann auch noch den Teller Erdbeerkuchen samt Schlagsahne in der Hand hatte und es Scherben gab … Sie mochte es gar nicht zu Ende denken.

»Er ist ja jetzt auch älter geworden, vielleicht braucht man das Chillen dann nicht mehr ganz so oft«, machte sie sich selbst Mut. Kleinkinder benötigten schließlich auch keinen Mittagsschlaf mehr. So war es ja möglich, dass auch Teenager dem Chillen eines Tages entwuchsen.

»Hauptsache, Immo und Co. sagen nicht wieder ab«, murmelte Elisa. Ihr Herz klopfte heftig bei dem Gedanken, denn im letzten Jahr …

Sie erinnerte sich nur ungern daran. Gerade als sie damals den herrlichen Biskuit aus dem Ofen gezogen hatte, war der Anruf gekommen. Die Erdbeeren hatte sie dann den Nachbarskindern geschenkt und den Boden nach und nach selbst weggeknabbert. Nach drei Tagen war er allerdings schon recht hart gewesen, und sie war sich vorgekommen wie ein Pferd, das auf hartem Brot herumnagte.

»Das passiert in diesem Jahr nicht«, machte sich Elisa selbst Mut. »Immo hatte schließlich einen triftigen Grund, weil er beruflich eingespannt war! Er hätte längst abgesagt, wenn es heute nicht klappt.«

Dennoch blieb diese Unruhe, denn seit Gesa bei ihrem Sohn das Sagen hatte, war alles anders als früher. Elisa hatte sich immer geschworen, niemals gegen die Beziehungen ihres Sohnes zu arbeiten, aber da hatte sie noch nicht gewusst, dass es eine Gesa geben konnte. Sie war Influencerin und verdiente ihr Geld damit, dass sie neckische Filmchen viral gehen ließ und dabei Produkte vorstellte und verkaufte. Zusätzlich feilte und dekorierte sie die Nägel von anderen Frauen.

Das allein wäre ja kein Grund, sie nicht zu mögen, aber wie schwer war es, wenn die Freundin ihres Sohnes ständig suggerierte, sie hätte es bei Elisa mit einer betagten und senilen Person zu tun, obwohl sie doch noch selbstständig war und sich mit dem Internet gut auskannte. Sonst würde sie die Gesa-Postings schließlich nicht kennen.

Erdbeerkuchen war auf jeden Fall nicht Gesas Leibgericht, denn er schadete ihrer Figur, und zum Gesamtbild der Schwiegertochter in spe gehörte Bodyforming. Das hatte Elisa begriffen.

Mit jeder Minute, in der das Telefon still blieb, wuchs Elisas Zuversicht auf einen wunderbaren Erdbeertag. Es würde alles gut gehen. Ganz sicher würde es das. Auch ihrem Sohn war dieses Familienevent heilig.

»Nun chill du mal!«, machte sie sich selbst Mut. Aber das blöde Gefühl wollte einfach nicht verschwinden.

Der gedeckte Tisch sah wundervoll aus. Weil die Sonne kraftvoll vom Himmel schien, hatte Elisa beschlossen, das Kaffeetrinken auf die Terrasse zu verlegen. Sie liebte es eben, sich draußen aufzuhalten, dem Treiben auf der Medem zuzuschauen und dem Gesang der Vögel zu lauschen.

Für die Terrasse nutzte sie immer ein besonderes Gedeck, weil sie fand, dass es wunderbar zu ihrem rustikalen Holztisch passte. Es handelte sich um ein schweres blaues Steingutgeschirr. Das Gesamtbild rundeten ihre karierten Servietten und der dickbauchige Glaskrug ab. Darin servierte sie Wasser, in dem Minzestängel und Limetten schwammen, die für einen fruchtigen Geschmack sorgten.

Seitlich befand sich eine schlichte Vase, in die sie prächtige rosafarbene zarte Röschen drapiert hatte – vor einer Stunde frisch im Garten geschnitten.

Es sah aus wie in Elisas Lieblingsgartenzeitschrift. Dort schaute sie sich gern solche Arrangements an.

Auf ihrer lauschigen Terrasse war es angenehm schattig, weil sie von Clematis und Kletterhortensien begrünt wurde. An der Wand zur Medem blühten schon seit Jahren bunte Stockrosen und wiegten sich im Wind.

Elisa schaute auf die Uhr. Noch eine Stunde, dann wäre ihre Familie da. Sie musste nur noch den Kaffee aufsetzen, und dann begann der schönste Tag des Jahres für sie. Den Erdbeerkuchentag fand Elisa viel wichtiger als Ostern und Weihnachten zusammen.

Weil er seit vielen Jahren etwas Besonderes war. Na ja, und an Weihnachten war Immo mit der Familie schon lange nicht mehr bei ihr gewesen. Es war eine lange Strecke von Köln nach Otterndorf, und Tobias hatte andere Interessen, als die Oma zu bespaßen. Aber der Erdbeertag, der hatte, bis auf das letzte Jahr, immer geklappt.

Elisa schrak zusammen, als das Telefon klingelte, und kurz überlegte sie, einfach nicht dranzugehen. Wenn es tatsächlich Immo war, der sie nun kurz vor ihrem Termin versetzte … Das würde sie kein zweites Mal ertragen.

»Elisa!«, machte sie sich selbst Mut. »So gemein ist er nicht.« Denn wenn sie nicht losgefahren wären, hätte er sich schon am Morgen gemeldet.

Sie ging also hinein und nahm den Hörer von ihrem neumodischen Funktelefon ab. Es hatte ein schickes silbernes Design, natürlich verfügte es über eine Freisprechanlage und ein weiß beleuchtetes Grafikdisplay. Auch den Wecker mit Wocheneinstellung fand Elisa schick. Wenn es um moderne Technik ging, ließ sie sich nie lumpen. Sie überlegte sogar, ihr Haus richtig »smart« zu gestalten. Was wäre es fein, wenn der Kaffee beim Nachhausekommen schon durch den Filter gelaufen wäre. Ein Klick mit dem Handy, und sie würde von den Klängen der Moldau und dem Duft frischen Kaffees empfangen. Geradeso als hätte bereits wer auf sie gewartet. Das wäre zwar eine Illusion, weil sie ein Gemäuer und kein Mensch empfing, aber immer noch besser als diese eigenartigen Männerangebote der Flirtbörse.

Leider war die Umrüstung ihres Hauses nicht ganz billig, und so schreckte Elisa vor diesen Kosten doch etwas zurück.

»Krull«, meldete sie sich mit zögerlicher Stimme.

Bestimmt war es wieder einer der dämlichen Werbeanrufe, bei denen man erst eine lange Zeit gar nichts hörte, bevor sich dann eine schnarrende Stimme meldete und ihren Namen grundsätzlich falsch aussprach. Warum auch immer es so schwer war, sie einfach Frau Krull zu nennen. Und nicht Mull, was manchmal wie Müll klang. Oder Kull, Bull, Brull. Sie hatte schon alles erlebt.

Doch dieses Mal hatte sich wer verwählt, und der Mann entschuldigte sich wortreich für seinen Fauxpas.

Elisa fiel ein Stein vom Herzen. Sie hatte wirklich befürchtet, Immo könnte sie wieder versetzen.

Erleichtert und mit großem Elan stellte sie die Kaffeemaschine an – weil sie den Filter schon eingesetzt hatte, musste sie nur den Knopf drücken, und so schlimm war es dann doch nicht, das selbst zu tun. Anschließend schnitt sie die beiden Torten und den Kuchen an. Sie war da sehr pingelig und achtete stets darauf, dass gleich große Stücke entstanden, denn alles andere zerstörte die Optik. Nun fehlte für den Grießerdbeerkuchen nur noch die geschlagene Sahne. Natürlich gab sie eine Prise Vanillezucker dazu, denn nur dann fand sie die Sahne richtig schmackhaft.

Hach, wie das duftete!

Nun noch alles vorsichtig raustragen und so anrichten, dass einem das Wasser im Munde zusammenlief. Es machte durchaus einen Unterschied, wie sie die Kuchen platzierte.

Als Elisa fertig war, klatschte sie begeistert in die Hände, denn es sah fantastisch aus. Sie ging zurück in die Küche, um dort noch etwas Ordnung zu schaffen.

Endlich hörte sie Schritte und Stimmen. Kurz darauf klopfte es an der Tür des Fachwerkhäuschens in der Eschstraße. Sie hatte neben der Klingel auch diesen rustikalen Messingring, den ein Löwe im Maul trug. Das passte wunderbar zu der alten Tür und dem Fachwerkhaus.

Elisa hatte die Holzbalken erst im letzten Jahr wieder neu weißen lassen, sodass der rote Klinker dazwischen gut zur Geltung kam.

Sie öffnete und strahlte ihren Jungen an. Er war braun gebrannt und hatte immer einen verschmitzten Gesichtsausdruck.

»Moin«, begrüßte Immo sie, schaute zwar die Fassade hinauf, verlor aber kein Wort darüber, wie hübsch es geworden war. »Da sind wir!«

Immo küsste seine Mutter rechts und links auf die Wangen.

»Moin, mien Jung. Schön, dass ihr da seid.« Sie reckte den Hals, weil sie es gar nicht abwarten konnte, dass Tobias gleich auf ihrer Terrasse mit dem Chillen begann. Doch hinter Immo stand nur Gesa mit ihren schlanken und wohlgeformten Beinen, die mangels Po nahtlos in einem genauso schlanken und wohlgeformten Körper endeten.

»Wo steckt denn Tobias?«, fragte Elisa mit betont fröhlicher Stimme, doch sie ahnte schon, welche Antwort folgen würde.

»Er hat ein Handballspiel«, antwortete Gesa. »Das passte mit der Reise nicht.«

Elisa schluckte die Enttäuschung über das Fehlen ihres Enkels tapfer hinunter. So war es eben, wenn die Kinder älter wurden, da hatte ein Besuch bei Oma keine oberste Priorität mehr. Elisa, das hat nix mit dir zu tun, das ist der Lauf der Welt. Für Tobi gibt es eben nur drei Dinge: Chillen, Gamen und Handball.

Am besten stellte sie gleich die nächste Frage, dann würde es ihr besser gelingen, das Thema abzuhaken. »Wo habt ihr denn den Wagen gelassen?«

»Wir stehen auf dem Parkplatz in der Mühlenstraße«, gab Immo Auskunft. »Dann kommen wir wohl erst einmal rein, was?«

Elisa machte einen Schritt zur Seite. »Ich habe auf der Terrasse gedeckt.«

Gesa nickte und hatte wieder einen leidenden Gesichtsausdruck, denn irgendwas plagte sie immer. Mal schmerzte der Kopf, dann die linke Wade oder die Kuppe vom rechten Zeh. Ab und zu zuckte auch ihre Braue, und das immer dann, wenn sie aufgebracht war. Allerdings deutete sie das als schwere Nervenerkrankung, basierend auf ihrem hohen emotionalen Stress, weil sie ständig auf der Suche nach einem kalorienarmen Essen war, das keine Pfunde auf die Hüfte tackerte, oder weil es so anstrengend anmutete, stets den optimalen Social-Media-Post mit dem richtigen Lächeln zu erstellen.

Es war allerdings gleichgültig, was Gesa fehlte: Ihre Leiden waren stets dramatisch, und sie plagten sie auch immer schlimmer als jeden anderen.

Plötzlich hielt sich Gesa die linke Hüfte fest.

Elisa kam gar nicht dazu, nachzufragen, was sie denn heute so quälte, denn Gesa stöhnte leise auf und sagte mit schmerzerfüllter Stimme: »Mein Magen!« Sie verdrehte theatralisch die Augen, so als würde sie in Kürze kollabieren. »Einmal was Falsches gegessen. Einmal nicht gut gekaut. Du weißt ja, wie gern er rebelliert!«

Hauptsache, nicht quer über den Tisch, dachte Elisa, lächelte weiter freundlich, fragte sich aber zugleich, warum Gesa eigentlich ihre Hüfte mit der Hand streichelte. Der Magen saß schließlich woanders, so viel anatomische Kenntnisse besaß sie durchaus.

Gesa bemerkte Elisas fragenden Blick. Ihre Hand schnellte in die Bauchmitte.

»Es strahlt manchmal nach unten hin aus«, erklärte sie. »Richtig weit, das ist ganz furchtbar. So etwas Schlimmes hast du in deinem ganzen Leben sicher noch nicht mitmachen müssen.«

Elisa runzelte die Stirn. Gesa war kinderlos und konnte deshalb nicht einschätzen, wie schlimm ein Geburtsschmerz sein konnte. Elisa hatte nach einer schweren Kolik auch schon eine Gallen-OP geschafft und die eine oder andere Magengrippe überlebt. Also war sie, was Schmerzen und Unwohlsein anging, nicht vollkommen unerfahren.

Doch diese Diskussion würde nichts bringen, weil Gesa eben immer schlimmer dran war als alle anderen. Manchmal kamen Elisa bei den Litaneien ihrer Fast-Schwiegertochter ketzerische Gedanken. Auch jetzt konnte sie sich nicht erwehren, dass ihr etwas besonders Fieses durch den Kopf schoss und es ihr auch leise über die Lippen floss.

»Wenn Gesa mal stirbt, dann übertreibt sie so richtig«, murmelte sie, riss sich dann aber zusammen und lächelte die Freundin ihres Sohnes breit an, in der Hoffnung, auf diese Weise Mitleid zu suggerieren. Aber so ganz konnte sie es doch nicht lassen zu sticheln. »Der Bauch also. Hatte ich auch schon mal. Ist nicht so schlimm.« Diese Bemerkung bescherte ihr sogleich einen bitterbösen Blick, sodass sie sich lieber korrigierte, um die Situation nicht eskalieren zu lassen. Stimmte man Gesa nicht in allen Punkten zu, konnte das böse Folgen haben. »Also bei mir war es nicht so schlimm, das verhält sich bei dir sicher anders.«

»Allerdings«, bestätigte Gesa spitz.

»Es ist schön und tapfer, dass du trotzdem gekommen bist.«

Gesas Gesichtszüge wurden weicher, genau das hatte sie wohl hören wollen.

Elisa beschloss, das Thema zu wechseln, denn auf Dauer würde sie diese Scharade nicht ertragen. Wie Immo das schon so lange aushielt, war ihr ein Rätsel.

»Nun wenden wir uns mal dem Genuss zu«, schlug sie vor. »Die Erdbeeren haben in diesem Jahr ordentlich Sonne bekommen und schmecken besonders süß. Das wird dir schmecken und dich bestimmt wieder aufpäppeln.«

»Ich habe seit ein paar Wochen eine Erdbeerallergie«, gab Gesa zurück und war damit schon wieder bei ihrem Lieblingsthema. Sie schaffte es tatsächlich immer wieder, das Gespräch zurück zu ihren Erkrankungen zu bringen.

Immo schob seine Freundin vorsichtig in Richtung Tisch. »Gesa, setz dich doch schon mal. Nicht dass dir dein Kreislauf bei der Wärme noch einen Streich spielt.« Er wandte sich wieder an seine Mutter. »Ihr geht es schon die ganze Reise über nicht gut. Schlimm, was sie so durchmachen muss, oder?«

»Ganz deiner Meinung«, lenkte die mit aufgesetzter Fröhlichkeit ein. »Ich habe oben die Zimmer fertig gemacht. Wenn nur ihr beiden da seid, ist es zumindest nicht zu eng, und wir müssen morgen früh nicht so lange am Bad anstehen. Alles hat Vor- und Nachteile.«

Immo verzog das Gesicht, wie er es gern tat, wenn ihm eine Sache unangenehm war. »Also, dass Tobias nicht dabei sein kann, hängt mit dem Handballspiel zusammen. Das ist heute Abend.«

»Ja, und?« Elisa deutete zum Tisch, wo sich Gesa sofort mit schmerzverzerrtem Gesicht auf einen der Stühle fallen ließ.

»Dieses Handballspiel ist immens wichtig und entscheidet darüber, ob Tobis Mannschaft aufsteigt.«

»Toll, dann ist er ja sehr erfolgreich. Das ist doch super!«, sagte Elisa erfreut.

»Ja, nicht wahr?«, mischte sich Gesa ein. »Sport ist sehr wichtig für den Muskelaufbau und die geistige Fitness. Das muss gefördert werden.«

Da war doch was im Busch! »Was wollt ihr mir bitte schön sagen?«

Immo rang mit sich, bevor er erklärte: »Wir müssen deshalb gleich wieder los. Schließlich wollen wir ihn und seine Jungs ja kräftig anfeuern.«

Daher wehte also der Wind. Die Betten hatte Elisa folglich umsonst bezogen.

»Wie jetzt?«, brachte sie hervor. »Ihr seid die ganze Strecke aus Köln nur nach Otterndorf gekommen, um mir zu sagen, dass ihr gar keine Zeit habt?« Sie fasste es nicht.

»So ganz ist das nicht«, erklärte Immo. Er lief nun puterrot an und schabte mit der Schuhspitze über das Pflaster.

Elisa legte fragend den Kopf schief. »Ich höre!«

»Nun ja. Deswegen sprach ich eben von der Reise. Gesa und ich haben zwei Tage lang Urlaub in Cuxhaven gemacht. Ein bisschen Duhnen und den Strand genießen, zur Alten Liebe gehen und solche Sachen. Du weißt schon.«

Solche Sachen also. Elisa fehlten die Worte, und Immos weitere Erklärungen prallten an ihr ab.

»Wir sind quasi auf dem Rückweg von einer kleinen Auszeit. Die hatten wir bitter nötig.«

Hörte Elisa da einen Unterton, der zeigte, dass es mit der Beziehung der beiden gerade nicht zum Besten stand?

»Hat es geholfen?«

»Ja«, entfuhr es Gesa blitzschnell. »Duhnen hat einen tollen Strand. Perfekt für meine neue Insta-Kampagne mit dem Sonnenöl.«

»Und wo war Tobi? Allein zu Hause?«

»Waren ja nur drei Tage«, sagte Gesa. »Und er ist schon siebzehn. Da kommt er schon zurecht. Gibt schließlich den Pizzadienst und etliche Fast-Food-Ketten in Köln.«

Elisa atmete tief durch. Dann war es eben, wie es war. Ein Schmalhans-Erdbeerfest.

Sie lächelte Immo und Gesa an, als wäre die Welt vollkommen in Ordnung. »Dann wollen wir die kurze Zeit einfach genießen. Ich habe dann wohl etwas viel Kuchen gebacken, was?«

»Das wäre auch zu viel gewesen, wenn Tobi mitgekommen wäre und wir drei Stunden zusammengesessen hätten«, warf Immo ein, als er sah, wie üppig Elisa aufgetischt hatte.

»Boah, ist mir schlecht, wenn ich die Kuchenmassen sehe!«, quakte Gesa und verdrehte theatralisch die Augen.

Immo biss sich genervt auf die Unterlippe und sah aus, als müsste er sich merklich am Riemen reißen, seine Freundin nicht anzufahren.

Elisa schenkte Immo und sich Kaffee ein. Gesa hatte die Hand über die Tasse gelegt, sie hatte ja Bauchweh und mochte keinen Kaffee.

In Elisas Kopf sprangen die Gedanken wild ringsumher, als sie realisierte, was genau Immo ihr da eben gesagt hatte.

Sosehr sie die Motivation der beiden verstand, tat es dennoch richtig weh, dass Immo keine Zeit für seine alleinstehende Mutter gefunden hatte. Da weilte ihr Sohn, den sie nur einmal im Jahr sah, wenn er zum Erdbeerkuchenessen nach Otterndorf kam, ein paar Kilometer entfernt in Cuxhaven und befand es weder für nötig, kurz vorbeizukommen, noch, ihr überhaupt davon zu erzählen? Er hatte also exakt dreißig Minuten für sie eingeplant. Obwohl er genau wusste, wie wichtig ihr dieser Tag war. Das musste sie erst einmal sacken lassen.

»Du hättest was sagen können«, stammelte Elisa.

»Hab ich doch. Jetzt.« Immo rieb seine Hände und warf einen Blick auf die Armbanduhr. »Wir wollen pünktlich zu Tobias' Spiel in Köln sein, und da sich Gesa wohl gestern den Magen verdorben hat, ergibt es auch keinen Sinn, sich jetzt mit Erdbeerkuchen und Sahne vollzustopfen. Das verstehst du sicher.«

»Nein, das verstehe ich alles nicht«, rutschte es Elisa heraus. »Ganz und gar nicht verstehe ich das. Wenn ihr heute keine Zeit habt, dann hättet ihr doch nur kurz was sagen müssen, und wir hätten das Erdbeerfest eben einen Tag früher gefeiert. Oder an einem anderen Tag. Wir sprechen es doch immer ab.« Sie schnaufte. »Und ich hätte gestern nicht den ganzen lieben langen Tag in der Küche gestanden, um Kuchen zu backen, den ich nun in die Tonne werfen darf.«

Von der Bettenbezugsaktion mal ganz abgesehen.

»Elisa, nun hör bitte auf, herumzuschimpfen«, warf Gesa mit nunmehr matter Stimme ein. Sie klang so schwach, als würde sie in Kürze das Zeitliche segnen. »Gönne deinem Sohn doch ein paar Stunden allein mit seiner Freundin! Und ein wenig mehr Verständnis für meinen Umstand kann ich doch auch erwarten, oder nicht?«

»Bist du schwanger?«, entfuhr es Elisa entsetzt.

»Nein, Mutter, keine Sorge«, versuchte Immo, sie zu beruhigen.

Elisa atmete erleichtert auf. »Ihr seid so selten hier …« Sie brach ab. Es war zwecklos, und Lamentieren half nichts. Immo und Gesa hatten so entschieden, und ihre Befindlichkeit tat hier nichts zur Sache. »Gut, dann ist es eben so«, sagte sie und betrachtete wehmütig die drei Kuchen. Alles Leckereien, die dringend verspeist werden wollten. »Dann nehmt doch einfach etwas mit. Wer soll das denn alles essen?«, schlug sie vor, bloß um etwas zu sagen und den Schmerz zu überbrücken. »Tobi freut sich doch bestimmt darüber.«

Gesa stöhnte laut auf. »Elisa! Es sind fünfundzwanzig Grad! Du glaubst doch nicht ernsthaft, dass wir diesen Kuchen«, sie spie das Wort regelrecht aus, als hätte Elisa sie gebeten, schimmliges Brot einzupacken, »mit der geschlagenen Sahne mitnehmen und morgen ganz sicher beide Salmonellen haben werden.«

»Es gibt Kühlboxen«, gab Elisa ungerührt zurück. »Sogar in elektrisch, das kühlt so weit runter, dass die Salmonellen frieren und sich ganz bestimmt nicht in deinem Bauch vermehren. Ich habe so eine im Keller.«

»Lass gut sein, Mama!«, meinte Immo. »Vorschlag zur Güte: Ich trinke meine Tasse Kaffee in aller Ruhe aus und koste dabei gern von deinem leckeren Kuchen.«

»Du lebst Low Carb«, krähte Gesa. »Da darfst du so ein Zuckerzeug mit Kohlenhydraten nicht. Denk an deine schlanke Linie! Zu viel Bauchfett erhöht den Blutdruck! Und ratzfatz kann ich dich beerdigen.«

Elisa runzelte bei dieser erneuten Dramatik die Stirn, aber es war besser, Gesa nicht zu widersprechen. Auch wenn man ihr das Low Carb ansah, denn sie schaute aus wie ein Skelett auf Urlaub, und ihre Proportionen hatten mit dem viel zu großen Kopf auf dünnem Hals das Kindchenschema zurückerworben. Es wäre schade, wenn sich Immo dieser Silhouette anpassen würde, denn sie fand seine Teddyform sehr ansprechend.

»Ich esse nur ganz wenig. Mutter hat sich schließlich solche Mühe gegeben.«

Gesa nickte, warf jedoch zugleich einen Blick auf die Uhr. »Spute dich aber bitte! Nicht dass der Tobi nachher auf uns wartet!«

»Wird er nicht«, sagte Immo. »Ich esse ganz schnell.«

»Das schnelle Essen verursacht Gastritis oder sogar Magengeschwüre«, dozierte Gesa weiter und wandte sich mit strengem Blick an Elisa. »Für mich wäre ein Kamillentee gut.«

»Prima, dann gehe ich jetzt fix die Blüten dafür pflücken, trockne sie kurz im Backofen, und danach kann ich dir den Tee brühen.«

Elisa wusste selbst, wie zickig sie klang. Aber was sollte dieses Theater?

Gesa winkte natürlich dankend ab.

»Ich kann auch einen Beutel in die Tasse hängen. Der Tee ist erst seit Kurzem abgelaufen, und schlecht wird so was nicht. Nur geschmacklos.« Elisa hoffte, dass sie etwas versöhnlicher klang, aber dazu waren ihre Worte wohl zu scharf gewesen.

Ihr war der Appetit derweil vergangen, und sie hätte den Kuchen am liebsten in die Medem geworfen.

Um des lieben Friedens willen machte sie Gesa dann doch einen Becher mit Kamillentee fertig und stellte ihn mit einem liebenswürdigen Lächeln vor sie auf den Tisch.

Sie schaute zu, wie sich ihr Sohn eine winzige Ecke des Kuchens auf den Teller gab und ihn mit einem einzigen Happs verschlang. Den Kaffee kippte er hinterher, und nach etwa dreißig Minuten mahnte Gesa zum Aufbruch. Sie selbst hatte nichts angerührt und auch am Kamillentee nur zweimal genippt, weil ihr eingefallen war, dass der Beuteltee unter Umständen doch einen zu hohen Pestizidanteil hätte und auch sonst viel zu heiß bei den herrschenden Außentemperaturen war.

»Ich mache später noch einen Post über unser Treffen«, versprach Gesa. »Als Trost!« Sie zückte das Handy und fotografierte den Tisch. »Das kommt gut, so hübsch gedeckt. Und dass ein Stück fehlt, macht es so wunderbar authentisch!«

Kurz darauf winkte Elisa ihrem Sohn traurig hinterher. Sie durchquerte ihr kleines Fachwerkhaus und setzte sich unten an den Bootsanleger, wo sie eine Entenfamilie beobachtete und sie in diesem Augenblick unglaublich beneidete. Die Küken schwammen fröhlich piepsend hinter der Mutterente her, und der Vater gab acht, dass ihnen nichts geschah.

Kapitel 3

Elisa hatte nach Immos und Gesas Abrauschen lange vor sich hin gestarrt und mit den aufkommenden Tränen gekämpft. Als sie nach etwa einer Stunde das leise Tuckern eines Motors hörte, schrak sie zusammen.

Das Brummen verstummte.

Elisa hob den Blick und erkannte, dass der Mann im grünen Boot an ihrem Steg angelegt hatte! Er winkte fröhlich.

»Darf ich mal kurz zu dir kommen?«

Er duzte sie also einfach! Eigenartig, aber es störte Elisa kein bisschen. Über ihr zwitscherte eine Amsel, als würde sie den Fremden freudig willkommen heißen.

Weil ihr kein Wort über die Lippen kam, nickte sie nur, und der Mann näherte sich behände.

»Moin!«, sagte er und nahm seine Skippermütze ab. Hervor kamen jene struppigen blonden, langen Haare, durch die sich ein paar silberne Strähnen zogen. »Wieder allein?«

Elisa nickte und deutete zum Tisch, auf dem noch immer der Erdbeerkuchen stand. Ihr hatte die Kraft gefehlt, alles wegzuräumen.

»Es ist so traurig«, sagte sie. »Erst eine kleine Mannschaft angekündigt und dann mit halber Besetzung eingelaufen und nur kurz vor Anker gegangen.«

Marten schürzte die Lippen.

»Nützt jo nix, Frau Krull. So heißt du doch, oder? Oder ick sach mol Elisa, so nennt man dich im Ort. Ist nicht so förmlich.

Ick bün Marten Boekhoff.« Er kratzte sich am Kopf. »Da müssen wir alten Leute wohl durch. Das nennt man Abnabelung.«

Elisa stand nicht der Sinn nach einer solchen Diskussion, dazu war es noch viel zu schmerzhaft. Und ihr Problem wurde dadurch ebenfalls nicht gelöst.

»Jetzt habe ich Berge von Erdbeerkuchen auf dem Tisch, zwei Kannen Kaffee, und wer soll das verputzen?«, fragte sie.

»Ich hätte da schon eine Idee.« Marten grinste, und unter seinem dichten Bart zeigten sich wohlgeformte weiße Zähne.

Elisa ahnte, worauf ihr Besuch hinauswollte. »Du magst Erdbeerkuchen?«

»Ertappt. Also ich wäre der Anfang für das Verringern deines Problems«, sagte er. »Das können wir gerne steigern. In meinen Bauch geht viel rein, aber ich will nicht zu dick auftragen. Diese Mengen da werden auch mich überfordern.«

»Du müsstest mit der beschwipsten Erdbeertorte beginnen«, erklärte Elisa. »Die hält sich nicht so lange.«

Inzwischen amüsierte sie die Situation. Da legte plötzlich an ihrem Steg ein wildfremder Kerl an und schlug vor, ihre Erdbeerkuchenmassen zu vertilgen. Und sie hatte nichts, aber auch wirklich gar nichts dagegen.

»Dann nimm bitte Platz!«, forderte sie Marten auf.

»Ich habe auch richtig Appetit«, sagte er. »Lange nicht mehr so was Leckeres gegessen. Sonst lebe ich eher aus der Dose oder von der heißen Theke beim Schlachter. Das ist zwar eintönig, aber zweckmäßig.« Er lachte auf. »Und Dosenkuchen ist echt nicht der Hit. Oder der aus der Folie.«

»Warum bist du eigentlich wirklich hergekommen? Du konntest doch nicht ahnen, dass mich meine Familie versetzt und ich meine Kuchenberge nicht loswerde.«

»Ich habe das gerochen«, gab Marten zur Antwort, nahm sich ein weiteres Stück Kuchen und kaute genüsslich.

»So ein Quatsch!«, entfuhr es Elisa. »Also, raus mit der Sprache! Warum bist du hier?«

Nun lief Marten feuerrot an, und er legte die Kuchengabel auf den Teller. »Weil ich dich endlich kennenlernen wollte. So oft bin ich nun extra an deinem Häuschen vorbeigetuckert, so oft haben wir uns nur von Weitem begrüßt. Und als ich dich da eben so allein habe sitzen sehen, da konnte ich nicht anders, als anzulegen. Dass ich für meinen Mut nun auch noch beschwipste Erdbeertorte essen darf, ist ein Geschenk.«

Elisa war über so viel Ehrlichkeit verblüfft. Sie beäugte ihren Gast jetzt intensiver.

Marten hatte wirklich wirres Haar, das den Eindruck erweckte, es wolle dringend mal geschnitten werden. Es war allerdings frisch gewaschen, und Marten roch leicht nach dem Rasierwasser Tabac. Seine Kleidung war alt, aber nicht ungepflegt, an manchen Stellen stümperhaft geflickt. Ein bisschen wirkte er wie ein aus der Zeit gefallener Waldschrat. Und doch – Elisa wollte gern mehr über ihn wissen.

»Wo wohnst du eigentlich?«, fragte sie schließlich, um die Unterhaltung nicht verstummen zu lassen.

Marten vertilgte derweil das dritte Stück von der beschwipsten Torte, linste allerdings schon zum Erdbeerkranz.

»Gar nicht so weit weg«, erklärte er. »Die Medem hinab und dann direkt am Deich in der Nähe vom Wohnmobilstellplatz auf einem alten Hof.« Er schaute Elisa fragend an. »Darf ich etwas Kaffee zur Torte? Dann schmeckt der ohnehin fantastische Kuchen noch besser. Ich habe noch nie so etwas Leckeres gegessen.«

Elisa schenkte ihm eine Tasse Kaffee ein, nahm selbst auch etwas und entschloss sich, die beschwipste Torte ebenfalls zu probieren. Sie nahm eine Gabel voll und konnte gar nicht anders, als die Augen zu schließen. Mit dieser Torte hatte sie sich selbst übertroffen. Die perfekte Süße, dann die Weiche der

Creme in Verbindung mit den gerösteten Mandeln und der leichte Campari-Geschmack waren mehr als ein Traum. Das war spektakulär!

Es dauerte, ehe sie sich gefangen hatte und Marten anschauen konnte.

»Du bist von deiner eigenen Torte regelrecht begeistert«, stellte der fest und angelte sich endlich ein Stück vom Erdbeerkranz. »Aber um auf deine Frage zurückzukommen: Ich lebe dort allein und sehr zurückgezogen. Also nix mit Vereinsleben in Otterndorf oder so. Ich weiß, mein Äußeres schreckt ein wenig ab. Es ist – praktisch und ungewöhnlich.« Er kicherte. »Ich bin aber kein Wald-, sondern ein Deichschrat.«

Elisa stimmte in seinen Heiterkeitsausbruch ein. »Waldschrat ist mir tatsächlich vorhin auch durch den Kopf geschossen. Du hast allerdings recht. Wo kein Wald, da kein Schrat.«

»Aber wo Deich, da dann schon, also der Schrat«, meinte Marten zufrieden und rieb seinen Bauch. »Eigentlich bin ich wirklich voll, aber hättest du ein Problem damit, wenn ich noch ein Stück vom letzten Kuchen probiere? Nur eine winzige Ecke, ich platze nämlich gleich.«

»Nur zu!«, forderte Elisa ihn auf. »Was soll ich mit alldem machen? Für den Müll ist es wirklich viel zu schade.«

Marten nahm sich ein kleines Stück und erzählte weiter. »Jedenfalls lebe ich sehr zurückgezogen und bin eher menschenscheu. Dass ich heute gewagt habe, bei dir anzulegen, verwundert mich selbst. Wahrscheinlich habe ich doch diesen leckeren Kuchen gerochen. Und das hat mich verzaubert.«

Elisa fühlte sich ein bisschen geehrt, doch sie wollte das nicht vertiefen.

»Wenn du nur selten in Otterndorf bist oder eben nur zum Einkaufen, erklärt das natürlich, dass wir uns in der Stadt nie begegnet sind«, meinte sie ausweichend. »Ich bin nur selten an der Schleuse, meist fahre ich mit dem Rad in die andere Richtung.«

Marten hatte alles aufgegessen, und noch immer war viel zu viel Kuchen da. »Auf jeden Fall bin ich froh, dass ich nun bei dir auf dieser wunderschönen Terrasse sitzen darf. Manchmal ist das Deichschratdasein doch ziemlich einsam. Und dass es dir gerade ähnlich geht, passt zusammen.«

Ein wenig war es Elisa peinlich, weil sie wohl ebenso verloren wirkte wie ihr Gegenüber. Nur würde sie das nie zugeben, denn Schwäche war keine Eigenschaft, die sie schätzte, und bei sich schon gar nicht.

Dennoch wunderte sich Elisa, dass sie einen Wildfremden einfach so nah an sich heranließ. Das hatte sie noch nie getan und wollte es auch keinesfalls zur Gewohnheit werden lassen.

Aber Marten Boekhoff war im Augenblick der einzige Mensch, bei dem sie kurzfristig ihren Erdbeerkuchen hatte loswerden können. Und der in diesen schrecklichen Stunden, in denen sie sich einsam und verlassen gefühlt hatte, an ihrer Seite war.

Wäre er nicht gekommen, hätte sie vor lauter Frust den Kuchen in die Mülltonne gepfeffert, denn nicht einmal die Entenfamilie hätte Freude daran gehabt, sondern allenfalls Bauchweh. Außerdem war es ohnehin umstritten, weil die Tiere den Teig schwer vertrugen, ja sogar gefährdet wurden und man mit den Fütterungen die Ratten anlockte. Also war besser gewesen, Marten etwas abzugeben, als alles in die Tonne zu werfen, was dann wohl als einzige Alternative geblieben wäre, denn diese Kuchensorten konnte sie nicht einfrieren, weil die Früchte matschig werden würden und der Tortenguss …

»Du bist also satt, und was jetzt?«, fragte Elisa. »Wir haben uns nun den Bauch vollgeschlagen, und hast du jetzt eine Idee, wie wir den restlichen Kuchen loswerden? Denn dass wir von dem hier noch mehr verputzen, halte ich für utopisch.«

»Jo, da hast du wohl recht. Ich habe alles genossen, und es ist an der Zeit, mir den Kopf über die Weiterverwertung zu zerbrechen. Ich bin nämlich Schrottexperte!«

Elisa blieb beinahe die Luft weg. »Mein Kuchen ist doch kein Schrott! Das ist feinstes Backwerk.«

Marten verzog erschrocken das Gesicht. »Oje, so war das gar nicht gemeint. Also ich wollte nur sagen, dass ich aus Alt Neu mache.«

Elisa legte fragend den Kopf schief. »Wie möchtest du denn den Kuchen weiterverarbeiten? Wiederkäuen wie eine Kuh?«

»Quatsch. Aber ich werde einen Weg finden, dass er zu einem anderen Endabnehmer kommt.« Er rieb sich nachdenklich das Kinn. »Um noch mal auf den Schrott zu kommen und es dir genauer zu erklären: Ich baue Kunstwerke aus alten Sachen.«

Elisa wollte sich eigentlich nicht über Marten lustig machen, aber seine Bemerkung, er verwerte Schrott weiter, und dabei sprach er von ihrem heiligen Erdbeerkuchen, saß ziemlich tief. Egal, wie sehr er das Backwerk zuvor über den grünen Klee gelobt hatte. Sie konnte nicht anders, als etwas bissig zu antworten: »Du kannst aus dem ganzen Kuchen ja ein Schlaraffenschloss bauen mit Erdbeerzinnen.«

»Gute Idee«, antwortete Marten. »Dann hast du meinen ›Schrott‹ immerhin umfunktioniert, wenngleich er noch immer nicht verspeist ist.«

Es war eine genauso dämliche Antwort, wie zuvor ihre Bemerkung dumm gewesen war. Aber Elisa mochte es, wie sie miteinander herumplänkelten. So einen schönen Nachmittag in Gesellschaft hatte sie lange nicht mehr gehabt.

Kapitel 4

Marten hatte es so gut geschmeckt wie noch nie. An Elisa war eine Tortenbäckerin verloren gegangen. Diese Kuchen waren nicht nur ein Gedicht und ein Gaumenschmaus – sie schmeckten paradiesisch.

Außerdem war Elisa Krull eine überaus angenehme Gesprächspartnerin. Sie war ein bisschen frech, dazu schlagfertig und zugleich überaus charmant. Wann hatte er das zum letzten Mal über eine Frau gedacht?

»Du hättest Bäckerin werden sollen«, sagte er, wischte sich dann ganz vornehm mit einer Serviette den Mund ab und faltete sie sorgfältig zusammen, ehe er sie neben dem Kuchenteller platzierte. »Ich glaube, dein Laden hätte großen Zulauf gehabt.«

»Ich backe wirklich für mein Leben gern«, bestätigte Elisa. »Und ich habe früher mit dem Gedanken gespielt, Bäckerin zu werden. Aber das ist lange her.«

»Und, was bist du geworden, wenn dann doch keiner von deinem leckeren Kuchen naschen durfte?«

Marten schielte erneut zur Kuchenplatte, entschied sich dann aber dafür, es bei den Portionen zu belassen, und schüttelte unmerklich den Kopf, um sich selbst davon zu überzeugen, dass sein Magen womöglich rebellieren könnte, wenn er sich nicht zusammenriss.

»Hausfrau und Mutter«, sagte Elisa. »Ich bin einfach Hausfrau und Mutter geworden.«

»Wie so viele Frauen in deiner Generation. Eine Menge verschenktes Potenzial.«

»Aber ich habe das Beste draus gemacht, denn ich war gerne Mutter.«

»Dann hat es dir Spaß gemacht, dich um Haus und Kinder zu kümmern, den Garten zu pflegen?«

Elisas Miene leuchtete auf. »Und wie. Es war allerdings nur ein Sohn. Ich bin mit Immo auch gern auf der Medem herumgeschippert. Er saß immer vorn am Bug und hat die Hände im Wasser baumeln lassen. Natürlich habe ich ihm stets eine Schwimmweste angezogen.«

»Das kann ich mir lebhaft vorstellen«, sagte Marten. Er sah Elisa vor seinem geistigen Auge etliche Jahre jünger, aber genauso schön wie jetzt.

»Heutzutage sieht das Leben der jungen Frauen ja anders aus. Vorteilhaft war, dass ich einigermaßen frei über meine Zeit entscheiden konnte, natürlich abhängig von allen Dingen, die zu tun waren. Oder Immos Terminen. Blöd fand ich aber schon damals, wie abhängig ich von meinem Mann gewesen bin. Rückblickend kein besonders schöner Zustand.«

»Andere Zeiten.« Marten steckte sich einen weiteren Teigkrümel in den Mund und zerkaute ihn genüsslich. Noch einmal kurz diesen Delikatessen nachspüren. »Du lebst also schon immer hier in der Eschstraße?«

»Das Haus habe ich zusammen mit meinem Mann gekauft. Und vor meiner Ehe habe ich eine Ausbildung zur Bäckereifachverkäuferin gemacht«, bestätigte Elisa.

Marten trank seine Tasse Kaffee aus und schüttelte den Kopf, als Elisa ihm nachschenken wollte.

»Wie hast du deinen Mann kennengelernt?«, fragte er und schaute ihr lange in die Augen. Sie waren faszinierend grün und verrieten eine Tiefe, die ihn anzog. Weil Elisa ihm nicht gleich antwortete, verzog er bedauernd das Gesicht. »Das war jetzt eine sehr intime Frage, entschuldige bitte.«

Elisa wiegte den Kopf. »Das stimmt, und einen Moment lang war ich auch versucht, dir darauf nicht zu antworten, denn wir kennen uns kaum. Aber sei's drum, warum sollte ich nicht von Julius erzählen? Ich habe ihn unglaublich geliebt.«

»So wie ich meine Traute«, ergänzte Marten. »Aber du zuerst!«

Elisa knibbelte an der Serviette. Es fiel ihr sichtlich schwer zu reden.

»Julius hat bei mir den Otterndorfer Dichterkuss gekauft.« Elisa lief rot an. »Ach, was war das romantisch gewesen, als ich ihm den mit weißem Zuckerguss und einem roten Herzchen verzierten Mürbeteigkringel in die Tüte gesteckt habe. Jedem Kunden, der ein solches Teilchen kaufte, wurde auch noch eine kleine Karte mit dem Konterfei des Dichters Johann Heinrich Voß zugesteckt.«

»Der Otterndorfer Dichter?«, hakte Marten nach, denn diese Berühmtheit kannte in der Stadt wohl jeder. Nur hatte Marten zwar bislang den Namen schon gehört und wusste grundsätzlich, was er geschrieben hatte, war aber nie tiefer in dessen Leben eingestiegen.

Elisa setzte ihn genauer ins Bild.

»Der Dichter hat zu Goethes Zeiten in Otterndorf als Lateinlehrer und Leiter der Lateinschule fungiert und auch Homers *Odyssee und Ilias* übersetzt. So wunderbar, dass selbst Goethe ins Schwärmen geraten war. Da musste es einfach ein Teilchen geben, das dem großen Mann gerecht wurde, und so habe ich diesen Dichterkuss kreiert. Übrigens ganz neu und nicht aus Schrott«, fügte sie mit einem breiten Lächeln hinzu.

»Der Otterndorfer Dichterkuss?«, wiederholte Marten und überging die Bemerkung über seine Schrotttätigkeit. »Wie genau muss ich mir das Teilchen vorstellen? Ich kaufe nie beim Bäcker, weil ich mich weitgehend selbst versorge und nur selten Kuchen esse. Es sei denn, er schmeckt so gut wie deiner.«

Elisa erklärte ihm, wie das Gebäckstück beschaffen war. »Du musst es dir so ähnlich vorstellen wie ein französisches Eclair.«

Das kannte Marten zwar nicht, aber er schaute Elisa auffordernd an, und so sprach sie weiter.

»Ich habe den Brandteig in eine leichte Herzform gebracht, ihn dann mit einer fluffigen Vanillecreme gefüllt und das Gebäck am Ende mit Puderzucker bestäubt. Natürlich hatte jeder Dichterkuss ein Herz aus Marzipan auf der Oberseite.« Elisa hörte einen Augenblick auf zu sprechen, wohl weil sie noch in der Erinnerung schwelgte. »Das Teilchen hat wahnsinnig gut geschmeckt, und die Kunden haben es mit dem Gruß von unserem Dichter so sehr geliebt!«

Marten sah den Dichterkuss vor seinem geistigen Auge, und er bekam richtig Appetit darauf, obwohl er schon so viel Erdbeerkuchen verputzt hatte.

»Dann muss ich wohl doch mal los und mir den Dichterkuss holen. Wenn der Liebe stiftet, sowieso.«

Elisa zuckte bedauernd die Achseln. »Es gibt ihn seit ein paar Jahren leider nicht mehr. Die Bäckerei, in der ich damals tätig war, hat geschlossen, und das Gebäckstück war sehr aufwendig zu gestalten. Aber Julius hat es geschmeckt.« Sie senkte den Blick. »Er war Geschichtslehrer und mochte Homer sehr.«

»Na denn!« Marten strich sich über den Bart. »Und während er Geschichte unterrichtet hat, hast du dich um deinen Sohn Immo gekümmert?«

»Ja, so war das damals. Schließlich gab es keine Kitas und so etwas. Wo hätten die Lütten denn bleiben sollen?«, bestätigte Elisa. »Auch wenn ich es viel besser finde, dass die Deerns heute andere Möglichkeiten haben.«

»Das finde ich auch«, sagte Marten.

Elisa schaute ihn erstaunt an. »Mich verwundert, dass du so modern denkst. Habe ich anders eingeschätzt.«

»Immer für eine Überraschung gut«, sagte Marten mit einem Augenzwinkern.

»Jetzt ist Immo erwachsen, lebt mit seiner neuen Lebensgefährtin Gesa und Tobias fernab in Köln sein eigenes Leben und braucht mich nicht mehr. Außerdem hätte ich jetzt auch keine Lust, so früh aufzustehen, um Backwaren, so lecker sie auch sein mögen, an Frau und Mann zu bringen.«

Marten spitzte die Lippen, bevor er sagte: »Es würde ja reichen, diese Dichterküsse noch einmal neu zu backen. Nur für dich und deine Lieben. Ganz privat. Das wäre doch wunderbar …«

Elisa winkte ab. »Ich bin jetzt im Ruhestand, und das ist gut so.«

»Das ist der Lauf der Welt, da hast du recht. Aber meinst du nicht auch, da könnte so manches Mal noch was kommen?«

»Was denn noch? Ich finde, wir müssen uns mit dem zufriedengeben, was da ist.«

Marten schaute einen Moment lang skeptisch, verkniff sich einen Kommentar und senkte dann den Blick. »Für mich hat lange keiner mehr gekocht oder gebacken.« Das klang ein wenig traurig, aber das wollte er nicht, denn so wie es aussah, ging es Elisa ähnlich. »Für dich hat wohl auch nur selten jemand so etwas getan, oder?«, fragte er.

»Nie«, bekam Marten zur Antwort. »Immer bin ich es gewesen, die andere umsorgt hat. Auch das Schicksal der Frauen meiner Generation. Besser, wir vertiefen das nicht, denn es ist doch nicht mehr zu ändern, und ich bin einfach kein Typ für Spaziergänge in der Vergangenheit.«

Marten senkte wieder den Blick, denn das war eine gesunde Einstellung, und wäre er ähnlich gestrickt, hätte ihm das viel Kummer erspart.

Elisa wollte das offenbar wirklich nicht weiter besprechen, denn sie lenkte ab und zeigte zum Tisch.

»Gut, ein bisschen was haben wir ja gegessen, den Rest des Kuchens muss ich dann wohl wegtun. Oder hast du eine andere Idee?«

»Ich dachte die ganze Zeit sehr egoistisch an meinen Bauch«, gab Marten verschämt zu. »Deine Idee mit der Schlaraffentorte ist zwar gut, aber wie du schon selbst festgestellt hast, löst sie unser Problem nicht.«

Elisa zuckte mit den Schultern.

»Mist, morgen sind die Früchte weich und bei der Hitze vermutlich sogar schimmelig.« Sie stand abrupt auf.

In dem Augenblick hörten sie von der Straße her fröhliche Kinderstimmen.

»Das sind bestimmt die Kinder vom Märchenland«, meinte Marten. »Die spazieren am Sonntag oft an meinem Haus vorbei.«

»Was ist das Märchenland?«, hakte Elisa sofort nach.

»Ein Verein, der sich für Kinder einsetzt, deren Eltern keine Zeit oder kein Geld haben, mit ihnen schöne Dinge zu tun.«

Elisa musterte Marten. »Dafür, dass du angeblich nur den Deichschrat gibst, bist du erstaunlich gut informiert.«

»Die Kinder waren mal bei mir auf dem Hof. Sie fanden meinen Schrott und was ich daraus mache, sehr interessant.«

Die Stimmen auf der Straße wurden lauter, und Marten schoss eine wunderbare Idee durch den Kopf. »Das ist doch die Lösung! Darf ich?«

Elisa schaute ihn verständnislos an. »Was darfst du?«

»Dir ein paar Kuchenabnehmer hereinholen!«

Über Elisas Gesicht glitt ein Leuchten. »Ja, gern! Aber es sind Kinder! Wir können ihnen auf keinen Fall die beschwipste Torte geben!«

Marten strich ihr beruhigend über den Unterarm. »Natürlich nicht, aber vom Rest ist doch auch genug da!«

»Gut, dann nehme ich die Torte schnell mit ins Haus, und du fragst die Gruppe, ob sie den Kuchen haben möchten. Wenn du sie kennst, werden sie dein Angebot bestimmt annehmen.«

Marten sprang mit leuchtenden Augen auf. »Das werden sie! Die Kinder da draußen haben bestimmt einen Bärenhunger auf Erdbeerkuchen mit Schlagsahne und den wunderbaren Kranz. Du wirst sehen, im Nu ist alles weggefuttert!«

Marten flitzte zur Tür und wechselte nach der Begrüßung ein paar erklärende Worte mit der Betreuerin der sechsköpfigen Gruppe. Die nickte, sprach mit den Kindern, und alle brachen in lautes Jubeln aus.

Marten wandte sich an Elisa, die im Türrahmen stand und alles beobachtet hatte. »Hab ich doch gesagt: Das Problem ist gelöst, und dein wunderbarer Kuchen findet jetzt begeisterte Abnehmer.«

Elisa nickte freudig und winkte die Betreuerin mit den Kindern durchs Haus auf die Terrasse.

»Ich bin übrigens Julia Schmidt«, stellte sich die Leiterin vor und reichte Elisa die Hand. »Das sind unsere Zwerge. Also die Kinder aus der kleinen Gruppe. Wir betreuen die Kinder zwischendurch, weil es in vielen Familien nötig ist, sie zu entlasten.«

»Marten hat davon erzählt«, sagte Elisa. »Ich finde Ihr Engagement großartig.«

»Danke«, meinte Julia, und mit Martens und Elisas Hilfe bugsierte sie die Kinder um den Tisch. Elisa holte rasch Teller und Becher, Milch hatte sie genug im Haus.

»Welche Gruppen gibt es noch?«, fragte Elisa.

Julia klärte Elisa rasch auf. »Im Märchenland gibt es neben den Zwergen noch die Froschkönige und die Wasserwesen. Das ist nach Alter und Fähigkeiten aufgeteilt.«

»Wer bezahlt denn so etwas?«, fragte Elisa.

»Finanziert wird es durch Spenden«, erklärte Julia. »Und so etwas wie die Medem-Wanderung kostet ja kaum etwas. Die Betreuer arbeiten bis auf mich alle ehrenamtlich.«

»Das klingt toll. Wo haben Sie denn Ihre Räume?«, fragte Elisa.

»An der Südsee.«

Marten kicherte, aber natürlich war klar, dass sie von dem Erholungsgebiet bei Otterndorf sprachen.

Elisa ging sichtlich das Herz auf, als sie sah, wie ihre Kuchenberge mehr und mehr in sich zusammenschmolzen. Binnen kürzester Zeit war alles verputzt. Die beschwipste Torte konnten sie bestimmt morgen noch essen, wenn sie sie gleich kühl stellte.

»Das war eine tolle Pause«, sagte Julia. »Diese Einladung kam wie gerufen, denn wir wollten zum Park am Süderwall und dort eine Pause machen, bis uns der kleine Bus wieder abholt.« Sie lächelte. »Das hier ist natürlich viel schöner, als wenn wir nur unsere Getränke verzehrt hätten.« Sie schaute auf ihre Armbanduhr. »Nun wird es leider Zeit, aufzubrechen. Aber es war wunderbar, dass wir hier sein durften!«

Auch die Kinder bedankten sich höflich, und einer der Jungs blickte bedauernd auf die beiden leeren Kuchenplatten. Schade, dass die andere Torte Alkohol enthielt.

Elisa wirkte richtig traurig, als die sechs Zwerge ihr Haus verließen, und auch Marten fiel auf, wie still es plötzlich war.

»Du könntest ab und zu für die Gruppen backen«, schlug er vor.

Elisa nickte. »Ich denke darüber nach. Jetzt heißt es erst mal aufräumen.«

Sie wieselte zwischen Terrasse und Haus hin und her. Marten half ihr, so gut er konnte, und schon bald war alles wieder sauber.

»Das ist mir wichtig«, erklärte Elisa. »Ich mag keine schmutzigen Küchen.«

Marten war mit einem Mal richtig geknickt, weil er unsicher war, wie er sich weiter verhalten sollte und ob es noch etwas gab, was er tun konnte. Er nestelte an seinem Hemd.

»Schade, dass unser Zusammentreffen so schnell vorbeigegangen ist. Obwohl es mit den Lütten eben spaßig war, wenn auch ein bisschen zu laut für meine Ohren. Und schade, dass wir uns erst jetzt kennengelernt haben. Ich hätte schon eher mal anlegen sollen. Also mit dem Boot«, rutschte es ihm dann heraus.

»Ja, aber nun hast du es ja getan«, antwortete Elisa ausweichend. »Hat sich eben bisher nicht ergeben.«

»Aber es könnte ja mal wieder so kommen …« Marten schaute Elisa vorsichtig an.

»Ja, das könnte sein«, entgegnete Elisa vage.

Marten konnte schlecht einschätzen, ob sie sich darüber freute, dass er sich über ihre Gesellschaft gefreut hatte. Er, der alte Zausel mit Stoppelbart und Haaren, die irgendwie nicht wussten, wo ihr Platz war, weil man von keiner Frisur sprechen konnte!

Doch Marten wollte noch nicht wieder gehen. Er war lange nicht so locker und entspannt gewesen. Und so glücklich wie in den letzten beiden Stunden, in denen er seine Einsamkeit hatte vergessen können.

Er rang nach Worten, und dann fiel ihm ein, dass Elisa ihm zwar von Julius und dem Dichterkuss erzählt hatte, sie aber nichts über ihn und Traute wusste.

Er setzte sich einfach an den Küchentisch, den Elisa liebevoll mit einem Wildblumenstrauß dekoriert hatte. Der betörende Duft des Gebindes brachte Marten beinahe aus der Fassung.

»Gibt es noch was?«, fragte Elisa.

Marten nickte. »Ich habe dir noch nichts von Traute und meinem Sohn Helge erzählt.«

Elisa setzte sich ebenfalls, und weil sie nicht genervt wirkte, legte Marten los.

»Ich bin sehr allein, seitdem mich meine Frau Traute vor vielen Jahren verlassen hat. Mich und den kleinen Helge.«

»Warum ist sie gegangen?«, fragte Elisa.

»Ein anderer Mann. Oder besser in Summe, andere Männer! Unsere Liebe war irgendwo zwischen der vielen Arbeit auf dem Hof verschwunden und kam einfach nicht mehr hervor. Bis heute nicht.«

»Du vermisst sie immer noch?«, fragte Elisa.

»Und wie«, gab Marten zu. »Manchmal weiß ich, was es heißt, wenn jemand meint, er könnte die Flöhe husten hören.«

»Das kenne ich auch«, bestätigte Elisa. »Und wie! Würde dir ein Haustier helfen?«

Marten wiegte den Kopf. »Ich weiß es ehrlich gesagt nicht. Früher hatte ich eine Katze, aber sie ist im letzten Jahr gestorben, und nun wartet niemand mehr auf mich.«

Beide schwiegen.

»Du fragst dich bestimmt, ob ich schon früher so wild aussehend rumgelaufen bin, oder?«

»Ehrlich gesagt ja«, antwortete Elisa.

Marten fuhr sich durch das Haargestrüpp auf seinem Kopf, und ihm wurde deutlich, wie merkwürdig er auf die adrette Elisa mit ihrem akkurat geschnittenen grau melierten Pagenkopf wirken musste.

»Ich war nie ein Dressman, aber so furchtbar wie heute habe ich damals nicht ausgesehen«, druckste er herum. »Sieht dämlich aus, ich weiß«, fuhr er zerknirscht fort, und Elisa entfuhr bei seinen offenen Worten ein leises Lachen. »Ich kann mir das Haar abschneiden lassen. In Otterndorf gibt es bestimmt einen Friseur.«

»Den gibt es«, antwortete Elisa. »Aber meinetwegen musst du das nicht tun. Wir kennen uns schließlich kaum.«

»Das könnte sich doch ändern«, sagte Marten mit einem Funken Hoffnung in der Stimme.

»Ich muss jetzt die Füße hochlegen«, sagte Elisa. Das glich einem Rauswurf. Zum Glück setzte sie noch nach: »Aber ja, ich backe in den nächsten Wochen bestimmt noch den einen oder anderen Erdbeerkuchen. Irgendwann.«

Hm, so richtig nach Interesse sah das leider nicht aus.

Kapitel 5

Marten hatte schlecht geschlafen und sich schwerfällig ins Bad geschleppt.

Seit zwei Tagen quälte er sich mit den Gedanken an Elisa herum. Je öfter er ihre Gespräche Revue passieren ließ, desto mehr haderte er mit sich und seinem abtörnenden Verhalten. Er war im Flirten einfach nicht mehr sehr geübt, und noch nie war er ein Charmeur gewesen. Dabei fand er Elisa wirklich nett. Warum nur hatten ihm die richtigen Worte gefehlt, damit sie auch Interesse gezeigt hätte, ihn wiederzusehen?

Marten hatte sich noch nicht wieder zu ihr hingetraut, weil er sich dermaßen dämlich angestellt hatte. Ein echter Dösbaddel!

Doch Elisa ging ihm nicht aus dem Sinn.

Ihre freundlichen grünen Augen, dann das weiche kinnlange Haar, das sie kein bisschen alt wirken ließ. Ihre leicht füllige, aber ansprechende Figur, das Lächeln, das die Augen immer erreichte und kein bisschen aufgesetzt wirkte.

Wahrscheinlich hatte er sie mit seiner plumpen und ungestümen Art total überfallen und verschreckt.

Warum sollte sie sich auch mit einem Mann wie ihm einlassen wollen?

Ein Blick in den Spiegel zeigte ihm, dass auch sein Äußeres wohl kaum dazu beigetragen hatte, ihn zu einem weiteren Besuch zu ermuntern. Selbst als er die Faust ballte und seinen Bizeps anspannte, brachte das nur minimale Verbesserung in der Gesamtnote. Und ob Elisa auf Oberarmmuskeln stand, während sein Bauch ein kleines bisschen nach einem übergroßen Überraschungsei aussah, konnte er auch nicht sagen.

Und was hatte er getan? Diese Wanne mit Erdbeerkuchen vollgestopft und dafür gesorgt, dass sie sich noch weiter über den Gürtel seiner schwarzen Cordhose wölbte. Dass Elisa ihn bei der Völlerei derart hatte gewähren lassen, war vermutlich der Zweckmäßigkeit geschuldet, denn die Torte sollte weg.

Marten versuchte, sein Gesamtbild ein letztes Mal aufzuwerten, indem er sich breitbeinig vor den Spiegel stellte und beide Oberarmmuskeln anspannte.

Nein, mit dem Bauch wirkte es weiß Gott nicht wie Popeye, sondern wie der letzte Versuch eines abgehalfterten alten Mannes, noch einmal alles zu geben. Er musste einen neuen Ansatz finden, wenn er Elisa Krull irgendwie beeindrucken wollte.

Frustriert senkte er die Arme und putzte erst einmal seine Zähne, die immerhin noch echt und hell waren.

Anschließend betrachtete er sich erneut und zog ein ernüchterndes Resümee.

»Wenn ich Elisa wiedersehen möchte, dann nicht so. Nicht mit dieser Garnix-Frisur und erst recht nicht in den geflickten Klamotten, die aussehen, als hätte ich sie einer Vogelscheuche vom Leib gerissen.«

Friseurbesuchen oder Rasuren hatte er schon lange abgeschworen, denn wen hatte es bisher gestört, dass er beschlossen hatte, sein Leben als einsamer Deichschrat zu fristen? Ein Kamm war genauso Mangelware wie der Rasierschaum.

»Ich sehe aus wie Catweazle persönlich«, murmelte er, und zugleich fiel ihm ein, dass wohl kaum noch wer aus der heutigen Generation den Magier aus der britischen Fernsehserie in den 1970er-Jahren kannte, genau wie sein Idol Popeye für viele schon Geschichte war. Aber wie genial war das? Spinat essen, und – schwupps – schon waren die Muckis da!

Nun, er verspeiste eben lieber Unmengen von Elisas Erdbeertorten, und – schwupps – rundete sich der Bauch wieder etwas mehr.

Es war grässlich.

Marten schlüpfte in die Hose, nahm das karierte Hemd – er besaß nur vier, eins in Grün, eins in Blau und zwei in Rot –, schlüpfte hinein und zog das nächste Fazit, was seine Chancen bei einer Frau wie Elisa anging. Sie wohnte nicht nur in einem entzückenden Haus, sondern dort hatte auch noch alles seinen Platz! Selbst die wie zufällig dahingestellte Porzellanfigur stand nicht einfach so an Ort und Stelle. Das war durchdacht geplant und ergab einen Sinn, genau wie die verschiedenen Pflanzen und Bilder. Elisa hatte Sinn für das Schöne!

Marten verließ das Bad und quälte sich mit schwerem Schritt durch die düstere Diele in die Küche, wo noch das Geschirr der letzten Woche im Abwaschbecken lag.

Sein Haus schnitt im direkten Vergleich mit Elisas eher suboptimal ab.

Im Schlafzimmer blätterten in den Ecken die goldgetupften Tapeten von den Wänden, das Badezimmer war gewöhnungsbedürftig. Bei wem schmückten noch dunkelgrüne Fliesen mit goldenen Ornamenten die Wände? Dazu diese gelbfleckige Badewanne, wo er zwar einen Duschvorhang angebracht hatte, der aber leider nicht immer verhindern konnte, dass das Bad unter Wasser stand.

Der Boiler spie auch nur an guten Tagen warmes Wasser, doch das härtete immerhin ab, und er war nur selten krank. In seinem Alter von sechsundsiebzig Jahren ein Segen.

Und sonst? Martens Leben war eingefroren, als hätte es damals eine Eiszeit gegeben, die unter der Kälte alles begraben hatte.

Gestern vor dreißig Jahren war er auf den Tag genau von Traute verlassen worden, und er hatte mit Helge allein dagestanden. Vollkommen überfordert, weil es schwer gewesen war, den pubertierenden Jungen zu versorgen und zugleich arbeiten zu gehen, ohne dass etwas litt. Schließlich war Helge schwierig gewesen, denn das Verschwinden seiner Mutter hatte bei dem Heranwachsenden Spuren hinterlassen, die Marten nun allein glätten musste, was ihm oft nicht gelang. Er konnte Traute nicht ersetzen, sosehr er es auch versuchte.

Am Ende waren Helge und er zwar nicht im Streit auseinandergegangen, aber sie hatten sich verdammt wenig zu sagen gehabt. Zwei Fremde, die eine Weile miteinander hatten auskommen müssen.

Dessen Frau Sybille hatte Marten gemocht und es sehr bedauert, dass die Ehe der beiden nicht einmal das verflixte siebte Jahr erreicht hatte, sondern schon nach fünf Jahren zu Ende gewesen war. Mit dem Ergebnis der kleinen Tochter Ike.

Nach der Scheidung hatte Helge sich auf den Weg gemacht und forschte in Afrika, der Südsee oder wie jetzt auf den Seychellen.

Immerhin war Sybille so fair gewesen und hatte ihm Ike nicht vorenthalten. Als sie kleiner gewesen war, hatte sie oft die Ferien bei ihm in Otterndorf verbracht, aber auch das war immer seltener geworden, sodass der Kontakt seit etwa vier Jahren eingeschlafen war.

Und er hockte allein auf diesem alten Bauernhof achtern Diek. Da, wo er mit Traute und Helge geglaubt hatte, glücklich zu sein – bis er eines Besseren belehrt worden war.

Seit dreißig langen Jahren saß er einsam im Garten und lauschte dem Vogelgesang oder dem Ruf der Möwen.

Manchmal rauschte sogar das Meer. Aber nur dann, wenn der Wind die Nordsee in die Elbmündung trieb und die Wellen das Ufer erreichten. Jeden Tag hoffte er, dass sich sein Leben auf wundersame Weise änderte.

Das tat es aber nicht, weil er dazu selbst hätte aktiv werden müssen. Er war nie bereit gewesen, sein Herz ein weiteres Mal zu öffnen, auch weil er sich davor fürchtete, wieder verletzt zu werden.

Damit gar nicht erst irgendwer Interesse an ihm hatte, war es praktisch gewesen, sich den Deichschrat-Schutzpanzer zuzulegen und den Hof als eine Art Mausoleum zu betrachten, an dem nichts verändert werden durfte. So als käme Traute eines Tages von einer langen Reise zurück und würde alles noch genauso vorfinden, wie sie es verlassen hatte.

Erst hatte sich das auch richtig gut angefühlt, weil er wirklich glaubte, sie würde es sich wieder anders überlegen und ihn nicht auf Dauer allein lassen.

Dann war sein Leben in eine Art Resignation übergegangen. Das Einzige, was ihm noch Freude bereitete, war, lustige Figuren aus Schrott zu gestalten.

Das fand nicht nur bei den Touristen reißenden Absatz, auch die Otterndorfer mochten es und verschönerten damit ihre Gärten.

»Ich könnte Elisa mal eine mitbringen«, murmelte er. »Es kann doch sein, dass sie meine Kunst schätzt.«

Obwohl – sie hatte das wohl gar nicht ernst genommen, als er davon erzählt hatte.

Für ihn aber war es sehr wichtig. Nur bei dieser Arbeit gelang es ihm, seine Einsamkeit zu verdrängen. Wenn er an den Figuren und Skulpturen arbeitete, vergaß er die Welt und war ganz bei sich. Andere Dinge fielen ihm schwer.

Nachdem er Elisa Krull jedoch vor vier Wochen auf ihrer Terrasse an der Medem entdeckt hatte, war er Stück für Stück aus seiner Lethargie erwacht. Jede Begegnung hatte die Eisschicht um ihn herum etwas schmelzen lassen, weil sie in ihm etwas berührt hatte, was er sich selbst nicht erklären konnte. Das Gefühl war bei jeder Fahrt, bei der er sie im Garten entdeckt hatte, stärker geworden. Bis er sich am Sonntag endlich ein Herz gefasst und Elisa angesprochen hatte.

Aber es wäre ein kluger Schachzug gewesen, sich vorher Gedanken über sein Äußeres zu machen.

»Es ist lachhaft, dass sich eine Frau wie Elisa wirklich für dich interessieren könnte. Hättest du deine Spiegel mal geputzt und vorher einen Blick hineingeworfen, wäre das besser gewesen.«

Es war tatsächlich eine wahnwitzige Vorstellung. Da war er nach der langen Zeit, in der er Elisa vom Boot aus bewundert und sich ein paar passende Worte zurechtgelegt hatte, endlich mutig genug gewesen, sie anzusprechen, weil sie auf ihn einen ähnlich verlorenen Eindruck gemacht hatte, wie er sich selbst fühlte – Seelenverwandtschaft sozusagen –, und hatte vollkommen verpeilt, dass es einen besseren Eindruck hinterlassen hätte, sich wenigstens minimal herzurichten. Ein gestutzter Bart und der Ansatz einer Frisur wären bestimmt hilfreich gewesen.

»Nun, beim ersten Mal ist es suboptimal verlaufen«, machte Marten sich selbst Mut, »aber das kann beim zweiten Versuch ja ganz anders aussehen. Selbst ist der Mann.«

Kurzerhand griff er zur Schere und versuchte, dem Urwald auf seinem Kopf Herr zu werden. Das misslang dermaßen, dass er danach eher einem gerupften Huhn glich. Rechts streckte sich eine drahtige Strähne gen Himmel, links war das Haar an ein paar Stellen so kurz geworden, dass es durchlöchert wirkte.

Haareschneiden gehörte definitiv nicht zu seinen primären Begabungen, seine Prioritäten lagen eindeutig woanders. Er kam folglich nicht um einen Friseurbesuch herum und musste investieren. Das würde er morgen machen. Sofern er kurzfristig einen Termin bekam und nicht noch tagelang mit dieser Vogelscheuchenfrisur herumlaufen musste.

Marten versuchte, das Schlimmste auszumerzen, doch es gelang ihm nicht, eine effektive Verbesserung zu erwirken. Im Gegenteil, eigentlich sah es schlimmer aus als zuvor.

Resigniert legte er die Schere zurück auf die Ablage.

»Aber rasieren kann ich mich!«

Er suchte in der Besteckschublade nach dem Rasiermesser, bis ihm einfiel, dass er es im Werkzeugkasten finden würde, weil er vor einiger Zeit seine Bartspitzen im Garten gestutzt hatte.

Mit flinken Schritten ging er in die Scheune, in der sich die Materialien für seine Figuren stapelten. Er sollte auch hier dringend Hand anlegen und mal aufräumen. Aber nicht jetzt. Jetzt musste er sich vorrangig um sein Äußeres kümmern, damit er spätestens nach seinem Friseurbesuch Elisa seine erneute Aufwartung machen konnte. Ja, das klang gut.

Ein bisschen verschroben und altertümlich, aber es war zu erkennen, dass eine ernsthafte Absicht dahintersteckte, wenn er sich derart gewählt ausdrückte.

Es dauerte, ehe er im heillosen Durcheinander den Werkzeugkoffer gefunden hatte. Immerhin lag das Rasiermesser an Ort und Stelle.

Marten schnappte es sich und eilte zurück ins Bad. Er ließ Wasser im Waschbecken ein und löste etwas Seife darin auf. Rasierschaum besaß er nicht, und für das lange Gestrüpp war es ohnehin nicht notwendig. Lediglich die Wangenknochen konnten etwas seifige Unterstützung gebrauchen.

Doch auch die Rasur war zum Scheitern verurteilt, denn als er sich das Rasiermesser, immerhin ein Erbstück von seinem Großvater, anschaute, musste er feststellen, dass es ordentlich Rost angesetzt hatte, völlig stumpf war und den Bart ganz sicher nicht kürzen würde, ohne dass er sich verletzte. Außerdem würde es seinem grauen Gewächs eine unangenehme Röte verleihen und womöglich den Eindruck hinterlassen, er hätte sich geschnitten.

Marten warf einen Blick zur Uhr. Wenn er sich sputete, kam er noch vor Ladenschluss zum Friseur. Der könnte ihn auf dem Kopf landfein machen und zugleich den Bart stutzen.

Vielleicht war ihm das Glück hold, und er würde noch drangenommen werden. Er konnte und wollte einfach nicht bis morgen warten. Wenn er ein bisschen seinen Charme spielen ließ, also den des alten Kapitäns, der dringend Hilfe benötigte … Er war zwar kein Seemann, sondern fristete sein Dasein mit einer guten Beamtenpension, weil er im Hafenamt tätig gewesen war, sah aber wie einer aus, weshalb er sich ein paar Chancen ausrechnete, dass es klappte. Obwohl unübersehbar war, dass es kein einfacher Herrenschnitt werden würde, sondern es sich quasi um die Rodung eines ganzen Waldstückes samt Abhang, in dem schon einige Holzfällerarbeiten stattgefunden hatten, handelte.

»Ich könnte auch anrufen und es verschweigen«, murmelte er, griff nach dem gelben Telefonbuch und begann, nach der Nummer eines Otterndorfer Frisiersalons zu suchen.

Er war wirklich noch oldschool. Elisa hätte das Handy genommen und dann im Internet danach gesucht. Er besaß nicht einmal so ein Phone, wie man es nannte, sondern ein altmodisches Telefon mit Wählscheibe, das in einem grün umhäkelten Ganzkörperkondom mit Rosendesign steckte. Traute hatte es damals angeschafft und für gut befunden. Sie liebte das Dunkle und Gediegene, während sich Elisa in hellen und freundlichen Sphären bewegte.

»Nun konzentriere dich endlich!«, grummelte Marten, fuhr mit dem Zeigefinger über die Einträge und fand endlich, was er suchte. Entschlossen nahm er den Hörer in die Hand. »Ich habe von jetzt an ganz viel Glück, denn ich habe Elisa Krull kennengelernt«, frohlockte er. »Dann wird ja wohl der Friseur einen alten Mann wie mich noch drannehmen. Gleichgültig, welches Desaster auf ihn wartet.«

Marten gab sich einen Ruck und wählte die Nummer. Doch bevor jemand drangehen konnte, legte er wieder auf. Warum sollte er sich auf eine Telefondiskussion einlassen? Das war ein Fall für ein Gespräch von Mann zu Mann.

Marten warf die Haustür hinter sich zu und sprintete zu seinem altersschwachen Hollandrad, das immerhin eine moderne Klingel in Form eines Tigers hatte. Eine andere war bei seinem Einkauf nicht zu bekommen gewesen, und sie war günstig. Eigentlich war es doch ganz schick, dass er dem tristen Grau des Rahmens nun eine blaue Note mit Gelb und Schwarz hinzugefügt hatte.

Das Rad war eben nicht mehr das Neueste, aber Marten war guten Mutes, dass ihm heute die Kette auf dem Weg nach Otterndorf nicht abspringen würde.

Kapitel 6

Immo erhoffte sich einen schönen Abend, aber der schien gerade in weiter Ferne zu liegen. Eigentlich hatte er Gesa zum Griechen einladen wollen, denn ihre Beziehung war momentan alles andere als erfreulich, und ein paar Stunden zu zweit würden ihnen bestimmt guttun.

Da Gesa aber am Nachmittag schon über die Stränge geschlagen und ein Eis verdrückt hatte, natürlich vor laufender Kamera, weil das zusammen mit dem blauen Himmel einen super Post bei Instagram ergab, sorgte seine Idee bei ihr nun für zunehmenden Unmut.

Immo kannte das schon, und er betete, dass sein Vorschlag zur Güte Gesa besänftigen würde. Nach all der Zeit hatte er schließlich Erfahrung genug damit.

»Ich möchte Zeit mit dir verbringen, Liebes«, säuselte er und kam sich dabei total affig vor. Meine Güte, was hatte Gesa bloß aus ihm gemacht? Aber nun zog er das bis zum Ende durch. »Wir machen uns heute einen schönen Abend zu Hause. Du isst nur drei Salatblätter, ich ein paar mehr, und dazu gönnen wir uns hauchdünn geschnittenen Seranoschinken.« Immo setzte noch einen drauf. »Das Ganze dekoriere ich so schön, dass du ein wunderschönes Foto machen kannst, was deine Follower-Zahl bestimmt schlagkräftig erhöht!«

Nun erhellte sich Gesas Miene. Das war ganz in ihrem Sinn.

»Endlich einmal ein vernünftiger Vorschlag, Immo Liebling. Wir können Rucola und Radicchio mit ein wenig Feldsalat kombinieren. Das sieht sowohl von der Form als auch von der Farbe her super aus. Dazu ein bisschen Creme Balsamico und eine Walnuss oben rechts im Bild. Drei Kürbiskerne darübergestreut, und fertig ist das Superfood für den Abend.« Gesa prüfte ihr Spiegelbild im Fenster und zupfte an ihrem nicht vorhandenen Bauchspeck. »Das Eis sieht man sofort. Ich hätte deinem Drängen nicht nachgeben dürfen und mich verführen lassen, meinem Körper dermaßen zu schaden. Du kannst sehr stur sein, wie man an deinem Verhalten sieht, wenn ich dich auf deine senile Mutter anspreche.«

Seit sie vor drei Tagen Otterndorf verlassen hatten, nervte Gesa beharrlich damit, dass Elisa in ihren Augen wunderlich wurde.

»Deine Mutter allein da in dem großen Haus auf dem platten Land«, lamentierte sie und strich sich während ihrer Endlosschleife, die an einen Sprung in einer alten Schallplatte erinnerte, ständig prüfend über die schmalen Hüften, als könnte sie sie so noch um ein paar Millimeter glätten. »Suche ihr hier in der Nähe eine kleine Mansardenwohnung, dann haben wir sie unter Kontrolle«, schlug sie jetzt vor.

»Ich möchte meine Mutter gar nicht unter Kontrolle haben«, widersprach Immo. »Sie ist doch kein Pitbull, auf den ich achtgeben muss.«

»Wie man's nimmt«, fuhr Gesa fort, merkte aber offenbar, dass sie mit dieser Aussage wohl doch zu weit gegangen war, denn sie ruderte augenblicklich zurück. »Also ich meine: Wenn ihr da draußen in Otterndorf mal was passiert: Das merkt kein Mensch, Immo! Sie liegt dort so lange, bis sie wie eine Weintraube zur Rosine vertrocknet.«

Immo schluckte und köpfte lieber eine Flasche Bier. Seine Mutter mit einer Rosine zu vergleichen erschien ihm doch weit hergeholt.

»Es würde bestimmt jemand merken«, meinte er. »Gibt ja Nachbarn und so.«

»Die sie bestimmt längst weggeekelt hat«, meinte Gesa. »Wer will schon ständig Erdbeerkuchen, Apfeltorte oder ihre eigenartigen Otterndorfer Kreationen, die sie eine Zeitlang angeschleppt hat.«

Ich, dachte Immo, aber er sagte es lieber nicht laut, weil das sofort wieder eine endlose Diskussion darüber ausgelöst hätte, dass er auch nur noch in die Breite wuchs und sein Bauch über dem Gürtel eine deutliche Wölbung zu verzeichnen hatte. Darauf hatte er nun wahrlich keine Lust. Er wollte nur seine Ruhe – schiefgegangen war in den vergangenen Tagen genug. Es begann damit, dass sie zu spät zum Handballspiel von Tobias gekommen waren und das zu einem nicht unerheblichen Zwist mit ihrem Sohn geführt hatte.

Immo beschloss, einen friedlichen Weg einzuschlagen, denn eine weitere Zankbaustelle konnte und wollte er gerade nicht brauchen.

»Gesa, Mutter liebt dieses Haus, sie liebt ihr Städtchen und die Nähe zur Elbmündung und Nordsee. Ich bin dort aufgewachsen. Es ist eine schreckliche Vorstellung, wenn das alles nicht mehr so sein sollte. Solange sie sich wohlfühlt, belassen wir es dabei, okay?« Dann zog er sein Ass aus dem Ärmel. »Und was haben wir davon, wenn sie in unserer Nähe ist und ihr euch nur angiftet? So ist sie weit genug weg, als dass ihr euch auf den Wecker fallen könntet.«

Gesa ging auf das Gesagte gar nicht ein, sondern war schon wieder bei den Kuchenbergen. Sie sah diese Leckereien regelrecht als Feinde an. Stellvertretend für ihre Schwiegermutter.

»Es ist unfassbar schrecklich, dass Elisa Berge von diesem kohlenhydratreichen Kuchen backt und tatsächlich erwartet, dass ich mir damit meine hart abgehungerte und durchtrainierte Figur ruiniere. Es ist eine Tragödie! Schau mal, ich muss schon Unwohlsein vortäuschen, damit ich nicht genötigt werde, dieses

Zeug zu verschlingen! Weil sie haltlos ist, denn diese Mengen kann doch kein Mensch essen. Glaubt sie wirklich, da kommt eine ganze Fußballmannschaft?«

»Nun lass mal gut sein«, versuchte Immo seine Freundin zu beschwichtigen. »Wegen ihres Erdbeerkuchens muss sie ja nun wirklich nicht aus ihrem Haus raus.«

Gesa schmollte. Das tat sie immer, wenn Immo ihr widersprach.

Zu Beginn hatte er die vorgeschobene Unterlippe einfach unwiderstehlich gefunden, und sein ganzer Ärger war sofort dahingeschmolzen. Das aber war schon länger nicht mehr der Fall. Im Gegenteil: In ihm machte sich Unmut breit, wenn Gesa sich so gebärdete.

Immo reichte es.

»Bereite jetzt bitte den Salat zu! Ich habe Hunger.«

Gesa nickte und suchte alles zusammen. »Ich mach uns noch Rührei«, schlug sie einlenkend vor. Das war ein echtes Friedensangebot! »Sooo dick bin ich ja doch nicht.«

Immo nickte. Nun war endlich Ruhe und seine Mutter kein Thema mehr. Dafür spielte er heute Abend gern den Hoppelhasen und nagte Salat. Vielleicht wurde ja später mehr draus, denn auch Rammler hatten ihre Bedürfnisse bei den Hasendamen. Es war allerdings besser, er thematisierte es nicht. Gesa war in der letzten Zeit äußerst prüde.

Mit einem Mal fiel Immo auf, wie still es im Haus geworden war. »Sag mal, Gesa, weißt du, wo Tobias steckt?«

»Neein«, flötete sie wieder gut gelaunt.

Die Aussicht auf den Snacksalat hatte ihre Laune merklich gehoben.

So kann man auch mit kleinen Sachen der Gesa eine Freude machen, frohlockte Immo innerlich und freute sich darauf, nachher heimlich zu McDonald's zu fahren und sich einen Hamburger zu kaufen. Er musste schließlich noch tanken, am Abend waren die Preise nicht so hoch, und neben der Tanke wartete der Duft von Pommes und Fleisch …

»Hat er gesagt, dass er weggeht?«, fragte Immo weiter.

»Hat er niicht!«, sang Gesa erneut. »Das Snackchen ist gleich fertig, my love.«

Immo beschlich ein mulmiges Gefühl. Diese Ruhe in Tobias' Zimmer war ungewöhnlich, und sie gefiel ihm nicht. Sonst wackelten die Wände, weil Tobias es mochte, die Bässe stark aufzudrehen. Das war auch bis vor einer halben Stunde so gewesen. Natürlich fiel es dann auf, wenn sie verstummten. Nur wann war das genau passiert? Weil Immo mit Gesa diskutiert hatte, konnte er das nicht so genau sagen. Er verstieg sich kurz zu der Hoffnung, Tobias würde sich einfach auf die morgige Mathe-Klausur vorbereiten und hätte eingesehen, dass dies wesentlich besser ging, wenn der Körper nicht von den Bässen vibrierte.

»Ich geh mal nachsehen«, schlug Immo vor.

Gesa nickte abwesend, denn sie sortierte die Salatblätter mal nach rechts, dann nach links und schob sie auf der Arbeitsplatte hin und her, um den bestmöglichen Lichtwinkel für das Foto auszuloten.

Immo winkte ab, erklomm rasch die Stufen der weißen Treppe und klopfte an Tobias' Tür. Die war nicht verschlossen, sondern sprang sofort auf.

Immo fuhr zurück.

Das konnte nicht wahr sein! Befand er sich im falschen Film, oder träumte er sogar?

Das Bett war gemacht, der Fußboden war nicht unter einem Berg Zeitschriften verborgen. Selbst der Schreibtisch offenbarte seine hellgraue Farbe, es gab keine kunstvoll aufgeschichteten Zettel und Notizen, auf denen sich unterschiedliche Schreibgeräte ausbalancierten. Sogar der Laptop war sofort zu entdecken.

Immo zog den Papierkorb hervor, aber auch da erwartete ihn eine Überraschung. Der Behälter war leer, und ihm schlug kein süßlich fauliger Duft von angenagten Äpfeln und Birnen entgegen. Im Gegenteil: Er war sogar gründlich ausgewaschen, keine einzige Dreckschliere lächelte ihn höhnisch an und ließ so erahnen, welche Köstlichkeit an dieser Stelle ihren Geist aufgegeben hatte.

Das war ungewöhnlich! Aber so was von!

Immo schlug das Herz bis zum Hals. Er machte sich Sorgen, denn das alles passte nicht zu seinem Sohn!

Ganz gleich, was Immo auch anstellte, ob er sich die Augen rieb, sie schloss und wieder öffnete: Das Bild blieb dasselbe. Er befand sich tatsächlich in Tobias' Zimmer. Auch der letzte Versuch, ein kräftiger und schmerzhafter Kniff in den Unterarm, veränderte nichts.

Das hier war die Räuberhöhle seines Sohnes, der Raum, der stets Stein des Anstoßes war.

Nur hatte sich alles komplett verändert, weil in diesem Zimmer akribische Ordnung herrschte. Es duftete frisch geputzt und leicht nach Zitrone.

Normalerweise sollte das ein Grund der Freude sein, doch aus unerfindlichen Gründen beunruhigte es Immo immer stärker auf fast panische Weise.

Wüsste er es nicht besser, würde er denken, sein Sohn wäre von einem Guru geläutert worden. Nur – wer sollte das sein?

Immo verwarf diese Idee wieder. Oder hatte Tobias sich verliebt und wollte seiner Flamme nicht im alltäglichen Chaos gegenübertreten?

Nein, sein Sohn war ausschließlich Gamer oder Handballer und nahm außer den zwangsschulischen Maßnahmen am täglichen realen Leben nicht teil.

Immo nagte an der Unterlippe. Hatte etwa Gesa es geschafft, ihren Sohn aus der virtuellen Welt herauszuholen und ihm einen neuen Blickwinkel zu verleihen?

Kaum, sie sortierte ja ihre Salatblätter und musste Fotos machen oder Filmchen drehen.

In Immo arbeitete es fieberhaft.

War sein Sohn einem weiblichen Handballgroupie begegnet, der sein Herz in Flammen gesetzt hatte?

»Das wäre das erste Mal«, murmelte Immo, der schon befürchtet hatte, dass Tobias sich womöglich nicht verlieben konnte. Weder in Frau noch in Mann.

Und jetzt das.

Nein, es war beunruhigend. Mal sehen, was Gesa meinte. Mit dem Anrichten ihrer paar Salatblättchen musste sie inzwischen fertig sein.

Immo schloss die Tür und ging nachdenklich die Treppe wieder hinunter.

»Und?«, fragte Gesa, die leider noch nichts fertig hatte, weil ihr das Arrangement missfiel und sie es nun doch hübscher fand, sich auf Rucola zu beschränken.

Dafür aber trug sie neuen Lidschatten, das fiel Immo sofort auf.

»Der ist toll, oder?«, flötete sie. »Der macht sich gleich gut im frühen Abendlicht, wenn ich meinen Teller präsentiere. Ich habe heute fünfzig neue Follower bekommen.«

Immerhin hatte seine Freundin die Salatschleuder bereits aus dem Schrank genommen und das Grünzeug hineingeworfen.

»Tobi ist weg«, gab Immo bereitwillig Auskunft.

Gesa begann, an der Kurbel zu drehen.

»Er ist siebzehn, da kann es schon mal vorkommen, dass das Junge das Nest verlässt. Nun guck nicht so bedröppelt, und mach dir doch keine Gedanken!«

»Aber er sagt doch immer Bescheid, wo wir ihn finden können.«

»Dieses Mal eben nicht. Du wirst sehen, er kommt gleich zurück. Spätestens wenn er Hunger hat.«

»Es gibt heute nur Salatblätter«, korrigierte Immo.

»Das weiß Tobias ja nicht«, antwortete Gesa. Sie musterte Immo. »Da ist doch noch was!«

Der nickte. »Ja, da ist noch was, was mich wirklich unruhig macht.«

»Und das wäre?«

»Er hat aufgeräumt.«

»Aufgeräumt?«, hakte Gesa ungläubig nach, so als wäre das in Zusammenhang mit Tobias ein Fremdwort. Sie wiederholte es auch gleich. »Er hat aufgeräumt. Das ist echt ein Ding.«

Nun wurde auch sie sichtlich unruhig. Sie ließ die Kurbel los, sodass die Schleuder ein paar leiser werdende ratternde Geräusche von sich gab.

»Was hast du vor?«, fragte Immo.

»Ich will im Flur nachsehen, ob seine Sneaker noch da sind.«

Gesa schaute offenbar nicht nur neben der Tür auf der Matte nach, sondern öffnete auch den Schuhschrank.

»Nichts. Er hat seine Lieblingstreter angezogen und ist so mir nichts, dir nichts abgehauen.«

»Rufen wir ihn an«, beschloss Immo. »Sein Handy wird er ja wohl mithaben.« Doch er zögerte, denn es war ihm früher ein Graus gewesen, wenn ihm seine Mutter hinterhertelefoniert hatte. Doch er kam nicht umhin, wollte er wissen, wohin Tobias heimlich verschwunden war und was ihn dazu gebracht hatte, tatsächlich aufzuräumen und sauber zu machen. »Hast du denn gehört, dass er geputzt hat?«, fragte er, während er sein Telefon suchte.

»Der Staubi ging vorhin, das war schon komisch. Aber ich dachte dann, ich hätte mich geirrt, weil er ja die Musik so laut hatte. Kennst du doch.«

Immo nickte. Er hatte das Handy gefunden und tippte Tobias' Eintrag an.

Sofort sprang die Mailbox an.

»Hi, hier ist Tobias. Ich bin nicht on. Sprich auf die Box, oder versuche es später!«

Immo ließ das Handy sinken. So kam er nicht weiter.

»Dann lass uns jetzt den Salat essen«, schlug er vor. »Wenn er danach nicht zurück ist, müssen wir reagieren.«

Auf den Hamburger mit den fetten Pommes war ihm der Appetit schlagartig vergangen.

»Das können wir gleich machen, aber wenn dein Sohn aufgeräumt hat, dann muss ich das doch dokumentieren!« Ehe Immo sich's versah, war Gesa auch schon hinaufgesprintet, um das einzigartige Foto zu schießen.

Tobias strampelte, was das Zeug hielt. Er wollte zu Ike. Sie hatte heute ein Handballturnier, und das durfte er keinesfalls verpassen. Sonst war es vermutlich schwierig, ihr näherzukommen. Und Handball war ein gutes Thema. Schließlich stand er für seine Mannschaft selbst im Tor, und er war richtig gut. Der Sport verschaffte ihm eindeutig einen coolen Kick. Sogar noch besser, als wenn er beim Gamen seinen Gegner mal wieder so richtig abgezockt hatte. Es war einfach erhebend, wenn die Halle tobte und ihr Team von den Fans angefeuert wurde. Das schweißte zusammen und verpasste dem Gemüt eine gute Stimmung. Außerdem mochte Tobias die Jungs aus der Mannschaft, wenngleich sich dort nie eine richtige Freundschaft entwickelt hatte. Aber sie waren gute Kumpel, das reichte.

Als Tobias' Vater und Gesa es wegen eines Megastaus auf der A 1 nicht geschafft hatten, pünktlich bei seinem Spiel zu sein, weil es um zwei Stunden vorverlegt worden war, da war ihm Ike mal wieder aufgefallen. Sie hatte im darauffolgenden Spiel mit ihrer Mannschaft den Pokal erfolgreich verteidigt und Tobias mit ihrer fröhlichen Art und dem Lächeln, bei dem sich zwei Grübchen auf ihren Wangen zeigten, sogleich gefesselt.

Ihre Kampfkraft, das sichere Spiel und die gezielten und mutigen Würfe waren ebenso beeindruckend wie ihre Körperbeherrschung und Geschwindigkeit. Ike Boekhoff – Tobias hatte sich natürlich darum gekümmert, wie sie hieß – war flink wie ein Wiesel.

Und dazu ausgesprochen hübsch. Tobias mochte ihre blonden langen Haare mit der lila Strähne an der linken Seite. Die zierliche und zugleich durchtrainierte Gestalt, die Sommersprossen, die auf der kleinen Stupsnase tanzten, wenn sie lachte. Dazu der kecke Blick aus den grünen Katzenaugen, die eine so interessante Färbung hatten, wie Tobias sie noch nie gesehen hatte.

Jedenfalls bekam er Ike seit diesem Spiel nicht mehr aus dem Kopf. Sie besuchte ihn in seinen Träumen, sie erzählte ihm Geschichten, wenn er einschlief, und manchmal glaubte er, ihre schmalen Lippen auf seinen zu spüren.

Als er heute Morgen aufgewacht war, hatte er beschlossen, zu ihrem Spiel zu gehen. Er musste sie wiedersehen. Doch dann war sein Blick durchs Zimmer geschweift und zuerst am Mülleimer hängen geblieben. Daraus roch es unangenehm. Als er sich weiter umgesehen hatte, war ihm bewusst geworden, dass es sicher kein so appetitlicher Anblick für ein junges Mädchen war, wenn sie sein Zimmer betrat und sofort über die gebrauchten Boxershorts und müffelnden Socken stolperte. Schimmelige Apfelreste waren auch eher abtörnend. Zumal er den süßlich fauligen Duft selbst nicht besonders schätzte, aber meist darauf vertraut hatte, dass Gesa den Kram schon entsorgte.

Es wurde Zeit, erwachsen zu werden und Verantwortung zu übernehmen.

Folglich hatte er den Entschluss gefasst, aufzuräumen, den Müll zu entsorgen und – zu putzen.

Tobias war selbst erstaunt darüber gewesen, wie gut es ihm gelang, Ordnung zu schaffen. Mit der Musik von Blink im Hintergrund hatte er den notwendigen Motivationsschub im Rücken, und da Gesa eine Ordnungsfanatikerin war, hatte er inzwischen ein gutes Vorbild und wusste grundsätzlich, wie es funktionierte. Am Ende war er richtig zufrieden mit seinem Werk gewesen.

Das Zimmer blitzte, er fand alles auf Anhieb, und er musste über nichts stolpern, weil auf dem Boden freie Bahn zu Bett und Schreibtisch herrschte.

Nach getaner Arbeit hatte Tobias überlegt, ob er seinem Vater sagen wollte, wohin er ging, doch dann war ihm nicht danach gewesen zu erklären, warum er ausgerechnet zu einem Damenhandballspiel fuhr. Gesa hätte das mitgekriegt und sofort Lunte gerochen. Auf diese anzüglichen Fragen konnte er getrost verzichten.

Also war heimlich abzuhauen die beste Option. Er hatte das noch nie getan, es gehörte zum guten Ton, kurz Bescheid zu geben, wenn man fortging. Heute aber wollte er das nicht, und es fühlte sich gut an. Erwachsen.

Die Sonne schien vom klarblauen Himmel. Einzig ein paar Schönwetterwolken zogen gemächlich ihre Bahnen und formten sich in Zeitlupengeschwindigkeit zu neuen Bildern und Formationen.

Tobias war ziemlich nervös. Was wünschte er sich, dass Ike keinen Freund und er das Zimmer nicht umsonst aufgeräumt hatte.

Weil er so schnell gefahren war, erreichte er die Halle lange vor dem Spiel. Er stellte das Rad ab und schlenderte auf das Gebäude zu. Es war eine typische Sportstätte mit Flachdach und Außenbereich. Etwas in die Jahre gekommen, der Grünspan machte sich an den schattigen Stellen immer mehr breit.

Als er die Halle umrundet hatte, klopfte ihm das Herz bis zum Hals, denn Ike stand vor der Eingangstür mit zwei Mitspielerinnen.

Ihr blonder Pferdeschwanz wippte in der Sonne und streichelte die 10 auf ihrem Rücken. Ab sofort war das Tobias' neue Lieblingszahl. Er schlenderte betont lässig auf die Gruppe zu.

»Hi.« Tobias strich sich eine dunkle Locke aus dem Gesicht und grinste.

»Hi!« Ike zeigte ihm die beiden Grübchen.

Sie tat es so richtig, wie es sein musste, wenn einem die Füße vor Aufregung und innerer Hitze in den Asphalt schmolzen und man nicht wusste, wie man sie wieder herausziehen sollte, ohne sich zum kompletten Idioten zu machen.

»Hi, du bist Tobi, oder?«, fragte sie.

Allein wie sie Tobi sagte und beim Lächeln diese winzige Lücke zwischen den Vorderzähnen zeigte.

»Ja. Ich war vor ein paar Tagen bei deinem Spiel dabei, weil ich auf meine Eltern warten musste.«

»Ich weiß.«

Oje, das ging nur zäh voran. Tobias rang mit sich. Er musste Ike nach dem Match wiedersehen und dann eine bessere Strategie im Kopf haben.

»Ich hoffe, ihr habt gleich ein super Spiel.« Tobias schluckte. Wie konnte man so dämliche Ansage machen, es klang alles total geschraubt.

»Wäre schön, wenn wir gewinnen.«

Nun gab sich Tobias einen Ruck. Wenn Ike je sein Zimmer zu Gesicht bekommen sollte, musste er mutiger werden.

»Egal, wie es ausgeht, hättest du Lust auf eine Cola danach? Zum Trösten oder zum Feiern?«

Über Ikes Gesicht glitt ein breites Grinsen. »Klingt beides super! Deal?«

Tobias nickte. »Ich warte hier auf dich.«

»Gut, ich muss rein und mich warm machen. Bis später!«

Ike nickte ihm kurz zu und verschwand dann mit ihren beiden Mitspielerinnen in der Halle.

Tobias aber reckte die Faust. Der erste Schritt war gemacht.

Nun schnell eine WhatsApp nach Hause schicken. Sein Vater würde ihm mindestens den Kopf abreißen, so wütend, wie er bestimmt war, weil Tobi sich am Abend einfach ohne Abmeldung aus dem Staub gemacht hatte. Aber er wollte Ike beim Spiel sehen. Um jeden Preis.

Kapitel 7

Elisa hatte in der Nacht schlecht geschlafen und schlurfte gähnend in die Küche. Sie wollte die Kaffeemaschine anstellen – sie besaß eine, die die Bohnen frisch mahlte und dann in den Filter gab –, doch ihre Maschine gab nur ein leises Sausen von sich, und das Display blinkte ihr entgegen, dass der Bohnenbehälter leer war.

Elisa griff zur Dose, doch da lachten ihr nur drei Böhnchen entgegen. Auch im Schrank fand sich kein weiteres Paket. Sie hatte tatsächlich vergessen, Kaffee einzukaufen. So etwas war ihr noch nie passiert.

Elisa war der Tag nun richtig verhagelt. Seufzend stellte sie den Wasserkocher an und gab grünen Tee in den Teefilter. Das schmeckte zwar auch, aber er war kein Ersatz für ihren morgendlichen Kaffeekick. Den brauchte sie einfach, damit ihr Geist und ihr Körper fit wurden.

Sie hatte seit Jahren ein festes morgendliches Ritual. Erst zog sie mit ihrer Sport-App zwanzig Minuten ein straffes Fitnessprogramm durch, dann trank sie ein großes Glas Wasser mit ein paar Spritzern Zitrone, und anschließend gab es einen frisch gebrühten Kaffee.

Dieses morgendliche Ritual gab Elisa Kraft und Halt. Es war für sie der perfekte Start in den Tag. Aus diesem Grund versetzte sie der Umstand des Kaffeebohnenmangels in grottenschlechte Laune.

Nein, grüner Tee war kein Ausgleich.

»Aber es kann doch nicht sein, dass du deswegen so mies drauf bist«, schimpfte sie mit sich selbst. »Nun reiß dich zusammen! Selbst schuld, wenn du nicht daran denkst, deine Vorräte beizeiten aufzufüllen.«

Elisa trank den Tee, dann bereitete sie sich ein Toastbrot mit Käse zu, und endlich beruhigte sie sich wieder. »Dass Immo und Tobias keine Zeit für mich hatten, setzt mir doch arg zu«, flüsterte sie, denn dass das der tiefere Grund für ihre schlechte Laune war, lag auf der Hand. »Die fehlenden Kaffeebohnen kommen nur on top dazu.«

Elisa überlegte, was sie nun mit dem Tag anfangen wollte. Mal davon abgesehen, dass ein Einkauf im Supermarkt anlag. Schlimm genug, wie wenig ihr Tag ausgefüllt war.

Sie seufzte. Ein Gang in den Garten würde ihr guttun.

Heute zeigten sich ein paar weiße Wölkchen am hellblauen Firmament. Elisa spürte, wie sie sich entspannte. Als dann auch noch ein Schwanenpaar mit stolz gewölbtem Hals auf der Medem an ihr vorbeiglitt und ein Erpel schnatternd aufstob, war ihr Frieden wiederhergestellt.

Elisa zählte die Gänseblümchen, die sich schon wieder den Weg nach oben durch die Pflasterritzen erkämpft hatten. Es war ein mühsames Unterfangen, sie daran zu hindern, und eigentlich wollte sie es auch gar nicht. Sie mochte die weißen Pflänzchen, denn sie gaben nie auf. Auch ohne Kaffee waren sie stark. Das sollte ihr doch Mut machen.

Elisa blickte zu ihrem Häuschen, das an diesem Morgen noch etwas verschlafen wirkte. Noch hatte sie nicht alle Gardinen aufgezogen, noch waren die Fenster nicht zum Lüften geöffnet. Das würde sie gleich nachholen, denn es war erfrischend, wenn der feine Sommerwind durchs Haus wehte.

»Es ist mein Zuhause«, sagte sie zu sich. »Aber es ist nicht schön, so allein zu wohnen.« Sie kicherte. »Oma ihr klein Häuschen ist inzwischen zu groß für sie geworden.«

Mit Schaudern dachte Elisa daran, wie oft sie in den letzten Nächten von der übermächtigen Stille aufgewacht war. Und dann, als sie so dalag, waren plötzlich doch Geräusche zu hören gewesen. Das leise Rascheln der Mäuse auf dem Dachboden war ihr plötzlich so erschienen, als ob sich dort eine ganze Diebesbande herumtreiben würde. Als die Mäuse ihr Herumschwirren endlich aufgegeben hatten, wurden sie vom Gesang der raufenden Kater auf der Straße abgelöst.

Elisa hatte sich stundenlang im Bett herumgewälzt und sich schließlich die Decke über die Ohren gezogen, was aber wiederum dazu geführt hatte, dass ihr schon nach kurzer Zeit der Schweiß den Rücken herunterlief und sie sich umziehen musste.

»Das Alleinsein macht mich wunderlich«, sagte sie zu sich. »Auch wenn ich so ein hübsches Häuschen habe, fällt mir gerade die Decke auf den Kopf.«

War es doch eine gute Idee, Julia anzubieten, für das Märchenland zu backen und ein paar neue Kinderkuchen zu kreieren?

»Das nützt mir nur nichts, wenn ich dann doch wieder allein in meinen eigenen vier Wänden hocke«, überlegte sie laut. »Aber ich hätte eine Aufgabe.«

Nun hatte sie den Tee getrunken, und der Einkauf konnte warten. Sie setzte sich auf den Steg und ließ die Beine schaukeln. So saß sie gern und schaute aufs Wasser. Beobachtete, wie die Libellen über der Oberfläche verharrten, lächelte, als sich ein Fischschwarm unter ihren Füßen entlangtummelte, und winkte dem Entenpaar mit ihren sechs Küken, die in Reih und Glied die Medem hinabschwammen.

»Ich könnte mich im Märchenland mit noch anderen Dingen einbringen«, sagte sie zu sich und war froh, dass niemand mitbekam, wie sie Selbstgespräche führte. Aber die Idee, die ihr eben durch den Kopf geschossen war, klang als Gedanke einfach zu gut. Manchmal veränderte sich das aber, wenn man es aussprach. Einen Versuch war es wert, um den Gedanken auf Tauglichkeit zu prüfen.

»Ich habe goldene Hände beim Häkeln und Stricken, und ich singe gern. Ich könnte doch mal googeln, welche Lieder die Kinder von heute gern singen, denn *Mein Vater war ein Wandersmann* war bestimmt nicht mehr am Start und *Hoch auf dem gelben Wagen* auch nicht.

Mit Immo hatte sie auch *A-B-C, die Katze lief im Schnee* gesungen oder *Alle meine Fingerlein*, nur waren die Kinder im Märchenland dafür wohl schon zu alt.

Julia würde ihr da bestimmt weiterhelfen können, wenn sie im Netz nicht fündig wurde.

Elisa schloss die Augen und sah sich schon umgeben von der Zwergengruppe fröhliche Lieder singen, und dabei zog allen der Duft ihres frisch gebackenen Apfelkuchens in die Nase.

Je länger sie darüber nachsann, desto besser gefiel ihr die Idee. Wenn sie tagsüber Gesellschaft hatte, würde sie nachts besser schlafen, und dann wäre es nicht einmal schlimm, wenn die Mäuse sogar Polka tanzten und die Kater einen mehrstimmigen Kanon anstimmten. Sie würde endlich so müde sein, dass sie von alldem nichts mehr mitbekam.

Elisa atmete tief durch und öffnete die Augen wieder. So gesehen hatte Immos überstürzter Aufbruch doch auch sein Gutes gehabt, wie vieles im Nachhinein gar nicht mehr so düster wirkte, als es zuerst schien.

Marten wäre an jenem Sonntag nicht zu ihr gekommen und Julia mit der Gruppe unbeachtet an ihrem Haus vorbeispaziert. Ohne Marten und der guten Idee, die Kinder hereinzubitten, würde sie jetzt keine Idee haben, wie sie ihren Alltag besser gestalten könnte, außer sich einer Töpfergruppe anzuschließen oder in ihre alte Gewohnheit zurückzufallen, doch wieder an einigen Otterndorfer Beerdigungen teilzunehmen.

Vermutlich würde sie sich ernsthaft mit dem Gedanken tragen, das Haus zu verkaufen, und weil sie nie lange zauderte, hätte sie wahrscheinlich schon die ersten Schritte eingeleitet.

Dann wäre das Fortziehen nicht nur eine fixe Idee, sondern würde von Stunde zu Stunde immer mehr Gestalt annehmen.

Sie hätte sich eine kleine Wohnung mit Balkon in Otterndorf oder sogar in Cuxhaven gesucht und sich vermutlich unendlich gelangweilt.

Elisa baumelte weiter mit den Beinen, was ihren Gedanken Flügel verlieh. So könnte es gehen, so würde sie ein wenig auf andere Gedanken kommen, denn zu hoffen, dass ihr Sohn mit seiner Influencerin und Tobi doch noch einmal vorbeikam, war genauso dämlich, als würde sie glauben, an der Bushaltestelle käme gleich ein Spaceshuttle angeflogen, und ihre Reise zum Mond wäre gewiss.

Ich muss mich auf mich selbst konzentrieren, dachte sie. Sicher ist einzig, dass ich keine Lust mehr habe, Otterndorf zu verlassen. Früher, da war sie viel unterwegs gewesen, und auch jetzt war ihr durchaus schon in den Sinn gekommen, eine Kreuzfahrt oder etwas Ähnliches zu unternehmen.

Aber Elisa konnte dem nichts mehr abgewinnen. Sie hatte viel von Europa mit allen ansehnlichen Winkeln und Städten gesehen. Sie war auf die Zugspitze geklettert und hatte von vielen Gipfeln auf die Welt hinabgeschaut.

Sie war in der Nord- und Ostsee geschwommen oder im Gardasee. Nur in ein Flugzeug hatte sie nie steigen mögen. Und so einzigartig alles, was sie gesehen hatte, war: Nirgendwo fand sie es so wunderschön wie in Otterndorf.

Die Medem, die sich so angenehm norddeutsch unaufgeregt und nicht hektisch plätschernd wie ein Gebirgsbach durch die Stadt zog. Ringsum die Fachwerkhäuschen und Backsteinbauten mit den wunderbar geschwungenen Giebeln. Ein Haus und eine Gasse pittoresker als die nächste.

Ihre Kirche, die alte Lateinschule und die liebenswerte Buchhandlung nebst dem Woll- und Stoffladen. Das wunderbar duftende Teegeschäft, das stets dazu verführte, sich mit vielen Sorten einzudecken und es sich am Nachmittag mit einem wohligen Becher Tee gut gehen zu lassen.

Nein, Elisa mochte nicht mehr reisen. Sie war angekommen. Hier in ihrer kleinen Stadt.

Und jetzt war ihr Marten begegnet. Der Deichschrat mit der unmöglichen Frisur und der noch unmöglicheren Kleidung, aber offenbar einem Herzen aus Gold. Wenn nicht sogar Platin. Er hatte Julia mit den Kindern die Tür geöffnet – und von jetzt auf gleich eine neue Perspektive für sie geschaffen.

Sie würde Julia später anrufen und ihr Hilfe anbieten.

»Doch eins nach dem anderen«, murmelte Elisa und stand auf. Sie rieb sich den Rücken. Es wurde wirklich Zeit, dass Heinzi von seinem Sonnentrip zurückkam. Und hoffentlich nicht allzu sehr verbrannt. Sie befürchtete, seine Hautfarbe könnte der von Roter Beete ähneln. Aber darüber konnte sie sich später immer noch Gedanken machen. Notfalls hätte sie die selbst gemachte Ringelblumensalbe parat.

Zuerst ging sie ins Haus und öffnete wie geplant die Fenster und zog sämtliche Gardinen auf. Danach freute sie sich auf die anstehende Gartenarbeit.

»Jetzt lasse ich zwar die hübschen Gänseblümchen stehen, aber die Grashalme, die können verschwinden. Damit das alles wieder manierlich aussieht.«

Mehr würden ihre Knochen ohnehin nicht mitmachen.

Elisa holte einen Eimer und machte sich ans Werk.

Trotz ihrer täglichen Morgengymnastik knackten besagte Knochen bei der Grasvernichtungstour schon wieder bedenklich.

Als es erst klingelte und dann mehrfach klopfte, schrak sie zusammen. Da war ja jemand penetrant. Er hatte Glück, dass sie sich in Hausnähe aufhielt und es gehört hatte. Elisa wischte die Hände an der Schürze ab und fuhr sich kurz durchs Haar, was natürlich vollkommen blödsinnig war, denn nun hingen auch noch Sand und Erde darin. Weil es juckte und sie sich kratzte, zierte ein dunkler Strich ihre Wange.

»Super gemacht, Frau Krull«, murmelte sie. »Das macht dich jetzt so richtig adrett.«

Egal, sie musste nachsehen, wer vor ihrer Tür stand. Sie lief über die Auffahrt zur Straße. Vor der Haustür stand ein fremder Mann mit einem Strauß Blumen in der Hand.

»Ja bitte? Was kann ich für Sie tun?«, fragte sie in reserviertem Ton.

»Ich bin's.«

Verdammt, diese Stimme kannte sie doch.

»Marten?« Elisa neigte vorsichtig den Kopf. »Bist du das?«

»Jo, ich bin's. Hab mich mal etwas aufgehübscht«, sagte er und drehte sich einmal um die eigene Achse.

Er sah vollkommen verändert aus.

Marten steckte nicht mehr in seiner alten schwarzen Cordhose, die er vermutlich ausgezogen in die Ecke hätte stellen können, ohne dass sie in sich zusammengesackt wäre. Er trug eine neue Jeans, die seinen Allerwertesten gut zur Geltung brachte. Sein Oberkörper steckte in einem frisch gebügelten und blau getupften Hemd, über dessen Design man durchaus geteilter Meinung sein konnte. Es war modisch, wenn auch nicht alterskonform.

Elisa bekam den Mund kaum zu, als sie ihn ungläubig betrachtete.

Er wirkte jedoch richtig stolz, und als jetzt ein breites Grinsen über sein Gesicht glitt, erkannte Elisa zwei tiefe Grübchen, die ihm einen schelmischen Ausdruck verliehen. Das alles war vorher von diesem Bartgestrüpp total verdeckt gewesen – welch eine Schande! Nun war auch sein Gesicht mit den vollen Lippen zu erkennen!

»Da bist du überrascht, was? Neue Frisur, neuer Bart und neue Klamotten.«

»Da staune ich allerdings!« Elisa pfiff und spürte, dass sie anschließend rot anlief. Sie benahm sich ja wie ein Gassenjunge!

Oder besser wie eine Gassenomi.

Aber Marten sah wirklich nicht mehr aus wie Marten. Das Haar war gestutzt, und man konnte das, was sich nun zeigte, durchaus als gut geschnittene Frisur bezeichnen.

Er wirkte trotz des eigenwilligen Hemdes regelrecht – elegant.

Nun schämte sich Elisa fast ein bisschen, dass sie hier mit Schürze und Jogginghose vor ihm stand und nun auch noch Dreck auf der Wange und Sand im Haar hatte. Das war ja beinahe ein Rollentausch. Das hässliche Entlein wurde über Nacht zum Schwan, und die einst hübsche Schwänin hatte ein Schlammbad genommen.

Da half nur eine Rechtfertigungsstrategie, obwohl Elisa sich irgendwann einmal vorgenommen hatte, das nie mehr zu tun.

»Ich war dabei, die Terrassenfugen zu reinigen«, brachte sie hervor, fasste sich verlegen noch einmal ins Gesicht und machte dadurch alles noch so viel schlimmer.

Marten reagierte auf ihren Einwand gar nicht, sondern fragte: »Gefalle ich dir so besser?« Mein Gott, war das eine plumpe Frage. »Du kannst es einfach mit Ja oder Nein beantworten!«

Elisa wusste nicht so genau, wie sie reagieren sollte, ohne dass es blöd klang. Sie konnte dem ihr doch noch immer fremden Mann schließlich nicht einfach sagen, o ja, du siehst einfach klasse aus, ohne dass es so wirkte, als hätte sie womöglich Interesse an ihm. Aber er hatte sie nur aufgefordert, mit Ja oder Nein zu antworten. Mehr nicht.

Marten schaute sie noch immer abwartend an.

Elisa nickte vorsichtig, das musste genügen.

Marten hatte es sehr wohl bemerkt, und über sein Gesicht glitt ein freudiges Grinsen.

»Das hatte ich gehofft«, sagte er. »Darf ich reinkommen?«

Elisa trat einen Schritt beiseite. »Bitte, ja. Wie unhöflich von mir. Wir müssen aber durch den Garten laufen.« Sie ging voraus und lotste Marten bis zur Terrasse. »Wasser?«, fragte sie. »Oder lieber Tee? Kaffee muss ich erst besorgen, er ist aus.«

»Wasser ist in Ordnung bei der Wärme«, antwortete Marten.

Elisa eilte los und wusch sich in der Küche schnell den Dreckstreifen aus dem Gesicht. Kurz überlegte sie noch, ob es sinnvoll war, auch etwas anderes anzuziehen, aber dann schalt sie sich selbst. Sie musste doch keinen Staat vor diesem Mann machen. Bloß weil der sich jetzt ein wenig herausgeputzt hatte.

Sie füllte Leitungswasser in zwei Gläser und balancierte sie hinaus auf die Terrasse.

Inzwischen hatten sich auch weitere Sonnenstrahlen durch die Hortensien gekämpft und tauchten Tisch und Stühle in ein weiches streifiges Licht.

»Wohl sein!« Elisa nickte Marten freundlich zu.

Der nahm sofort einen so kräftigen Schluck, dass das Glas gleich zur Hälfte geleert war.

»Bin halt nicht mit dem Boot, sondern mit dem Rad hier«, erklärte er. »Es ist ein älteres Modell, und ich muss ganz schön heftig treten. Und für die frühen Morgenstunden ist es doch ganz schön heiß. Das habe ich unterschätzt.«

»Also kein E-Bike«, sagte Elisa. »Noch volle Muskelkraft.«

Marten hob bedauernd die Handflächen. »Bislang dachte ich immer noch, dass es mit der Puste geht, aber ich merke doch, dass auch an mir der Zahn der Zeit nagt.«

Seit gestern hat dieser Zeitzahn aber einen mächtigen Rückwärtsgang eingelegt, schoss es Elisa durch den Kopf, denn auch nach längerer Betrachtung sah Marten einfach fantastisch aus.

Sie räusperte sich. Das fehlte noch, dass sie anfing, von ihm zu schwärmen.

»Gut, aber was möchtest du bei mir, und warum hast du dich so verändert?« So ganz verstand Elisa seine Umorientierung noch nicht.

Marten knibbelte am Glas. »Es war mir peinlich, dass ich so … verwegen ausgesehen habe. Nein, nicht verwegen. Ungepflegt.«

»Hm.« Wieder wusste Elisa nicht, was sie dazu sagen sollte. »Meinetwegen hättest du das nicht ändern müssen …«

»Doch«, fiel Marten ihr ins Wort. »Ich würde dich gern öfter treffen. Nur so, als Freunde. Wir leiden doch beide unter unserer Einsamkeit. Und es ist nicht gut, so viel allein zu sein, Elisa. Das ist dir genauso klar wie mir.«

Zwar stimmte sie ihm da in allen Punkten zu, nur sah sie keine Notwendigkeit darin, dass sie deswegen nach dieser kurzen Zeit des Kennenlernens automatisch Freunde werden mussten. Sie wollte sich jetzt schließlich im Märchenland einbringen und brauchte dazu keinen Gefährten oder Begleiter. Sie konnte ihr Leben noch immer ganz gut allein stemmen. Mit der Zeit könnte sich das ändern, aber es ging ihr alles zu schnell. Dennoch fand sie es gemein, das Marten so knallhart vor den Kopf zu hauen. Sie wäre sich schäbig vorgekommen. Er schaute sie viel zu hoffnungsvoll an.

»Es freut mich, wenn wir uns ab und zu sehen«, antwortete sie deshalb diplomatisch. Und so schlecht war es ja vielleicht doch nicht, wenn sie hin und wieder Gesellschaft hätte. »Eigentlich habe ich schon überlegt, das Haus zu verkaufen und wegzuziehen«, ergänzte sie. »Ich bin tatsächlich auch viel allein. Aber jetzt möchte ich mir doch lieber eine Beschäftigung suchen. Das Märchenland hat in mir Ideen geweckt.«

»In mir auch«, sagte Marten. »Deshalb bin ich da. Bekomme ich nun doch einen Tee? Dann können wir uns darüber austauschen.«

»Du machst also Kunstwerke aus Schrott?«« Elisa versuchte, einen Übergang zu schaffen. Sie wusste allerdings nicht, ob sie solche Meisterstücke schätzte. Trotzdem war es eine weitere Seite an ihm, die sie für ihn einnahm. Er war ein schräger Vogel, und warum sollte er dann Aquarelle pinseln? »Das muss ich mir ansehen«, meinte sie, obwohl sie noch immer unsicher war, was sie von dieser Art Kunst halten sollte.

Marten strahlte bei ihrer Antwort übers ganze Gesicht. »Du kannst mich gern besuchen kommen, aber bitte erschrick nicht.«

»Wieso, baust du etwa Schrottmonster?«

Marten lachte lauthals auf. »Das nicht, aber ich lebe … etwas spartanisch. Will sagen: Mein Haus könnte eine grundsätzliche Modernisierung vertragen.«

Elisa schürzte die Lippen. »Das heißt?«

Marten dachte einen Augenblick lang nach, ehe er vorsichtig sagte: »Mausoleum. Jahrelanger Investitionsstau und liebevolles Männerchaos.«

Elisa verstand sofort. »Also heilloses Durcheinander.«

»So sieht das aus«, bestätigte Marten. »Leider.« Dann glitt erneut ein Strahlen über sein Gesicht. »Aber meine Schrottkunstwerke sind super. Sie schmücken schon jetzt viele Otterndorfer Vorgärten.« Er sah Elisa mit schief gelegtem Kopf an. »Das würde in deinem Garten auch so richtig gut aussehen.«

»Was? Schrott?«, fragte Elisa entsetzt und sah schon abgewrackte Motoren und Altölkanister zwischen Blumenbeeten liegen. So etwas hatte sie in Otterndorf noch nie gesehen, weshalb sie unsicher war, ob Marten nicht flunkerte, wenn er behauptete, halb Otterndorf würde seine künstlerischen Ergüsse schätzen. »Ich weiß nicht, ob das so meins ist«, setzte sie vorsichtig nach.

Marten schien zu begreifen, was hinter ihrer Stirn vorging.

»Du weißt gar nicht genau, was meine Kunstwerke ausmacht, stimmt's?«

»Stimmt«, gab Elisa zu.

»Gut, dann erkläre ich es dir. Ich schmiede Blumenstecker oder Tiere, Windräder und Gestirn.«

Elisa atmete erleichtert aus, das klang erheblich positiver. Sie war aber noch immer unsicher, ob sich das wirklich gut in ihrem Gärtchen machen würde. »Ich überlege es mir.« Erst musste sie sich das ansehen. So ohne Weiteres würde sie ihren Garten nicht zum Abwracklager machen, denn noch immer fehlte ihr die klare Vorstellung über sein Tun. Besser, sie vertiefte das nicht. »Das willst du dann auch mit den älteren Märchenkindern machen? Also Schrottbasteln?«, lenkte sie deswegen ab.

»Nicht direkt mit dem Eisenschrott, da muss ich ja auch oft mit Hitze arbeiten. Aber es gibt doch dieses wunderbare neue Wort Upcycling. Davon habe ich in der Zeitung gelesen.«

Elisa würde das gleich mal googeln, jetzt tat sie lieber wissend. Ein freundliches »Hm« musste reichen, und es signalisierte sogleich Interesse.

»Wir könnten aus alten Dingen wieder neue schöne Sachen herstellen. Aus Kartons, Holzkisten … aus allem eben.«

Jetzt leuchteten auch Elisas Augen, denn ihr war eine weitere Idee gekommen, was sie mit den Märchenkindern anstellen könnte.

»Das geht doch auch mit alten Klamotten. Also wenn sie gewaschen sind.«

Sie hatte sofort Martens schmutzige Cordhose vor Augen, die sich dadurch schon disqualifiziert hatte.

»Sicher geht das. Es gibt sogar Schneidereien, die sich auf so etwas spezialisiert haben.«

Elisa grinste zufrieden. Sie würde mit einem großen Koffer voller Ideen vor Julia treten können.

»Das kann ich da auch vorschlagen. Für die Älteren.«

Marten druckste herum. »Würdest du mit mir zusammen hingehen? Wir hatten doch beide exakt dieselben Gedanken. Raus aus der Einsamkeit und sich bei jungen Menschen einbringen.«

»Du meinst, wo uns die eigenen Kinder und Enkel immer fremder werden?«

»Ja«, bestätigte Marten.

»Du vermisst Helge sehr, oder?«

»Viel zu sehr. Und meine Enkelin Ike auch.«

»Du hast also auch eine Enkelin? Davon hast du bislang gar nichts erzählt!«

Marten nickte. »Ike ist siebzehn. Sie war früher oft bei mir. Ich mag sie sehr, und sie fehlt mir unglaublich.«

»Dann haben wir ein ähnliches Schicksal, würde ich sagen«, meinte Elisa. »So gesehen hast du recht: Lass uns den neuen Weg zusammen einschlagen. Als Freunde!«

Nicht dass er sich doch noch falsche Hoffnungen machte.

Kapitel 8

Verdammt, Tobias, so geht das nicht!«

Gesa riss die Tür zum Zimmer auf und fletschte regelrecht die Zähne, als sie nach ihrem Halbtagsjob im Nagelstudio, dem sie zusätzlich zur Tätigkeit als Influencerin jeden Tag bis zwölf Uhr nachging, ins Zimmer von Tobias schaute.

Der nahm genervt die Kopfhörer ab. Er hatte gerade ein richtig hohes Level beim Gamen erreicht und konnte Gesas Wutausbruch gar nicht gebrauchen. Außerdem hatte er generell richtig supergute Laune, denn Ike hatte ihm eben geschrieben. Und das bereits zum dritten Mal. Gestern nach dem Spiel war die Zeit knapp gewesen, aber sie hatte gemeint, dass es schön wäre, wenn sie sich bald wieder an der Sporthalle treffen würden. Dann hatten sie die Nummern getauscht, und nun schrieb sie ihm tatsächlich! Sie wollte ihn sehen. Morgen nach dem Training an der Halle.

»Was gibt es denn?« Tobi schaute Gesa treuherzig an, was sie meist beruhigte. Dieses Mal funktionierte das Ablenkungsmanöver allerdings nicht.

»Da fragst du noch?«, zischte sie ihn an.

Tobias zuckte die Achseln, denn er wusste wirklich nicht, was los war. Er hatte erneut aufgeräumt, seinen Teller klaglos leer gefuttert, obwohl es schon wieder dieses Tofuzeug gegeben hatte und er nach wie vor fand, dass es der Konsistenz von Pappe gleichkam. Wahrscheinlich schmeckte es auch ähnlich, nur fehlte ihm die Lust, es zu probieren. Er war schließlich kein Masochist.

»Du hast dir in der Küche was zu essen gemacht und nichts, aber auch gar nichts weggeräumt!«

»Ach das«, entfuhr es ihm grinsend, denn das war ihm im Eifer des Spiels tatsächlich entfallen. Es stimmte, er hatte sich noch ein Sandwich mit Käse und Tomaten belegt, weil er nicht richtig satt geworden war. Na ja, und die Eile war auch nicht zu unterschätzen gewesen. Seine Freunde warteten schließlich nicht gern, wenn sie gamen wollten. »Ich hatte ein Date mit James und Matthis. Ich muss doch mein Level verteidigen.«

Tobias sah Gesa an, dass sie diese Ausrede nicht gelten ließ.

»Trotzdem hast du deinen Mist wegzuräumen. Ich bin nicht deine Dienstmagd, und außerdem habe ich mir heute im Nagelstudio von einer Kollegin die Nägel neu stylen lassen und nicht vor, sie gleich wieder zu ruinieren, weil ich deine Hinterlassenschaften beseitigen muss.«

Das fand Tobias dann doch ein wenig übertrieben, schließlich war er kein Hund oder Baby, denn unter Hinterlassenschaften verstand er etwas anderes als den benutzten Teller samt Messer. Dass Gesa auch immer gleich so einen Aufstand veranstalten musste! Aber erfahrungsgemäß nützte es nichts, dagegen anzugehen. Kleine Brötchen zu backen führte hier weiter.

»Moment!« Tobias seufzte schwer und schrieb seinen Mitgamern, dass er kurz unterbrechen musste. Wenn er das nicht tat, würde es mit Gesa so richtig krachen.

James aber winkte ab, und Matthis schlug in dieselbe Kerbe. Raus war raus, und er hatte verloren.

Tobias kochte vor Wut, weil Gesa niemals einen Funken Respekt vor seinen Aktivitäten hatte. Es war nicht das erste Mal, dass sie derart überzogen reagierte.

Seufzend loggte er sich aus und stand auf. Besser, er lenkte ein, um die Situation zu entschärfen, sonst müsste sein Vater nachher wieder alles ausbaden. Gesa war launisch, und wenn sie sich in ihre negativen Schwingungen hineinsteigerte, war sie nicht mehr zu bremsen. »Schon gut, das war nicht okay. Ich räum das jetzt weg.«

»Zu spät, mein Lieber! Zu spät! Hab ich schon gemacht.«

»Dann hättest du mich doch noch eben gewinnen lassen können«, meinte Tobias.

Gesa zuckte nur mit den Achseln, machte wortlos auf dem Absatz kehrt und knallte die Tür hinter sich zu. Kurz darauf hörte er im Flur etwas rascheln, dann polternde Schritte auf den Marmorstufen.

Tobias wandte sich erneut seinem Rechner zu. Mit etwas Glück konnte er doch noch ein bisschen Boden gutmachen und wenigstens dabei sein. Doch der Bildschirm blieb schwarz.

»Sie hat doch nicht …«, murmelte er.

Er stürzte aus dem Zimmer in den Flur, wo nicht nur der Router angebracht war, sondern auch der zentrale Stromschalter für die beiden Rechner der Familie Krull. Die Steckleiste mit dem Kippschalter war nicht nur aus der Dose gezogen worden, sondern ganz verschwunden.

»Gesa!«, rief Tobias. »Du kannst doch den Strom nicht abschalten, wenn der Rechner noch an ist. Das macht die Daten kaputt!«

»Deine Unordnung ruiniert meine Nägel!«, rief sie. »Dann steht es eins zu eins.«

Tobias fasste es nicht! Wutentbrannt rannte er die Treppe hinab, riss seine Jacke vom Haken und stürzte aus dem Haus.

»Ich muss hier raus«, sagte er zu sich.

Sein Bike stand wie immer in der Garage, und im Nu strampelte er durch die Kölner Innenstadt. Manchmal stand es ihm bis zum Hals. Sein Vater nervte, weil er so neugierig war, und Gesa benahm sich absolut übergriffig. Hinzu kamen die unsäglich nervigen Streitereien der beiden. Manchmal dachte Tobias, dass sich beide gar nicht mehr richtig leiden konnten. Es gab schon lange keine gemeinsamen Aktivitäten mehr. Sie besprachen lediglich das Nötigste miteinander, und ansonsten saßen sie stumm nebeneinander. Gesa durchblätterte ihre Modezeitungen und probte ein neues Lächeln oder eine bestimmte Kopfhaltung für ihre Posts, sein Vater studierte den Wirtschaftsbericht.

Dass die beiden das letzte Wochenende gemeinsam nach Cuxhaven gereist waren, grenzte an ein Wunder, nur hatte es wohl nichts gebracht. Die Situation war jedenfalls noch immer dieselbe.

Da war es gut, aus diesem Umfeld zu fliehen und den Kopf frei zu bekommen.

Die Rheinpromenade war gut besucht, aber Tobias legte dennoch ein hohes Tempo an den Tag. Er musste sich jetzt so richtig auspowern. Verdammt, warum verstand Gesa einfach nicht, dass das Gamen für ihn lebensnotwendig war? Eben genauso wichtig wie ihre Nägel oder ihre Schickimicki-Ansagen auf Instagram?

Einfach ein paar Minuten warten, mich bitten, den Mist wegzuräumen, und es wäre gut gewesen, dachte er und legte noch einen Zahn zu. Stattdessen drehte sie ihm den Strom ab!

Na ja, er hätte den Teller und so auch von vorneherein in die Spülmaschine stellen können, aber deswegen eine solche Welle zu machen, ging wirklich zu weit.

Weil er viel zu schnell fuhr, rammte er fast eine Spaziergängerin, die tief in das Display ihres Handys abgetaucht war und dabei ihre Ohren zugestöpselt hatte. Sie achtete nicht auf den Weg und machte einen Schritt nach rechts auf den Radweg. Tobias betätigte die Bremsen sowohl für vorn als auch für hinten. Es quietschte laut, und beinahe hätte er sich überschlagen.

Er konnte sein Bike gerade noch abfangen, indem er den linken Fuß absetzte und über den Asphalt schleifen ließ. Die junge Frau aber lief unvermittelt weiter und hatte von der drohenden Karambolage nichts mitbekommen.

Nach einer Stunde war seine Wut so weit verraucht, dass er zurück nach Hause fahren konnte. Doch er wollte mit seinem

Vater sprechen, denn es musste sich etwas ändern. Er war doch kein kleines Kind mehr, das Gesa herumkommandieren konnte, wie es ihr beliebte.

Im nächsten Jahr machte Tobias schließlich Abi, und danach wollte er studieren. Nein, nicht in Köln. Er wollte raus in die Welt. In andere Städte. Mal was Neues kennenlernen.

Vielleicht mit Ike?

Er würde sie auf ihre Pläne ansprechen. Sie ging zwar auf eine andere Schule, war aber im selben Jahrgang.

Es war wirklich Zeit, sich zu befreien, und Zeit für eine Veränderung.

Davon wollte er sich keinesfalls abhalten lassen.

Elisa hatte nach dem Gespräch mit Marten richtig gut geschlafen und freute sich an diesem Morgen auf den neuen Tag. Gestern hatte sie sich kurz vor Ladenschluss noch mit zwei Paketen Kaffee eingedeckt, jetzt machte das Aufstehen wieder Spaß.

Obwohl heute die alte Frau Janßen zur letzten Ruhe gebettet wurde, wollte sie nicht an der Beisetzung teilnehmen, denn so richtig gut kannten sie sich bei näherer Überlegung doch nicht, und ihr Hobby mit den häufigen Teilnahmen an Beerdigungen war objektiv gesehen nicht der Hit. Außerdem hatte sie sich ja nun für ein neues Betätigungsfeld entschieden.

Heute zu Hause zu bleiben war immerhin ein Anfang. Und wenn sie ehrlich war, hing ihr der Beerdigungskuchen inzwischen zum Hals raus. Immer dieser gefüllte oder trockene Butterkuchen! Auch die Schnittchen und die Rinderkraftbrühe versprachen wenig Abwechslung.

Nein, anstelle sich den Hintern auf der harten Kirchenbank platt zu sitzen und später das immer gleiche Zeug in sich hineinzustopfen, würde sie lieber versuchen, Julia zu erreichen, und ihr ihre Vorschläge darbieten.

Elisa machte sich Frühstück und nahm den Teller und den Kaffeebecher mit auf die Terrasse. Über der Medem stritten sich zwei Silbermöwen, und ein Schwan beäugte das Gebalge mit kritischem Blick.

Sie würde ihr Leben schon wieder in den Griff bekommen, auch ohne Immo und Co.

Trotzdem war sie neugierig und rief auf Instagram Gesas Account auf. Aha, sie hatte sich die Nägel machen lassen. Elisa sprang ein Potpourri aus grellem Pink und Neongrün entgegen. Mit einem Rabatt konnte man den Lack erwerben, es war nur notwendig, den angezeigten Link anzuklicken und dann den Code *Gesaistschön* in einem Wort einzugeben.

Na ja, das war genauso Geschmackssache wie ihre bunten Nägel, denen Elisa auch nichts abgewinnen konnte.

Sie ließ das Handy sinken, weil sie von einem leisen Miauen abgelenkt wurde. Sie schaute zum Gebüsch, doch zu sehen war nichts.

»Miau«, machte es da wieder.

Sie stand auf und beugte sich hinunter, doch sie konnte nichts erkennen.

»Miau!«

Elisa seufzte. Eigentlich hatte sie es nicht so mit Katzen oder überhaupt mit Haustieren, doch das Maunzen klang so kläglich, dass es fast ihr Herz zerriss. Sie musste das Kätzchen finden, denn wenn es derart herzzerreißend weinte, steckte es wohl in einer misslichen Lage, und da konnte sie es unmöglich lassen.

Elisa bog die Zweige der Büsche jetzt weit auseinander, und dann entdeckte sie ein rötlich gestreiftes Fellknäuel, das zusammengerollt unter dem Busch lag.

Es kostete sie mit ihren morschen Knochen doch einige Mühe, sich bis zu dem Kätzchen durchzuarbeiten, denn es wich leise fauchend immer weiter zurück, bis es an der Steinwand angekommen war und nicht mehr fliehen konnte.

Endlich gelang es Elisa, zuzugreifen und die Katze vorsichtig unter den Büschen hervorzuziehen. Aber das kleine Tier zeigte sich keineswegs dankbar, sondern fauchte wieder und schlug dann die kleinen Krallen in ihren Handrücken.

»Autsch!«, schrie Elisa auf, doch sie dachte nicht daran, es loszulassen.

Mit etwas Mühe und einem lauten Stöhnen, weil die Knochen sich in der gebückten Haltung mehr als schmerzhaft zeigten, gelang es Elisa, sich mit dem kleinen Zögling aufzurichten.

»Was bist denn du für eine verlassene Seele?«, fragte sie, strich dem Tier über das Köpfchen und untersuchte es auf Verletzungen. »Mir scheint, du bist ein Junge«, bestimmte sie, denn das war unübersehbar. »Aber du bist verdammt dürr. Wer hat dich bloß so allein gelassen?«

Wider Erwarten rührte sie die Katze, und vor lauter Mitleid sah sie in ihr nicht den Vogelkiller, sondern ein erbarmungswürdiges Geschöpf, das dringend ihre Hilfe brauchte. Nur kannte sie sich mit Katzen überhaupt nicht aus.

»Julia muss wohl warten«, murmelte sie. »Erst einmal brauchst du meine Hilfe. Bestimmt hast du Hunger.« Sie bemerkte, wie sehr das Kätzchen zitterte. »Du hast ein rot gestreiftes Fell, als wärst du ein Feuerball, und frierst, als würdest du dich in der Arktis und nicht in Otterndorf befinden«, sagte sie.

Elisa nahm das Tier mit ins Haus und wickelte es in ein Handtuch.

»So, und nun muss nicht nur Katzenfutter, sondern auch ein Fachmann her«, beschloss sie. »Ich gebe dir ein bisschen Wasser, und anschließend hole ich im Supermarkt was Leckeres für dich. Hernach fahren wir zu Marten. Ich glaube, der weiß mit einem solchen Problem besser Bescheid.«

Dass Katzen keine Milch haben sollten, wusste sie bereits.

Aber etwas Wasser würde das Tier bestimmt aufpäppeln.

Kapitel 9

Tobias räkelte sich im Bett. Heute war ein guter Tag. Heute würde er am Abend Ike an der Halle treffen. Seine Radtour gestern war gut für ihn gewesen, weil er sich ordentlich ausgepowert hatte. Heute war Lehrerfortbildung, und er konnte ausschlafen. Was er auch ausgiebig getan hatte. Ein Blick zur Uhr bestätigte das. Es war schon elf vorbei.

Sein Vater und Gesa waren zur Arbeit, und so konnte ihm niemand auf die Nerven fallen. Ein Glückstag. Zwar hatte er gestern nach seinem Ausflug an den Rhein kein Gespräch mehr mit seinem Vater führen können, aber er selbst war mit sich im Reinen.

Tobias schwang sich aus dem Bett und taperte in die Küche, wo er sich eine Scheibe Brot aus dem Kasten nahm und mit Camembert belegte. Dazu ein Stück Gurke, das musste neben einem frisch gezogenen Kaffee aus dem Automaten genügen.

Er genoss die Zeit allein und überlegte, was er mit dem Tag anfangen wollte. Seine Gamingkumpel waren entweder auf der Arbeit oder in der Schule, das Handballtraining fand erst am Abend statt. Ike hatte zwar auch frei, aber sie konnte leider erst nach dem Training, weil sie noch für eine Klausur lernen musste. Folglich klickte er sich durch die sozialen Netzwerke, aber es langweilte ihn rasch, denn irgendwie wiederholte es sich ständig. Es gab wohl keine Welt, die verlogener war als die im Internet. Hier ein gefaktes Foto, da ein geschönter Post. Darauf verspürte er einfach keine Lust.

Aus lauter Langeweile googelte er schließlich seine Großmutter. Es war über ein Jahr her, dass er sie gesehen hatte, und ab und zu beschlich ihn ein schlechtes Gewissen, weil er sich auch in diesem Jahr vor dem Erdbeertag gedrückt hatte.

Oma Elisa war eigentlich eine coole und warmherzige Frau, die nur mit Gesas Schlankheitsidealen und ihren anderen obskuren Ideen nicht allzu viel anfangen konnte. Und sie war die Einzige, die Gesa Kontra gab, wofür er seiner Großmutter höchsten Respekt zollte. Denn das war alles andere als einfach.

Früher hatte er so schöne Stunden bei seiner Oma in Otterndorf verbracht. Sie war geduldig, stand nie unter Zeitdruck und konnte sich sogar an ein paar Gänseblümchen erfreuen.

Mal schauen, ob er etwas über sie fand. Was sie in Otterndorf so tat und Ähnliches.

Leider fand Tobias im Internet nur einen kleinen Eintrag über Oma Elisa, und das war ihre Ehrung zur fünfzigjährigen Vereinsmitgliedschaft im TSV Otterndorf. Da strahlte sie so fröhlich in die Kamera, dass es Tobias' Herz und Eingeweide zusammenzog.

Was war er nur für ein Enkel, dass er den Kontakt zu seiner einzigen Oma – die Eltern seiner früh verstorbenen Mutter lebten schon lange nicht mehr – einfach so hatte grundlos schleifen lassen. Nein, nicht nur schleifen lassen, er hatte ihn abgebrochen.

Tobias seufzte laut und stand auf. Er war doch alt genug, um Dinge selbst in die Hand zu nehmen.

»Ich rufe Oma Elisa jetzt an und frage sie einfach mal, wie es ihr geht.«

Er schlurfte zum Festnetztelefon und suchte im Verzeichnis, das Gesa akribisch führte, die Nummer heraus. Ob seine Oma ein Handy hatte, wusste er nicht einmal, und jetzt, wo er die Festnetznummer wählte, war ihm das richtig peinlich. Wie ignorant musste man sein?

Er tippte die Nummer ein. Doch ihm sprang nur der Ton des Freizeichens entgegen. Seine Oma war unterwegs – oder, was er noch schlimmer fand, sie ging gar nicht erst dran, weil sie glaubte, sich gleich dem Redeschwall ihrer Schwiegertochter in spe ausgesetzt zu sehen.

Frustriert legte Tobias auf. So ging es nicht weiter. Nicht mit seiner Oma. Nicht mit seinem Vater und Gesa. Gar nicht.

Marten war dabei, seinen Hof aufzuräumen. Es war wirklich schlimm, dass er alles so hatte schleifen lassen. Es wurde Zeit, dass er Ordnung auf dem Hof, aber auch in sein Leben brachte.

Schon nach kurzer Zeit geriet er ins Schwitzen, denn es war ein schwül-warmer Tag, den man so an der Küste nur selten kannte. Die Temperaturen kletterten schon jetzt am späten Vormittag auf fünfundzwanzig Grad. Das mochte heute noch richtig heiß werden.

Dennoch wollte er von seinem Vorsatz nicht weichen, denn wenn er schon jetzt aufgab, würde es nichts mehr werden. An Motivation mangelte es ihm oft genug. Aber nun gab es Elisa in seinem Leben, und es war beinahe so, als hätte sie ihn aus seinem Dornröschenschlaf geweckt.

Marten lachte auf. Das war ein netter Gedanke, nur hatte er wirklich so gar nichts von einem Dornröschen. Eher hatte er bislang dem Räuber Hotzenplotz geglichen, aber auch mit seinem neuen Aussehen war er vom schönen Prinzen noch meilenweit entfernt. Immerhin verfügte er trotz seines Alters noch über eine Menge Kraft.

Ob Elisa das beeindrucken würde?

Er wuchtete zwei Holzstämme hoch und schleppte sie zum Holzplatz, wo er sie mit Schwung auf einen großen Haufen stapelte.

Einer der Stämme zerbarst bei dem Aufprall in mehrere Teile. Marten schaute ihn genauer an und stellte fest, dass er an der Unterseite schon arg verrottet war. Er würde ihn klein hacken und später die Späne für sein Beet nutzen. So ein Zeug kam ihm nicht in den Kamin! Da durfte nur feinstes Feuerholz, gut abgelagert und von hoher Qualität, hinein.

Dieser marode Holzstamm löste in ihm eine Menge Gefühle aus, denn er stand sinnbildlich für das, was er empfand. Denn eigentlich fiel er von einer Katastrophe in die nächste. Kaum hatte er ein Chaos beseitigt, tauchte daneben oder darunter ein weiteres oder sogar viel größeres auf.

»Egal«, quetschte er zwischen den zusammengepressten Zähnen hervor. »Ich stemme das und werde meinem Hof endlich wieder gerecht. Ich bin doch noch viel zu jung, um hier zu versauern, und warum habe ich nur so viele Jahre damit vergeudet, auf Traute zu warten? Sie wird nicht mehr kommen. Ich sollte endlich wieder Marten Boekhoff sein und nicht der Wartende.«

Und so arbeitete er sich von einer Ecke zur nächsten, aber ihn beschlich immer stärker das Gefühl, dass es rein gar nichts brachte. Er musste einen Container holen und eine Menge der Sachen wegwerfen.

Auch von denen seiner Ex-Frau, denn sie war wie er eine Sammlerin gewesen und hatte sich nie von etwas trennen können. Aber wie krank war es, dass er diese Dinge über den langen Zeitraum aufbewahrt hatte?

Alles musste weg, damit er wieder atmen konnte.

Als Marten ein Scheppern vernahm, so als würde jemand eine Dose davonkicken, zuckte er zusammen. Kurz darauf schob Elisa ihr Hollandrad, an dem vorne ein großer Korb befestigt war, über den Hof.

»Hab ich es doch gefunden«, rief sie aus. »Ich brauche deine Hilfe.« Sie schaute sich um. »Oder du meine, wenn ich sehe, was du hier veranstaltest. Sieht nach bannig viel Arbeit aus.«

Marten zuckte mit den Schultern. »Ich wollte Ordnung schaffen, aber so richtig fehlt mir wohl das Händchen dafür. Im Prinzip räume ich alles nur von A nach B.«

»Jo«, bestätigte Elisa. »So sieht das wohl aus. Als Aufräumen würde ich dieses Durcheinander kaum bezeichnen.«

Marten kratzte sich am Kopf. »Ich habe es immerhin versucht.« Er musterte Elisa. »Aber deswegen bist du doch nicht da, oder? Also, um mir beim Aufräumen zuzusehen.«

Elisa lachte auf. »Nein, da hast du recht. Ich wollte eigentlich zu Julia ins Märchenland und ihr und ihren Kollegen meine Hilfe anbieten, aber mich hat etwas oder besser jemand davon abgehalten.«

Marten legte den Kopf fragend schief und ließ den Blick zum Korb am Lenker schweifen, denn unter dem roten Handtuch bewegte sich etwas. »Was ist das da?«

Plötzlich ertönte ein erbärmliches Maunzen.

»Ich habe Besuch bekommen«, erklärte Elisa. »Und dabei erhoffe ich mir Unterstützung von dir.«

Es war eine Wonne, wie zärtlich sich Marten des kleinen Kätzchens annahm und sich in Ruhe anhörte, wie Elisa zu ihrem Haustier gekommen war.

»Du kennst dich damit richtig gut aus«, stellte Elisa überrascht fest, auch wenn sie es sich erhofft hatte.

Marten nickte und kraulte das Tier im Nacken, was den Kater zu einem lauten Schnurren veranlasste. Elisa war fast ein bisschen neidisch, hatte er doch bei ihr meist gefaucht.

»Ich hatte bis vor einem Jahr mal eine Katze«, erklärte Marten. »Sie ist von einem Raser, der hier am Deich in schwindelerregender Geschwindigkeit entlanggebrettert ist, überfahren worden. Danach habe ich keine weitere angeschafft.« Er räusperte sich. »Leider bin ich ein extremer Vogelliebhaber, und das passt nicht immer sooo gut zusammen.«

»Nun hast du eben wieder ein Kätzchen. Ich finde, ihr passt gut zusammen, gerade weil du schon einmal eine hattest. Ich habe keine Ahnung von Tieren und weiß nicht mal, was die fressen. Außer dem merkwürdigen Kram, mit dem sie im Fernsehen werben. Davon habe ich in Otterndorf schnell was eingekauft und dem Kater gegeben.«

Marten spitzte die Lippen. »Du meinst ernsthaft, ich soll das Tier behalten?«

»Genau das meine ich«, bestätigte Elisa. »Du hast diesen Hof am Deich, Erfahrung mit der Haltung und überhaupt …«

Marten musterte Elisa. »Sie ist dir, nicht mir zugelaufen. Du hast sie hergebracht und nicht unter dem Busch liegen lassen. Das sagt doch alles. Warum behältst du sie nicht selbst?«

»Das sagt lediglich, dass ich kein Unmensch bin«, korrigierte Elisa ihn. »Es trifft aber absolut keine Aussage dazu, dass ich plötzlich zu einer spontanen Katzenliebhaberin geworden bin.«

Marten verzog das Gesicht. »Ich bin aber gar nicht darauf erpicht, eine Katze zu haben. Weißt du, wie alt sie werden können?«

Elisa zuckte mit den Schultern.

»Ungefähr zehn bis fünfzehn Jahre«, erklärte Marten. »Ich bin schon sechsundsiebzig und weiß gar nicht, ob ich dann noch lebe.«

»Wenn du vor mir stirbst, nehme ich sie für den Rest der Zeit«, gab Elisa ungerührt zurück. Man musste nur für alle Probleme eine Lösung haben, dann lief das Leben schon. Die Lösung für den Stubentiger hieß Marten und nicht Elisa.

Ihr neuer Freund zog die Brauen hoch. »Dann lass uns erst einmal nachsehen, ob wir von einem Kater oder einer Katzendame reden.«

»Kater, hab ich schon geguckt«, erklärte Elisa, aber das beeindruckte Marten kein bisschen. »Außerdem sind alle roten Katzen männlich. Hab ich gegoogelt. Glückskatzen, also die mit den vielen Farben, hingegen sind Deerns.«

Marten hörte ihr gar nicht zu, sondern drehte das rot getigerte Etwas vorsichtig um und inspizierte, was für seine Analyse vonnöten war.

»Das ist tatsächlich ein Kater, eindeutig«, bestätigte er Elisas Einschätzung. »Da müssen wir achtgeben, dass er als Jungspund nicht wandern geht und sich vom Acker macht. Das tun sie gern. Vielleicht wurde er auch gar nicht ausgesetzt, sondern ist auf der Pirsch. Dann könnte ihn wer vermissen. Darum sollten wir uns schnellstens kümmern. Am besten bringen wir das Kerlchen zur Tierärztin, und sie kann nachschauen, ob der Kater registriert ist.«

Elisa biss sich auf die Lippe, denn dass man das mit Fundtieren machte, hätte sie auch noch googeln können, aber sie hatte sofort Marten im Visier gehabt.

Der tastete den Kater an der linken Nackenseite ab. »Da sitzt normalerweise der reiskorngroße Chip«, erklärte er. »Das ist international so festgelegt. Fühlen kann ich nichts, das muss aber nichts heißen. Also müssen wir den kleinen Mann in die Praxis bringen und schauen, ob die gute Frau Doktor was auslesen kann.«

Elisa war von Martens Fachwissen beeindruckt.

»Sollte das nichts ergeben, müssen wir eine Anzeige in der Tagespresse machen und Aushänge in den Supermärkten.«

Immerhin sprach Marten jetzt schon von wir, und das motivierte Elisa, auch auf die Möglichkeiten von Facebook und Instagram hinzuweisen.

»Damit hab ich nichts am Hut, ich hab ja nicht mal WLAN.«

»Das kann ich wohl machen«, schlug Elisa vor, zückte ihr Handy und knipste ein Foto von dem Kater. »Das kann ich auch im Supermarkt ausdrucken. Mit Bild erweckt es mehr Aufmerksamkeit.«

Sie fand es sinnvoll, eigenmächtig nach den Besitzern zu suchen, denn wenn sich keiner von ihnen um die Katze kümmern musste – umso besser.

»Dann wäre das ja geklärt«, sagte Marten. Er rieb sich das Kinn. »Ich fahre am Nachmittag in die Praxis. Und bis dahin?«

Elisa lächelte so freundlich, wie sie konnte.

»Bis dahin hast *du*«, sie betonte das Du besonders deutlich, weil Marten eben bereits beim Wir gewesen war und sie auf keinen Fall zur Besitzerin eines Katers werden wollte, »die ehrenvolle Aufgabe, dem kleinen Kerl ein adäquates Zuhause zu verschaffen. Wer weiß denn schon, ob sich jemand meldet. Bestimmt wird er sich so wohlfühlen, dass er deinen Hof auf keinen Fall mehr verlassen möchte. Ihr macht sozusagen eine Herren-WG auf.«

Marten atmete schwer. »Soso, eine WG der jungen und alten Kater«, sagte er, wirkte aber schon zugänglicher.

Nur noch ein winziger Schritt, und ich bin davon befreit, ein Haustier zu besitzen, dachte Elisa, denn sie hegte keine allzu großen Hoffnungen, dass auch nur irgendwer nach dem kleinen Monsieur suchte. Dazu wirkte er zu dünn und zu ungepflegt. Aber allein deshalb war es ja gut, wenn die Tierärztin ihn durchcheckte und gegebenenfalls behandelte.

»Du darfst auch den Namen aussuchen«, schlug Elisa vor, in der Hoffnung, dass das Thema dann endlich vom Tisch wäre und Marten keinen Gedanken mehr daran verschwendete, sie könnte den Kater selbst behalten.

»Als ob das wichtig wäre, vor allem, wenn wir ihn dann doch wieder abgeben müssen«, sagte Marten. »Das ist auch so ein typisches Frauending. ›Du darfst den Namen aussuchen, und schon ist es dein.‹«

Elisa schluckte und schaute Marten abwartend an. »Wenn du ihn nicht willst und sich niemand meldet, dann muss ich ihn ins Tierheim bringen. Ich möchte wirklich keinen Kater, keine Maus und keinen Elefanten im Haus.«

»Schon gut, schon gut«, lenkte Marten schließlich ein. »Er kann vorerst bleiben. Bis alles geklärt ist.«

»Und, wie soll er nun heißen?«

Der Kleine gab wieder ein zartes Miauen von sich.

»Maunz von Maunzerich«, sagte Marten.

»Nicht dein Ernst«, blaffte Elisa ihn an. »Du kannst doch ein so niedliches Katerchen nicht Maunz von Maunzerich nennen!«

»Erstens: Ich darf den Namen aussuchen«, berichtigte Marten sie. »Zweitens: Maunz von Maunzerich wird nicht immer klein und niedlich bleiben, sondern vermutlich schon bald zu einem ausgewachsenen roten Tiger werden, der Ratten und Mäusen das Fürchten lehrt. Genau dafür braucht er einen anständigen und respektvollen Namen. An was hast denn du gedacht?«

»Krümel«, sagte Elisa.

»Krümel?« Marten lachte hämisch auf. »Wie kommst du denn darauf?«

Elisa nagte an ihrer Unterlippe. »Weil Krümel freundlich klingt und nett.«

Marten schüttelte verärgert den Kopf.

»Maunz von Maunzerich klingt aber wirklich bescheuert«, sagte Elisa. Sie zückte ihr Handy.

»Was tust du denn jetzt?«, fragte Marten und verzog das Gesicht.

»Ich googel Katernamen«, erklärte Elisa. »Das arme Ding kann und sollte nicht so heißen, gleichgültig, was ich dir versprochen habe.«

»Hältst du dich immer so an Abmachungen?«, fragte Marten mit einem Schmunzeln.

»Wenn sie sich als unsinnig erweisen, ist es eine zwingende Notwendigkeit, Dinge zu ignorieren«, erwiderte Elisa und pfiff dann einmal laut. »Gefunden!«

Sie überflog die Einträge, nickte ab und zu zustimmend, dann wieder schüttelte sie den Kopf.

»Was ist jetzt?«, fragte Marten neugierig. »Dass so ein Handy Katernamen kennt, finde ich durchaus beeindruckend.«

Elisa rollte über so viel Online-Unverständnis nur kurz die Augen. »Wichtig ist hier einzig, dass der Name entweder viele As oder Is enthält. Das mögen Katzen im Allgemeinen gern und hören dann auch schnell auf ihren Namen.«

»Warum? Maunz von Maunzerich wird draußen herumstromern und, wenn er Hunger verspürt, sich seine Mahlzeit abholen.«

Elisa ließ diese Argumentation nicht gelten. »Nein, nein, nun lenk nicht ab. Wir müssen den Namen noch einmal diskutieren. Es soll klangvoll und melodisch sein. Dafür sind längere Vokale vorteilhaft.«

»Elisa, ich muss doch nicht Katerlogie studieren und dabei auch als Modul Katernamologie hinzufügen!« Marten klang nun richtig ärgerlich.

Elisa ließ sich von seinem Gemotze weder beeindrucken noch aus der Ruhe bringen.

»Wir müssen auch darauf achten, dass der Name etwas über den Kater aussagt. Ein D'Artagnan hat eine andere Aussagekraft als ein schlichter Maxi.«

Marten seufzte. »Ich habe in meinem ganzen Leben schon fünf Katzen besessen, weil meine Eltern diese Tiere sehr mochten. Die hießen ganz einfach Muschi, Blacky, Tigi, Freddy und meine dann Bärbel.«

»Bärbel? Du hast deine Katze ernsthaft Bärbel genannt?«

Marten zuckte grinsend mit den Achseln. »Die hat denselben Blick gehabt wie meine Religionslehrerin, und die hieß Bärbel von der Himmel.«

»Aha«, entwich es Elisa. Auch wenn besagte Bärbel-Katze schon lange tot war, empfand sie nun doch riesiges Mitleid mit dem Tier. Ein solcher Name war für eine Katzendame eine arge Bürde. »Wie konntest du nur?«, fragte sie.

»Dinge ergeben sich eben. Nun steck dein Handy weg, ich habe mich entschieden. Wenn dieser kleine Feuerkater bei mir bleiben soll, wird er Maunz von Maunzerich heißen. Denn das alles entspricht deinen Kriterien. Der erste Namensteil hat lange Vokale, und der zweite beinhaltet auch i und a. Und er macht deutlich, was für ein stolzes Tier der jetzt noch kleine Maunz werden wird.«

Elisa sah ein, dass sie sich geschlagen geben musste, und machte die Internetseite wieder zu. »Deal«, sagte sie. »Dann heißt der Kater eben so.«

»Geht doch«, murmelte Marten. »Hast du nur die eine Dose Futter gekauft, und müssen wir noch mehr besorgen?«

Elisa deutete zu ihrer Packtasche am Hinterrad. »Ist mit allen Leckereien gefüllt. Thunfisch oder Huhn und so was. Ich hab echt keine Ahnung von der Raubtierfütterung.«

»Das klingt aber doch alles ganz gut«, sagte Marten. »Dann kann ich dir und Maunz jetzt Haus und Hof zeigen. Aber erst einen Kaffee?«

»Kaffee klingt gut.« Elisa schaute sich um und entdeckte neben der Haustür eine Holzbank mit Tisch. Sie nahm darauf Platz und genoss dankbar den Schatten, den die gegenüberliegende Kastanie spendete. »Nun müssen wir eine Weile miteinander klarkommen, Herr von Maunzerich«, murmelte sie.

Der Kater begann jetzt auch, auf ihrem Schoß zu schnurren.

Elisa wunderte sich darüber, wie gut es sich anfühlte, hier einfach auf der Bank zu sitzen und das leise Vibrieren unter ihren Händen zu spüren und die Zuneigung samt dem Vertrauen des kleinen Findelkaters. Hätte sie ihn doch selbst behalten sollen? Dann hieße er jedenfalls nicht Maunz von Maunzerich, sondern Krümel und wäre für sie ein Knuddelkrümel.

Immerhin könnte sie ihn ja Maunzi nennen. Wegen der I- und A-Vokale. Dagegen war schließlich nichts einzuwenden, und sie hielt sich dennoch an die Abmachung.

Kapitel 10

Tobias traf sich wie verabredet nach dem Abendbrot mit Ike an der Halle. Er war den ganzen Tag ziemlich nervös gewesen. Nun saßen sie mit dem Rücken an die weiße Hallenwand gelehnt, und ihm gelang es tatsächlich immer besser, mehr als einen zusammenhängenden Satz herauszubringen. Daraus ergab sich eine angeregte Unterhaltung. Ike spielte nicht nur wie er leidenschaftlich gern Handball, sie mochte es auch, mit dem Bike durch die Gegend zu fahren.

»Dabei kann ich super über das Leben nachdenken«, sagte sie. »Ich mache Sport, und zugleich zieht die Stadt ganz friedlich an mir vorbei. Die Vögel singen, die Tauben rufen, und hier fliegen am Rhein ja sogar diese kleinen grünen Minipapageien durch die Gegend.«

»Papageien?«, fragte Tobias sicherheitshalber nach. Das konnte er sich gar nicht vorstellen, aber er achtete auch nicht darauf, was so herumflog.

»Genau genommen sind es grüne Sittiche«, erklärte sie. »Alexandersittiche und Halsbandsittiche.«

Tobias schaute Ike noch immer verstört an. »Aber solche Vögel leben doch normalerweise nicht gerade in Köln.«

»Das ist richtig«, bestätigte Ike. »Trotzdem gibt es Schätzungen nach zwischen zweitausend und viertausend Tiere, die in richtigen Kolonien wohnen.«

»Sind das ausgesetzte Vögel?«, fragte Tobias, denn irgendwie war es doch ziemlich schräg, dass ausgerechnet in seiner Heimatstadt exotische Vögel herumflogen und er davon noch nie etwas gehört hatte.

»Man vermutet das. Sie kommen ursprünglich aus Asien, aber sie haben hier kaum Feinde. Außer den Wanderfalken, aber wenn sie dicht über die Rheinoberfläche schwirren, kriegt er sie nicht, die kleinen Kackadeien. So nennt der Kölner sie nämlich, weil sie ganz schön viel Dreck, aber auch Krach machen.«

Tobias schämte sich ein kleines bisschen, weil er so gar keine Ahnung von alldem hatte. »Interessierst du dich generell für die Vogelwelt?«, fragte er.

»Und wie!« Ike strahlte regelrecht. »Es gibt kaum etwas Spannenderes als die heimische Ornithologie!«

Hm, da hatte Tobias leicht andere Vorstellungen.

»Handball? Gamen?«, fragte er vorsichtig.

Ike kicherte. »Das auch. Aber Frau kann doch mehrere Hobbys haben. Diese Vorliebe habe ich wahrscheinlich von meinem Opa geerbt. Der war früher viel mit mir unterwegs …«

»Du vermisst ihn?«, fragte Tobias.

»Und wie!« Es klang richtig traurig. »Ich habe ihn so lange nicht gesehen, war aber früher oft bei ihm. Er ist der Vater von Papa, und weil meine Eltern getrennt sind, hat es sich irgendwie auseinandergelebt. Ich habe keine richtige Familie. Mein Vater ist Biologe und meist in exotischen Gefilden unterwegs, und meine Mutter macht ihr Ding. Klar, sie versucht, mich einzubeziehen, nur sind wir sehr verschieden.« Sie seufzte. »Sie gibt sich echt Mühe, aber ich gleiche vom Wesen her meinem Vater, und das lässt uns so manches Mal aneinandergeraten. Wir vertragen uns meist schnell wieder. Jetzt allerdings …« Sie brach ab, und Tobias schaute sie fragend an. Doch sie schüttelte den Kopf. »Lass gut sein. Wie ist es bei dir?«

»Ich habe einen Vater, eine Gesa, über die ich nur ungern rede, und eine Oma«, gab Tobias zur Antwort. Doch er wollte

Ike nichts verheimlichen und erzählte dann doch. »Mein Vater ist ganz okay, mit dem kann ich meist reden. Aber Gesa? Sie ist die momentane LAG, also Lebensabschnittsgefährtin, meines Vaters. Sie kann Oma allerdings nicht leiden, und deshalb ist der Kontakt eher mau geworden. Was echt blöd ist, denn Oma Elisa ist witzig und auf ihre Weise cool. Also für ihr Alter. Sie ist sogar fit im Internet und so. Kein bisschen altmodisch.«

»Alles so traurig«, sagte Ike. »Nicht nur bei mir! Wo wohnt sie denn, deine Oma?«

»Kennst du nicht. In Otterndorf. Das ist jwd. Janz weit draußen.«

Nun lachte Ike auf. »Kenn ich doch!«

»Echt?«

»Jep, da wohnt mein Opa Marten nämlich auch!«

»Wow!« Jetzt war Tobias doch beeindruckt. Ike war eine Wundertüte, und sie gefiel ihm immer mehr. Und nun wohnten auch noch ihre Großeltern in derselben Stadt. Das war doch ein Zeichen!

Tobias war versucht, ihre Hand zu nehmen. Aber das traute er sich dann doch nicht. Und so schwiegen sie eine Weile, lauschten dem Atem des anderen. Aber es war kein peinliches Schweigen, es passte zur Situation.

Doch dann wurde Ike unruhig und ruckelte hin und her. Als sie einen Blick auf ihre Armbanduhr warf, biss sie sich erschrocken auf die Unterlippe.

»Es ist schon spät. Guck mal, wie tief die Sonne schon steht. Bis sie untergeht, kann ich aber leider nicht bleiben. Das gibt unnötig Ärger«, erklärte sie.

»Schade, denn da bin ich mit dir auf einer Wellenlänge«, sagte Tobias. »Sonnenuntergänge mag ich nämlich auch. Die schönsten gibt es in Dänemark. Obwohl es eigenartig ist, dass sie ein solches Faszinosum darstellen …« Jetzt brach er ab und schaute erschrocken zu Ike. Was für ein geschwollenes Zeug laberte er denn da? Aber sie nickte verständig, und so wagte er, weiterzusprechen. »Also, was ich sagen wollte: Es passiert jeden Abend, manchmal sind sie eben besonders schön und …«

»… das Coolste der Welt«, vervollständigte Ike seinen Satz.

Damit war für Tobias klar, dass er und Ike eine gemeinsame Ebene hatten. Sein Herz klopfte bei der Erkenntnis schneller.

Er musste sich bei ihr nicht verstellen, er durfte einfach Tobi sein. Er wagte einen weiteren Vorstoß, mehr von sich zu erzählen.

»Das mit der Sonne stimmt, aber ich kenne noch andere tolle Dinge«, meinte er. »Zum Beispiel Boot fahren. Ich liebe es, wenn die Ruder die Wasseroberfläche berühren und sich die Jolle übers Wasser schiebt. Allein das leicht klatschende Geräusch hat etwas Beruhigendes.«

»Stimmt, das macht Spaß«, bestätigte Ike. »Das habe ich früher auch gern gemacht. Ist ja klar, wenn man einen Opa hat, der an Meer und Fluss wohnt. Da steckt es wohl im Blut.«

Wieder eine Gemeinsamkeit! »Meine Oma hat eins. Also ein Boot.«

»Mein Opa hatte früher zwei. Eines zum Rudern und eines mit Motor!«, schwärmte Ike. »Er ist ständig damit herumgefahren. Ob er es heute noch tut, weiß ich nicht«, fügte sie wehmütig hinzu.

»Ob Oma noch rudert? Keine Ahnung. Ich würde es aber gern herausfinden.« Tobias lachte auf, und sie wetteiferten nun, wer von den beiden das beste Boot besaß und womit es viel spannender war, herumzufahren.

»Ich rudere lieber, das hält fit«, meinte Tobias.

»Und ich ziehe den Motor vor. Allein das erhebende Gefühl, wenn ich an der Leine ziehe, das Ding tuckert los, und ich kann es lenken, wohin ich will. Auf Dauer ist Rudern echt anstrengend.«

Sie diskutierten noch eine Weile, aber dann begann Ike zu frösteln. »Ich glaube, ich muss los. Eigentlich hätte ich mich vorhin schon auf den Weg machen müssen, wenn ich den Stress zu Hause hätte vermeiden wollen. Aber es war so schön hier. Mit dir«, setzte sie hinzu.

»Das war es«, bestätigte Tobias. »Du frierst.« Er reichte ihr seinen Hoodie, obwohl ihm selbst kalt war. »Die Sonne geht in einer Stunde unter. In Köln tut sie das allerdings sehr unspektakulär, weil sie sofort von den hohen Häusern verschluckt wird.«

»Das stimmt.« Ike stand auf. »So ist aber unser Großstadtdasein. Da können wir nur von Otterndorf, der Nordsee, der Medem und den alten Zeiten träumen.«

»Wir zwei Alten«, sagte Tobias mit einem Lachen, und Ike knuffte ihn in die Seite.

»Nun muss ich aber echt los. Das gibt gleich Terror.«

»So schlimm?«

»Schlimmer, Tobi. Viel schlimmer.« Ike machte eine Pause und senkte den Blick. »Ich weiß ohnehin nicht, was ich machen soll.«

Tobias sah Ike fragend an. »Worum geht es?«

»Meine Mutter will unbedingt nach München ziehen, weil sie da für sich beruflich bessere Chancen sieht.«

Tobias schluckte. »Aber … aber dann bist du ja weg.« Was für eine dämliche Bemerkung!

»Korrekt. Und ich habe dazu absolut keinen Bock, weil ich meine Ma kenne. Kaum habe ich mich da eingelebt, fällt ihr wieder was Neues ein, und wahrscheinlich geht es dann nach Timbuktu oder gleich auf den Mars.«

»Ich möchte auch nicht, dass du gehst!«

So, nun war es heraus.

Ike schmiegte sich plötzlich an seine Brust, und Tobias legte vorsichtig den Arm um sie. Ike war so schmal, aber zugleich wunderbar weich, und sie duftete wie eine Sommerwiese.

So standen sie lange und hingen ihren Gedanken nach. Dass sie schnellstens nach Hause musste, hatte Ike wohl schon wieder verdrängt.

»Ich möchte meinen Opa mal wieder sehen. Das wäre einfach super.«

Tobias spitzte die Lippen. »Und ich würde im Augenblick wer weiß was drum geben, wenn ich beim Erdbeerfest meiner Oma dabei gewesen wäre. Sie war bestimmt sehr enttäuscht, dass nur Papa und Gesa da waren und dann noch verdammt kurz.« Er merkte plötzlich mit mächtiger Wucht, wie sehr es ihn wirklich schmerzte, dass er so lange nicht bei seiner Großmutter gewesen war.

»Manchmal wird einem eben erst zu spät klar, was einem wirklich wichtig sein sollte«, meinte Ike. »Aber vielleicht ist man ja dann beim nächsten Mal schlauer!«

Als die Uhr der nächsten Kirche neunmal schlug, wand sich Ike mit einem Seufzen aus Tobias' Armen.

»Jetzt fährt erst mal kein Bus mehr in Richtung Bahnhof«, sagte sie. »Den letzten habe ich glorreich verpasst. Ich müsste nun eine Weile warten. Mist, dass ich nicht wie du mit dem Bike gekommen bin, sondern auf die Öffis gesetzt habe.«

»Dann laufen wir eben zum Bahnhof«, erklärte Tobias. Ihn störte es nicht, denn so war er Ike länger nah, und es gab im Augenblick nichts, was ihm lieber wäre.

»Der Weg wird lang, aber wir sind schließlich Sportler.« Ike schob ihre schmale Hand in die von Tobias, der balancierte mit der anderen sein Bike aus. Dann marschierten sie los.

Es war ein lauer Sommerabend, sodass er sich wünschte, der Weg möge kein Ende nehmen. Er hätte die ganze Nacht hindurch laufen können, auch wenn er Mühe hatte, das Bike zu halten. Nur wollte er auf gar keinen Fall Ikes Hand wieder loslassen. Es war so schön, ihrem Atem zu lauschen, ihrem festen Schritt.

Sie heimlich von der Seite anzusehen und sich über die Sommersprossen zu freuen, die sich im Licht der untergehenden Sonne besonders vorwitzig auf ihrer kleinen Stupsnase präsentierten.

»Ist es nicht faszinierend, wenn die Amseln ihr letztes Lied anstimmen?«, fragte Ike. »Ich finde es beeindruckend, wie viele Vögel es in einer so großen Stadt wie Köln gibt.«

»Allein deshalb musst du hierbleiben!«, sagte Tobias mit einem Lächeln, das Ike so süß erwiderte, dass er nicht anders konnte, als stehen zu bleiben, das Rad abzustellen und sie endlich zu küssen.

Es dauerte einen Moment lang, ehe sie weitergingen, die Hände fest ineinander verschlungen. Tobias hatte noch nie so gefühlt und gewusst, dass es richtig war. Er und Ike, das passte.

Nach einiger Zeit konnten sie den Kölner Dom erkennen, der seinen Turm in den schon fast dunklen Himmel bohrte. Und wenig später erreichten sie den Bahnhof, wo Ike in die S-Bahn steigen musste.

Sie verabschiedeten sich mit einer langen Umarmung.

»Wir sehen uns«, flüsterte Tobias.

»Aber so was von.« Ike küsste ihn sanft, entzog sich ihm dann aber.

Tobias sah ihr so lange nach, bis sie im Bahnhofsgebäude verschwunden war. Dann machte er sich auf den Weg. Nicht nur auf Ike würde ein gewaltiges Donnerwetter warten. Er hatte mal wieder nicht Bescheid gegeben, wo er war und dass es später werden könnte.

Tobias zog das Handy aus der Hosentasche, das er vor dem Treffen mit Ike auf lautlos gestellt hatte, weil er nicht hatte gestört werden wollen.

Oje, Gesa hatte fünfmal versucht, ihn anzurufen, und ihm drei Textnachrichten geschickt. Das Ganze konnte er in Ärger hochrechnen, und er machte sich auf eine kräftige Standpauke gefasst. Er verspürte jedoch keine Lust, sich jetzt die keifende Stimme anzuhören, es reichte, wenn er sie gleich live erleben würde.

Aber das alles war es wert. Er hatte Ike geküsst, und sie mochte ihn auch. Dafür nahm er gern jeden Ärger in Kauf. Bestimmt würde es eine Lösung geben, damit sie nicht mit nach München ziehen musste.

Zu Hause brauchte er nicht einmal zu klingeln. Gesa erwartete ihn schon in der geöffneten Tür mit in die Seiten gestemmten Fäusten.

»Wo warst du heute schon wieder?«, fragte sie in scharfem Ton.

»Ich bin siebzehn und kein Kleinkind mehr.«

»Es gibt Gepflogenheiten!«

Tobias rollte genervt mit den Augen. »War halt weg.«

»Du hättest es mir sagen müssen! Auch wo du hingegangen bist!«

»Privatsphäre«, gab Tobias zurück. »Und du bist nicht meine Mutter!«

Das war die falsche Antwort, denn Gesas Brauen zogen sich immer stärker zusammen.

»Nun drehen sich vor lauter Ärger meine Salatblätter im Magen um und verursachen mir Schmerzen.« Sie fixierte ihn. »Oder steckt ein Mädchen dahinter? Dann muss ich es wissen.«

»Gar nichts musst du«, sagte Tobias. »Ich geh dann auf mein Zimmer.«

»Es ist seit einiger Zeit aufgeräumt! Das macht deinem Vater und mir großen Kummer!«

Tobias drehte sich in der Tür um und begann lauthals zu lachen. »Nicht dein Ernst, oder? Andere Eltern regen sich auf, wenn Chaos herrscht, und ihr macht euch ins Hemd, wenn ich aufräume?«

»Ich hab es schon gepostet«, erklärte Gesa. »Ist ja sensationell, wenn der Pubertierende plötzlich zum Ordnungsguru wird. Ich habe schon über zweihundert Likes in einer halben Stunde!«

Tobias wurde der Hals trocken. »Du hast was gemacht?«

»Dein Zimmer gepostet. Eine Vorher-nachher-Story. Das passt gut zu meinem neuen Reinigungsprodukt.«

»Gesa, sag, dass das nicht wahr ist«, stieß Tobias aus. Ihm wurde schon schwindelig bei dem Gedanken, dass nun die halbe Schule und sonst wer wusste, wie sein Zimmer aussah.

»Nun hab dich nicht so! Ich war schließlich diskret und habe es *Tobias' Verwandlung für Frau Wutz* genannt. So heißt das Putzmittel. Und der Rabattcode liegt sogar bei fünfzig Prozent für diesen Allzweckreiniger auf Zitronenbasis.«

»Mir wird schlecht«, brachte Tobias hervor. Gut, dass erst mal Wochenende war und er sich auf den Shitstorm in der Schule zwei Tage lang vorbereiten konnte. Und er musste Ike nicht nur vorwarnen, sondern auch Farbe bekennen. »Kannst du das bitte wieder löschen?«, fragte er betont freundlich, um Gesa nicht zu verärgern, denn dann wäre alles verloren.

»Und auf das viele Geld verzichten?« Sie lachte schrill auf und öffnete den Post noch einmal. Dabei schnellte ihr Daumen in die Höhe. »Fünfhundert Likes! Wow! Da werde ich richtig gut verkaufen.«

Tobias wusste, wann er verloren hatte, aber da war das letzte Wort noch nicht gesprochen. Das würde auf den Tisch kommen, und er hoffte, sein Vater hätte genug Durchsetzungskraft, ihn gegen Gesa zu unterstützen.

Jetzt sah er zu, möglichst schnell die Treppe hinaufzukommen. Mit Wucht knallte er die Tür hinter sich zu.

Er warf sich hinterrücks aufs Bett und holte sofort sein Handy aus der Hosentasche. Ike hatte ihm dreimal geschrieben.

Voll der Stress zu Hause. Mutter will nach München. Keine Diskussion. Nächste Woche sind wir weg.

Shit. Und jetzt? Bei mir ist auch voll der Aufreger. Erzähl ich dir dann. Ich vermisse dich.

Gut, das war jetzt mutig, ihr das zu schreiben, aber Tobias konnte nicht anders. Ike war so süß, er musste wissen, ob sie genauso für ihn empfand wie er für sie oder ob sie ihn nur »just for fun« geküsst hatte. Obwohl – es hatte sich ehrlich angefühlt. Die Antwort kam schneller als erwartet, und als Tobias sie las, legte sein Herz einen regelrechten Galopp hin.

Ich dich auch. Es war wunderschön vorhin. Wir ticken gleich.

Tobias schickte Ike einen Smiley. Jedes Wort wäre zu viel gewesen.

Jetzt dauerte es eine Weile, ehe Ike wieder schrieb. Sie war zwischendurch sogar nicht mehr online gewesen.

Sorry, gab gerade eine unschöne Diskussion mit meiner Mutter. Ich darf natürlich nicht allein in Köln bleiben. Und als ich Opa auch nur ins Spiel gebracht habe, hat sie mich kurzerhand ins Zimmer geschoben und abgeschlossen.

Tobias mochte nicht glauben, was er da las.

Und jetzt?

Ike antwortete sofort.

Was meinst du? Verschwinden aus diesem miefigen Großstadtdschungel? Und nicht in den nächsten gen Süden. Traust du dich? Wir haben supertolle Großeltern. Mit Ruder- und Motorbooten. Und in Otterndorf können wir viel besser zusehen, wie die Sonne untergeht.

Tobias schluckte. Weil Gesa stresste und sich übergriffig verhielt, gleich abhauen? War das nicht eine Schippe zu viel?

Aber Ike hatte recht. Es war kein richtiges Türmen. Sie wollten zu Oma und Opa. Trotzdem war klar, dass er seinem Vater mehr Kummer machen würde, als dass sich die drei Salatblätter in Gesas Magen verbogen.

Das Handy ging erneut.

Was ist jetzt?

Tobias geriet ins Schwitzen. Gesa war einfach unmöglich und sein Vater viel zu schwach, um sich ihr entgegenzustellen wegen eines dämlichen Posts, der ihn zum Gespött an der Schule machen würde, weil es ohnehin viele seiner Kumpel lustig fanden, wie Gesa ihr Geld verdiente.

»Kannste nix, wirste Influencerin«, war noch ein harmloser Spruch.

Und jetzt waren die Fotos seines Zimmers online! Mit seinen benutzten Boxershorts! Tobias fürchtete sich regelrecht vor dem Gang zur Schule am Montag. Irgendwer würde den Post gesehen haben. Und ihn überallhin teilen. Er war erledigt!

Nein, er wollte das alles nicht mehr.

Weder sein Vater noch Gesa wussten von Ike. Und keiner ahnte, dass ihr Opa auch in Otterndorf lebte und sie zu ihm wollte.

So abwegig fand er den Gedanken plötzlich nicht mehr, mit Ike zu türmen. Oma würde sich bestimmt freuen, ihn zu sehen.

Seine Finger flogen regelrecht über die Tastatur, als er antwortete.

Ich bin dabei. Meine Oma ist cool und kann Erdbeerkuchen und andere Dinge backen. Sie hat sogar den Otterndorfer Dichterkuss erfunden, nur verrät sie keinem, dass das Gebäckstück auf ihrem Mist gewachsen ist.

Das hatte ihm sein Vater nämlich mal verraten.

Perfekt, ich liebe Erdbeerkuchen, und so ein Dichterkuss klingt phänomenal.

Wann wollen wir los?

Um Mitternacht?

Da fahren keine Züge in die norddeutsche Provinz.

Gut, dann morgen nach der Schule. Das fällt sowieso weniger auf. Wir treffen uns um 14 Uhr am Kölner Hauptbahnhof. Aber besser, wir verraten erst nicht, wohin wir los sind. Dann fangen sie uns womöglich vorher ab. Erst mal weg, okay?

Damit war es beschlossen. Tobias überlegte, was er mitnehmen wollte, und suchte seine Sachen zusammen. Wichtig waren seine Sportklamotten, denn wenn er nicht zum Training ging, musste er wenigstens joggen, um sich fit zu halten. Und wer wusste schon, ob es nicht auch in Otterndorf ein prima Team gab. Den gepackten Rucksack kickte er unters Bett.

Kapitel 11

Elisa hatte unruhig geschlafen, weil ihr schlechtes Gewissen sie nicht zur Ruhe kommen ließ, und selbst ihr Mittagsschlaf war unbefriedigend gewesen. Warum nur hatte sie Maunzi einfach so bei Marten gelassen, obwohl der Kater sich nachher doch sehr wohl bei ihr gefühlt hatte?

Marten war am Nachmittag noch zur Tierärztin gefahren, doch das Tier war nicht gechippt, und der Kater wurde wohl auch nicht vermisst. Elisa hatte derweil ihre Facebook-Posts gemacht und in den Supermärkten Aushänge aufgehängt. Bislang hatte sich aber niemand gemeldet. Natürlich hatte sie Marten gleich nach dem Aufstehen angerufen. Maunzi schlief noch, er lag bei ihm im Bett, und sie hatte sein Schnurren durch den Hörer vernommen.

Schlussendlich aber war es gut gewesen, so zu entscheiden, denn sie hatte zu wenig Erfahrung im Umgang mit Tieren.

Immerhin waren sie und Marten über Maunzi noch einmal in ein tiefes Gespräch gekommen und hatten festgestellt, dass ihre Enkel beide in Köln lebten und leidenschaftlich gern Handball spielten.

»Ob sie sich kennen?«, hatte Elisa gefragt, aber von Marten nur ein bedauerndes Lächeln erhalten.

»Köln ist eine Millionenstadt. Es ist überaus unwahrscheinlich, dass sie sich trotz desselben Sports kennen. Ich weiß nicht einmal, in welchem Verein Ike ist. Weißt du, wo Tobi spielt?«

Leider hatte Elisa da passen müssen. Es war traurig, wie wenig sie beide von ihren Enkeln wussten.

Elisa atmete tief durch.

Das Thema sollte sie nun nicht länger beschäftigen. Sie lebte hier in Otterndorf ihr eigenes Leben, und da weder ihr Sohn noch Tobias oder Gesa auch nur das geringste Interesse daran hatten, es mit ihr zu teilen, war es an der Zeit, einen Schlussstrich zu ziehen und sich wieder auf sich selbst zu konzentrieren. Sie hatte alles versucht.

Heute war es an der Zeit, endlich Julia vom Märchenland zu kontaktieren. Die Sache mit dem Kater hatte sie gestern vollkommen aus dem Tritt gebracht, und das nachfolgende Gespräch über Tobias und Ike war auch nicht förderlich für ihr Seelenheil gewesen.

Elisa zauderte nicht länger und suchte im Internet die Nummer von Julias Märchenland heraus.

Kurzerhand wählte sie die Nummer, doch leider war dort keiner zu erreichen. Ihr sprang lediglich die Stimme der Mailbox entgegen. Immerhin war sie von Julia besprochen, und Elisa hatte deshalb keine Scheu, eine Nachricht zu hinterlassen.

»Liebe Julia, hier spricht Elisa Krull, die Erdbeerkuchenfrau. Bitte rufen Sie mich mal zurück. Ich würde euch gern mit ein paar Aktivitäten unter die Arme greifen, weil mich eure Arbeit sehr fasziniert hat.«

Nun galt es, abzuwarten, ob ihre Hilfe erwünscht war.

Elisa plante zwar, später noch einmal zu Marten zu radeln, weil sie wissen wollte, ob Maunzi sich nach dem schnurrenden Nachtschlaf wirklich gut eingelebt hatte, aber das war am Nachmittag besser. So konnte sie für Marten als Dankeschön noch einen Kuchen backen. Zutaten müssten genug im Haus sein.

Folglich prüfte sie, was vorhanden war, und machte sich gleich ans Werk. Es würde ein Birnenstreuselkuchen mit Schmand werden. Das war nicht zu süß, aber ein wenig frisch, und er wurde nicht so schnell schlecht wie ein Sahnekuchen. Genau das Richtige bei diesen Temperaturen.

Da Elisa Übung im Backen hatte, benötigte sie weder Rezept noch viel Zeit, bis der Kuchen im Ofen buk.

Währenddessen griff sie zum Programmheft der *Freizeitschule*, die den Sommer über ein Spezialprogramm in Otterndorf anbot. Vielleicht war ja etwas für sie dabei, denn im Märchenland würde sie schließlich nicht täglich zu tun haben.

Sie durchblätterte das Heft, einen Kurs hatte sie lange nicht besucht. Früher war sie oft in der Abendschule oder der VHS gewesen. Das hatte ihr immer viel Freude bereitet und sie aus dem Alltagstrott rausgezogen. Warum auch immer hatte sie so viele tolle Sachen schleifen lassen, sodass ihr am Ende nur das Alleinsein geblieben war.

»Computerkurs für Seniorinnen und Senioren«, las sie und schüttelte den Kopf. Das brauchte sie nicht. Mit dem Computer war sie fit. Sie konnte googeln, PDF-Dateien erstellen, auf Word schreiben, und Onlinebanking war auch kein Problem. Mit der Zukunft zu gehen bereitete ihr keine Probleme.

Marten tickte da ganz anders. Der würde ihr glatt eine Falle reichen, wenn sie was von ihrer Mouse erzählte. Und wenn sie von einem Motherboard sprach, dachte er bestimmt ans Surfen und stellte sich eine Mutter auf dem Brett vor, das Kind vor den Bauch geschnallt. Zum Glück war sie selbst mit diesem Vokabular vertraut. Den Kurs konnte sie also getrost von ihrer To-do-Liste streichen.

Elisa blätterte weiter. »Ladys Gym im Alter«, las sie. Das klang schon vielversprechender. Die eine oder andere Speckrolle an der Hüfte als Relikt ihrer leckeren Kuchen konnte man durchaus in Angriff nehmen. Dann musste Heinzi nach seinem Sonnenbrandbad im Süden nicht gleich wieder in mehreren Sitzungen ran. Er würde sicher brauchen, um sich von diesem Urlaub auszukurieren. Sie machte sich wegen seiner Haut wirklich Sorgen.

Aber eigentlich verspürte sie wenig Lust, mit der Isomatte unterm Arm durch Otterndorf zu spazieren und allen zu zeigen, dass sie gleich in die Turnhalle ging oder wo immer die alten Ladys fit gemacht werden sollten. Zumal sie davon ausging, dass die meisten ihr ohnehin nicht das Wasser reichen konnten.

So ganz überzeugte das alles Elisa nicht, aber sie machte einen Kniff in die Seite, damit sie den Kurs am Ende wiederfand, falls sie es sich doch noch anders überlegte.

Der Kurs »Nackenübungen am Abend« begeisterte sie ebenso wenig wie »Richtig atmen«. Also wenn sie das nicht konnte, wäre sie nach so vielen Jahren auf der Erde ja wohl schon dahingeschieden. Das kam also überhaupt nicht in die Tüte. Allein die Vorstellung, wenn sie mit den anderen Teilnehmern abwechselnd hechelte oder japste, löste bei ihr Panik aus.

»Singen von Volksliedern. Das alte Liedgut zurückentdecken« sprach sie auch nicht an, und »Lachyoga« war ihr zu albern. Wenn es etwas zu lachen gab, konnte sie das laut und mitreißend. Im Augenblick fand da allerdings gerade ein gewisser Mangel statt. Auf Kommando loszukichern fand sie befremdlich, obwohl es ja wahre Wunder vollbringen sollte. Aber es war nicht zwingend notwendig, alles gut zu finden.

»Schwierig, schwierig«, murmelte sie, doch dann glitt ein breites Lächeln über ihr Gesicht. Das war es! »Reiten für Anfänger«.

Elisa schloss die Augen und sah sich im Geiste schon am Deich entlanggaloppieren. Die Zügel fest in der Hand, so wie sie es ihr ganzes Leben lang getan hatte. Hoch zu Ross und dann immer der Nase nach. Das versprach Freiheit, das versprach Glück.

Doch dann sah sie andere Bilder.

Das Pferd bockte und warf sie schwungvoll ab. Sie kullerte den Deich hinab und spürte nicht nur jeden Maulwurfshügel, sondern auch alle Knochen. Am Ende lag sie mit einer gebrochenen Hüfte und einer Gehirnerschütterung im Klinikum. Sogar Immo hatte den Weg in den Norden gefunden und befürchtete das Schlimmste.

Na, dann doch lieber »Ladys Gym im Alter«. Vielleicht konnte sie die Isomatte ja in der Halle deponieren oder ihnen wurden sogar welche gestellt.

Und so nahm Elisa den Computer zur Hand, fuhr das Gerät hoch und rief die Seite der *Freizeitschule* auf. Dort füllte sie das Formular aus und war hochzufrieden, als sie auf Absenden drückte. Dann hoffte sie doch, dass noch ein Plätzchen frei war und sie ihrem Krankengymnasten ein wenig Arbeit ersparen konnte.

Es klingelte, und Elisa fuhr erschrocken zusammen, weil sie so tief in Gedanken versunken gewesen war.

Sie sprintete zur Tür und öffnete. Vor ihr stand Marten.

Elisa zog fragend die Brauen hoch. »Ist was mit dem Kater?«, fragte sie.

Marten fuhr sich durch das frisch geschorene Haar.

»Nein, da ist alles in Ordnung. Aber es gibt ein anderes großes Problem, und ich wusste nicht, mit wem ich reden soll. Außer mit dir.«

Elisa fühlte sich ein wenig geschmeichelt. Sie waren sich in der kurzen Zeit sehr nahegekommen.

»Dann erst mal reinspaziert.«

Marten schnupperte, und sofort entspannte sich sein Gesicht. »Du hast gebacken?«

»Ich backe noch«, verbesserte ihn Elisa und kam sich selbst ein bisschen klugscheißerisch vor. »Also ich will damit sagen, dass der Kuchen noch im Ofen ist.« Sie schluckte. »Ich habe ihn für dich gebacken. Als Dankeschön wegen Maunzi.«

Nun gab sich Marten besserwisserisch und fuhr eine Retourkutsche. »Maunz von Maunzerich.«

»Gut, dann eben so«, lenkte Elisa ein, denn sie wollte sich nicht mit Marten anlegen.

Der war im Gegenzug wohl auch nicht auf Krawall gebürstet. Im Gegenteil. Er lächelte sie freundlich, ja fast bittend an.

»Danke, dass du mir einen Kuchen backst. Das wird mir bei all der Aufregung guttun.«

Elisa wies mit der Hand nach draußen. »Setzen wir uns doch auf die Terrasse, und dann vertellst du mi mol, was dich so bedrückt.«

»So mok wi dat.«

Sie nahmen Platz und genossen den leisen Windzug, der hier immer von der Medem heraufstrich und die heißen Sommertemperaturen erträglich machte.

»Nun?«, fragte Elisa.

Marten knetete das Tischtuch. »Meine Enkelin ist abgehauen«, sagte er. »Sybille vermutet, dass sie wohl nicht nach München ziehen möchte.«

»Das kann ich verstehen. Ich würde auch nicht in die Berge ziehen, weil ich die Weite des Meeres brauche«, entgegnete Elisa, schlug sich dann aber die Hand vor den Mund, weil es überaus dämlich war, was sie da eben von sich gegeben hatte. Ike lebte schließlich in Köln, und ob das besser als München war, konnte sie gar nicht beurteilen. Sie kannte die bayerische Hauptstadt und die Metropole mit dem Dom nur von ihren Reisen. Für eine kurze Zeit hatte es ihr da durchaus gefallen, aber leben hätte sie weder am Rhein noch an der Isar gewollt. Sie war eine norddeutsche Pflanze und sollte sich kein Urteil anmaßen. »Nun, wie dem auch sei«, sagte sie schnell. »Hast du eine Ahnung, wohin sie gegangen sein könnte?«

»Woher denn?«, antwortete Marten verzweifelt. »Ich habe die Lütte ewig nicht gesehen!«

»Wenn sie wirklich nur getürmt ist, wird die Polizei sie schnell finden. Da bin ich sicher.« Elisa wusste selbst, wie hohl ihre Worte klangen.

Als das Telefon mit seinem auf- und abschwellenden Ton ertönte – er erinnerte an eine Sirene und war immens laut, damit sie das Klingeln auch im hintersten Teil ihres Gartens hören konnte –, stand sie auf. »Bitte entschuldige. Das ist bestimmt Julia vom Märchenland. Ich habe ihr auf die Mailbox gequatscht, um ihr meine Hilfe anzubieten.«

»So een Schiet. Das ist mir bei der Katerei und Ikes Verschwinden ganz durchgegangen. Ich melde mich da auch noch. Kannst du ihr das bitte sagen?«

Elisa hob den Daumen und nahm ab. Sie schluckte, als sie Immos Stimme erkannte.

Was er nun sagte, nahm ihr ein wenig den Atem.

»Ist Tobi denn allein weg oder mit einem Freund oder einer Freundin?«, fragte sie.

»Keine Ahnung«, antwortete Immo. »Er hat nur einen Zettel hinterlassen, dass wir uns keine Sorgen machen sollen, er möchte lediglich ein wenig Freiheit schnuppern und das Leben feiern. Dabei könnte er die Sonnenuntergänge genießen und dem Gesang der Vögel lauschen.« Er schluckte so laut, dass es sogar durch den Hörer zu vernehmen war. »Tobi hat sich nie dafür interessiert und kann nicht mal eine Amsel von einem Spatzen unterscheiden. Da stimmt doch was nicht!«

Elisa atmete auf, denn sie fand es weniger befremdlich, wenn sich ein junger Mann an die wesentlichen Dinge wie die Natur erinnerte. Sie bemühte sich, beruhigend auf ihren Sohn einzuwirken. »Das klingt doch erst einmal nach einer zwar unüberlegten, aber keiner gefährlichen Tat. Nächste Woche beginnen die Ferien, er verpasst demzufolge nicht allzu viel«, setzte sie pragmatisch nach. Es war immer gut, Immo die Richtung zu weisen, er reagierte oft kopflos. Dieses Mal gelang es ihr aber nicht, den Sohn zu besänftigen.

»Gesa sagt indes, es wäre extrem beunruhigend. Man könnte das Ganze auch schwerwiegender beurteilen. Immerhin hat er die Tage zuvor auch sein Zimmer aufgeräumt.«

»Immo, bestimmt wird Tobi einfach nur erwachsen, und ihr solltet euch darüber freuen.«

»Na ja, es gab wohl auch Meut mit Gesa.«

Das verwunderte Elisa dann wieder weniger. »Was hat sie gemacht?«

Immo fasste mit wenigen Worten zusammen, was vorgefallen war, und Elisa ahnte Schlimmes. Sie winkte Marten und bedeutete ihm, ihr das Handy rüberzureichen. Dann klemmte sie den Hörer zwischen Ohr und Schulter fest und rief Gesas Instagram-Account auf. Was sie da sah, verschlug ihr den Atem. Im ersten Bild lagen sogar Tobias' Boxershorts für alle sichtbar herum, und die Bildunterschrift war einfach furchtbar.

»Immo, ich habe den Post gesehen. Der muss sofort – und wenn ich sage sofort, dann meine ich sofort – gelöscht werden. Das kann sie doch nicht machen! Hast du auch nur den Hauch einer Ahnung, was passiert, wenn das in seiner Schule die Runde macht? Wer weiß, wie oft das schon geteilt worden ist. Das muss weg!«

»Ist doch nur ein Zimmer. Vorher – nachher, sagt Gesa.«

Elisa schnappte bei so viel Naivität nach Luft.

»Es ist übergriffig. Kläre das!«

Immo versprach, sich darum zu kümmern. »Auf jeden Fall haben wir wegen des Verschwindens schon die Polizei eingeschaltet«, fuhr er dann fort.

»Gut, das kann ich verstehen«, stimmte Elisa ihrem Sohn zunächst zu. »Doch es wäre an Gesas Stelle sinnvoller gewesen, mal nachzudenken, bevor sie einen solchen Mist verzapft. Aber denken gehört definitiv nicht zu ihren Stärken.« Immo antwortete nicht darauf, und Elisa fuhr fort: »Wahrscheinlich wird er bald wieder vor der Tür stehen. Wenn er genug von der Freiheit hat, ihn die Mücken zerstochen haben und das Essen aus der Dose nicht mehr schmeckt.« Sie konnte ein Schmunzeln nicht unterdrücken, schluckte jedoch ihre Bemerkung hinunter, dass der

Dosenfraß aber immerhin besser sättigte als die paar Salatblätter auf Gesas Teller.

»Mutter, du ordnest es falsch ein«, widersprach Immo. »Ja, okay, Gesa hat Mist gemacht, aber seine Reaktion ist in meinen Augen ein Grund zu großer Besorgnis.«

»Inwiefern?«, fragte Elisa.

»Du musst das alles interpretieren. Jedes Wort!«

Sie verstand nicht, worauf ihr Sohn hinauswollte.

»Noch einmal: Es geht nicht nur um den Streit mit Gesa, das alles hat eine Vorgeschichte, und die ist brandgefährlich in meinen Augen. Also jetzt spitze deine Ohren, weil ich es noch einmal wiederhole, damit du wirklich verstehst, was hier abgeht: Tobi hat vor ein paar Tagen sein Zimmer aufgeräumt.«

»Gut, das habe ich verstanden, nur war das auch nötig, denke ich. So oft, wie du dich darüber mokiert hast.«

Immo fuhr unbeeindruckt fort: »Das gepaart mit den Sonnenuntergängen und dem Vogelgesang sieht Gesa als Zeichen, dass er nie mehr nach Hause kommen wird. Nie mehr, du verstehst?«

»Weil die Sonne untergeht?«

So ganz konnte Elisa Immo nicht folgen.

»Sonnenuntergänge sind was Vergängliches, und Vogelgesang ist der ewige Frieden.«

»Die Sonne geht jeden Morgen wieder auf. Ich glaube, das weiß Tobias.« Aber dann begriff Elisa. »So ein Quatsch! Er pubertiert und will sich mal ausprobieren. So warst du früher auch.«

»Ich bin nie über Nacht abgehauen«, empörte sich Immo.

»Dich hat auch niemand vor aller Welt bloßgestellt. Ich habe bestimmt nicht immer alles richtig gemacht, aber solche Dinge wären bei mir nie vorgekommen.« Elisa seufzte laut. »Noch ist ja auch nicht einmal Abend«, versuchte sie dann, Immo Mut zu machen, wobei sie inzwischen selbst etwas unruhig wurde. Was war, wenn Gesa dieses Mal richtiglag? Sie konnte Tobias doch gar nicht mehr einschätzen, so wenig, wie sie ihn die letzten Jahre gesehen hatte.

Auch Immo seufzte. »Dein Wort in Gottes Ohren. Ich hoffe, du irrst nicht. Falls er sich bei dir meldet, gib uns bitte sofort Bescheid.«

»Na klar«, antwortete Elisa. »Was soll ich denn sonst tun? Warten, bis das SEK mein Haus stürmt, um Tobias zu befreien, weil sie denken, ich hätte meinen Enkel gekidnappt?«

»Deinen Galgenhumor kannst du dir schenken«, sagte Immo.

»Nun, die Wahrscheinlichkeit, dass es Tobi nach Otterndorf verschlägt, ist ohnehin mehr als gering. Ich gehe nicht davon aus, dass er sich bei seiner Flucht die alte Erdbeeroma als Ziel ausgesucht hat.«

»Man kann ja nie wissen«, gab Immo zurück.

»Du weißt schon, dass auch noch ein Mädchen aus Köln verschwunden ist?«

»Es hauen täglich mehrere Jugendliche ab«, sagte Immo genervt. »Was hat das mit Tobias zu tun?«

»Hätte ja sein können, dass dies kein Zufall ist«, antwortete Elisa. Doch diese Diskussion führte zu nichts. »Sein Handy ist vermutlich aus? Sonst könnte man ihn orten«, schlug sie dann vor.

Immo wirkte merklich frustriert. »Alles versucht. Nun weißt du Bescheid, ich halte dich auf dem Laufenden.«

»Ich bitte darum«, sagte Elisa. »Und Gesa soll diesen dämlichen Post löschen.«

»Sag ich ihr. Ich muss mich jetzt auch um sie kümmern. Vor lauter Kummer ist sie gegen die Tischkante gestoßen, und ihr Nagel ist gesplittert. Da müssen wir eben zur Reparatur. Wir sind aber erreichbar. Immer. Tag und Nacht.«

Immo legte auf.

Elisa begab sich zurück zu Marten, der sie fragend ansah. »Und, war es Julia?«

»Nein. Ich glaube, wir haben ein gemeinsames Problem.«

»Und das wäre?«

Elisa hob den Kopf und schnupperte entsetzt. »Herrje, der Kuchen! Er muss aus dem Ofen.«

Marten folgte ihr. »Der Kuchen ist nicht unser Problem. Du sprichst in Rätseln, meine Liebe.«

Elisa stellte die Backform ab. Es roch wunderbar, und das beruhigte sie ein bisschen.

»Mein Enkel ist auch weg. Ike und Tobi leben beide in Köln und spielen Handball. Tobi hat zudem sein Zimmer aufgeräumt. Das könnte ein Zeichen sein, dass er sich verliebt und die Bude aufgeräumt hat, falls das Mädchen doch mal zu Besuch kommt.« Sie streckte lächelnd die Zunge leicht vor. »So war das nämlich bei meinem Mann und mir. Er hat alles fein geputzt vor unserem ersten Rendezvous.«

Marten stimmte ihr zu. »Es gibt tatsächlich Parallelen. Die beiden verschwinden zeitgleich, haben dasselbe Alter, dasselbe Hobby. Meinst du wirklich, sie kennen sich und haben das gemeinsam durchgezogen?«

Elisa nickte. »Die beiden haben wohl eine Schnittmenge. Das kann doch kein Zufall sein, wenn sie zeitgleich abtauchen.« Sie prüfte mit einem Holzstab, ob der Kuchen fertig war, und nahm ihn vorsichtig aus der Backform. Es tat gut, etwas Sinnvolles zu machen, weil ihre Gedanken so hin und her sprangen, dass sie sie nicht geordnet bekam. »Zumindest besteht wohl kaum die Gefahr, dass sie zu uns kommen. Wir stehen beide auf dem Abstellgleis, und was sollen sie hier in unserer Rentnerabgeschiedenheit? Ich glaube nicht, dass zwei durchtrainierte Handballer Interesse an der zukünftigen Rollatorfraktion haben.«

»Und wenn doch?«, fragte Marten. »Ike und ich, wir konnten immer gut miteinander.«

»Tobias und ich auch. Aber das ist lange her.« Elisa presste die Lippen aufeinander, aber dann entfuhr ihr der Gedanke doch, indem sie sagte: »Wenn er hierherkäme, dann könnte ich nicht zur ›Ladys Gym im Alter‹, dann werde ich vor Ort gebraucht.« Und sie ertappte sich dabei, dass sie fast froh wäre, der Mattenschleppaktion auf diese Weise entrinnen zu können.

»Was redest du da?«, fragte Marten. »Wieso Ladys Gym?«

»Ach entschuldige«, antwortete Elisa. »Ich habe da eben einen Kurs gebucht.«

»Aber was hat das mit Ike und Tobias zu tun?«, fragte Marten.

»Wenn hier zwei Teenager sind und wir uns dazu um Maunzi und das Märchenland kümmern müssen, haben wir alle Hände voll zu tun.«

»Das stimmt«, bestätigte Marten mit breitem Grinsen. »Dann wäre uns ja fast zu wünschen, dass es so wäre. Action, wie man heute so sagt.«

»Das wäre dann wohl der Fall.« Elisa nagte an der Unterlippe. »Hat deine Tochter die Polizei denn auch informiert? Immo und Gesa haben das nämlich gleich gemacht.«

»Jo, das schon, aber Sybille sagt, keiner geht davon aus, dass ihr was zugestoßen ist. Ike gilt seit jeher als aufmüpfig, hat schon öfter die Schule geschwänzt. Und dass ihr der Umzug nach Bayern nicht passt, hat sie oft genug deutlich gemacht.«

Elisa erzählte, welcher Hintergrund ihren Enkel dazu bewogen haben könnte, das Weite zu suchen.

»Machst du uns einen Tee?«, fragte Marten. »Ich möchte bleiben und jetzt nicht allein sein. Und der Kuchen ist doch sicher auch warm genießbar.«

»Aber so was von! Ich verwöhne uns jetzt mal, und dann überlegen wir, ob wir unsere Kinder doch irgendwie bei der Suche unterstützen können.«

Kurz darauf saßen sie bei Tee und Birnenkuchen beisammen.

»Du machst dir genauso Sorgen wie ich«, sagte Elisa Marten auf den Kopf zu.

Der verneinte. »Mich bekümmert eher die Tatsache, dass Ike nicht mit ihrer Mutter reden kann, sondern nur den Ausweg sieht, wegzulaufen. Ihr wird schon nichts zustoßen. Ike wusste eigentlich immer genau, was sie wollte, und war äußerst durchsetzungsfähig. Ich glaube nicht, dass sich das geändert hat. Das hat sie von mir«, fügte er mit einem gewissen Stolz hinzu. Danach widmete er sich wieder dem Kuchen.

Elisa war wie schon zuvor erstaunt, welche Mengen er verdrücken konnte und dass sich das keineswegs allzu deutlich auf seinen Hüften zeigte.

»Du willst also Sport machen?«, fragte er, nachdem er sich den Mund mit der Serviette abgewischt hatte. »Ich wollte auch was tun und habe mich für Senioren Gym angemeldet. Eine reine Männergruppe.«

»Guter Plan. Ich habe mein Formular vorhin abgeschickt.«

»Du warst schon beim Briefkasten?«

»Nein, natürlich online, wie denn sonst?«

»Ich habe das postalisch gemacht«, erklärte Marten. »Formular ausgefüllt, unterschrieben, kuvertiert, Briefmarke drauf und ab in den Kasten.«

Elisa unterdrückte ein Kichern. Das passte zu Marten. Postalisch. Kuvertiert. So was sagte doch heutzutage kein Mensch mehr. Es sei denn, er lebte in einer Kate am Deich und sprach sonst nur mit den Schafen.

Elisa schob sich ein Stück Kuchen auf die Gabel. Es war noch ihr erstes. Sie aß lieber langsam und dann keine großen Mengen. »Ich finde es gut, dass wir uns gegenseitig motivieren und auch im Alter was für die Fitness tun.«

»Jo, dann lass uns man Tee trinken, in ein paar Wochen lassen wir dabei dann die Senioren-Muckis spielen«, erklärte Marten. »Haueha, dann traut sich keiner mehr auf den Hof!«

»Das befürchte ich auch«, stimmte Elisa ihm zu. Wenn Marten eine Figur wie Arnold Schwarzenegger bekam, würde das jeden Einbrecher das Fürchten lehren.

Sie schwiegen beide, bis Marten wieder das Wort ergriff und noch einmal auf Tobi und Ike zurückkam.

»Ich hab da so ein Gefühl, als ob die beiden nicht doch noch bei uns in Otterndorf aufkreuzen«, unkte Marten. »Ike ist immer gern Boot gefahren und mochte es, auf dem Land zu sein und die Vögel zu beobachten.«

Elisa hob den Daumen. »Tobi liebt das Wasser auch. Er konnte schon als kleiner Junge gut rudern.«

»Wollen wir eine Wette abschließen, dass sie doch noch herkommen?«

»Wir glauben und hoffen es beide, das ist ja keine echte Wette!«, gab Elisa zu bedenken.

»Stimmt, aber es gilt! Sollten sie dann doch nach Timbuktu gereist sein, muss ich einen Kuchen backen und eine Schrottfigur herstellen!«

Elisa schlug lachend ein.

Das konnte ja was werden!

Kapitel 12

Es war eine anstrengende Fahrt, denn Tobias und Ike hatten sich auf die günstigeren Regionalbahnen beschränkt, etliche Verspätungen hinnehmen müssen und teilweise viele Stunden auf den entlegensten Bahnhöfen verbracht. Außerdem mussten sie höllisch achtgeben, nicht entdeckt zu werden, denn inzwischen suchte man sie als Ausreißer bestimmt.

Tobias entdeckte einen herzerweichenden Post von Gesa.

»Diese Frau ist so verlogen«, brachte er hervor.

»Da machst du aber auch was mit!«, sagte Ike. »Da bin ich froh, dass meine Mutter ihr Singledasein so sehr liebt und mir keinen Klugscheißer vorsetzt oder wie Gesa einen Instagramstar.«

»Das an sich wäre ja erträglich, aber Gesa ist dabei einfach nur peinlich«, meinte Tobias.

Ike gähnte. Zwar hatten sie zwischendurch so manche Stunde schlafen können, aber bequem war es nicht gewesen.

»Zeig mir den Post doch mal!«, forderte Ike ihn auf. »Bislang habe ich ja nur von dir gehört, was sie mit *Frau Wutz* und dir getan hat.«

Tobias hielt Ike das Handy hin.

Sie wurde erst blass und dann zornesrot. »So etwas geht gar nicht«, beschied sie. Nur zu ändern war es nicht mehr. »Immerhin bist du jetzt fort, und dich kann keiner dumm deswegen anmachen.«

»Na immerhin!«

Der Zug lief nun in den Otterndorfer Bahnhof ein und hielt dort mit lautem Quietschen. Die beiden nahmen ihre Rucksäcke und stiegen aus.

»Die Luft riecht hier schon ganz anders als in der Großstadt«, sagte Ike und reckte die Nase in die Luft.

»Finde ich auch. Würziger.«

Tobias und Ike verließen den Bahnhof und mussten sich zunächst orientieren, denn es war Jahre her, dass sie hier gewesen waren.

»Mit dem Zug bin ich noch nie zu Oma gefahren«, sagte Tobias.

»Ich zu Opa auch nicht.« Ike studierte die Straßenschilder, öffnete dann mit ihrem Handy Google Maps und schaute, wohin sie gehen mussten. »Da lang«, entschied sie. »Über die Bahnhofstraße kommen wir zur Cuxhavener Straße, dort geht es links, und wir sind an der Medem.«

»Da kenne ich mich dann auch aus«, sagte Tobias. »Ich schlage vor, erst zu meiner Oma zu gehen. Sie freut sich bestimmt, und wir können uns dort stärken. Bis zur Schleuse ist es ein gutes Stück Weg. Und vielleicht kann Oma uns bringen. Sie hat einen Wagen, fährt aber kaum damit. Aus Umweltgründen.«

»Eine fortschrittliche Oma«, sagte Ike bewundernd. »Aber egal, wie wir später zu Opa Marten kommen, es ist so, wie du es vorgeschlagen hast, erst einmal ein guter Plan.«

»Sie kann uns bestimmt sonst das Ruderboot ausleihen, damit wir zu deinem Opa fahren können. Ein Schiffchen würde schon helfen.«

»Das stimmt«, bestätigte Ike. »Außerdem wären ein kleiner Snack und etwas zu trinken tatsächlich nicht schlecht. Ich komme um vor Hunger und Durst.« Sie schüttelte ihre Flasche, doch die war leer.

»Oma hat den Kühlschrank immer voll«, sagte Tobias hoffnungsvoll. »Jedenfalls war das früher so.«

»Na, denn man tau, wie die Leute im Norden sagen.« Ike schaute sich neugierig um. »Viel los ist in dem Kaff ja nicht.«

»Das stimmt.« Tobias lachte. »Hier gibt es auch keine grünen Papageien, dafür ohne Ende Möwen und ruhige Menschen, die sich über nichts aufregen.«

»Das weiß ich doch«, sagte Ike. »Was ich mir vorhin auf der Fahrt überlegt habe, ist: Haben wir früher als Kinder vielleicht schon miteinander auf irgendwelchen Otterndorfer Spielplätzen herumgetobt? So oft wie wir hier waren?«

Tobias zuckte mit den Schultern. »Ich glaube nicht. Meist war ich bei meiner Oma auf dem Hof und habe dort am Fluss gespielt oder mit dem Boot.«

Ike schritt beherzt aus. »Opa ist manchmal mit mir auf Spielplätzen gewesen, weil er ständig Angst hatte, ich könnte mich in seinem Haus am Deich langweilen.«

»Und hast du?«

Ike lachte auf. Sie wirkte seit der Flucht aus Köln wie befreit.

»Niemals. Wenn du Opas Hof siehst, weißt du auch, warum.« Sie geriet regelrecht ins Schwärmen. »Da steht überall, wirklich überall etwas herum. Du glaubst gar nicht, welchen Spaß es gemacht hat, in seinen alten Sachen zu stöbern. Als Kind habe ich dort an jeder Ecke und in jeder Luke einen Schatz vermutet. Gefunden habe ich natürlich keinen, aber das war am Ende auch gleichgültig. Opas Haus ist ein einziger Abenteuerspielplatz, da fand ich eine simple Rutsche oder ein Klettergerüst total langweilig.«

Sie hatten die Cuxhavener Straße erreicht, bogen nach rechts ab und standen auf der Brücke. Die Medem floss ruhig unter ihnen entlang. Linkerhand befand sich der Hafen *Der Große Specken*, wo die beiden Barkassen *MS Jens,* ein blau-weißer Kahn, und *Onkel Heinz*, ein weißes Boot mit rotem Boden und Streifen sowie einem grünen Verdeck, lagen.

»Früher war hier, glaube ich, ein richtiger Hafen, wo auch Waren verschifft wurden«, meinte Tobias.

Ike interessierte das nicht besonders, sie schaute allerdings genauer zu den beiden Schiffen. »Kann man damit auch zum Elbdeich fahren? Mit dem Ruderboot deiner Oma stelle ich es mir sehr anstrengend vor. Also falls sie uns aus Umweltgründen nicht fahren möchte.«

»Ich gucke später mal nach dem Fahrplan, wobei ich trotzdem der Ansicht bin, wir sollten erst zu Oma Elisa gehen. Das Boot wäre also sicher.«

»Das sehe ich auch so. Auf geht's!«

Tobias deutete nach rechts, wo sie auf die Kirche zumarschierten, aber vorher abbogen.

»Wir sind zur Eschstraße einen blöden Umweg gelaufen«, sagte Tobias. »Ich erinnere mich jetzt, dass wir direkt in die Medemstraße Richtung Stadtpark hätten abbiegen können. Gleich hinter der Brücke geht doch die Eschstraße ab.«

»Ach, das macht nichts«, sagte Ike und schritt weiterhin forsch aus. »So haben wir immerhin mal wieder was von Otterndorf gesehen. Ich hatte es gar nicht so hübsch in Erinnerung.«

»Doch, ich schon. War echt blöd, dass ich so lange nicht hier war.«

Kurz darauf gelangten sie in die Eschstraße, und Ike stieß immer wieder verzückte Rufe aus, als sie die kleinen Fachwerkhäuser mit den Erkern sah. Vor vielen Häusern blühten Stockrosen, Lavendel und andere bunte Blumen in prächtigen Farben.

»Es ist ja märchenhaft schön!«, schwärmte Ike. »Ich kann mich gar nicht sattsehen! Was habe ich bloß die ganze Zeit in Köln gemacht?«

Tobias stieß sie freundlich an. »Otterndorf verpasst!«

»Stimmt«, sagte Ike grinsend. »Und wenn du mir jetzt auch noch offenbarst, dass deine Oma in einem dieser süßen Fachwerkhäuschen lebt, flippe ich vollkommen aus.«

Tobias schmunzelte. »Dann flipp mal rum. Das da vorne ist Omas Haus. Sie hat auch diesen Erker mit den kleinen Fenstern. Das nennt man Utlucht.«

»Wow!«, entfuhr es Ike, und plötzlich glitten Zweifel über ihr Gesicht. »Hoffentlich ist sie jetzt wirklich angenehm überrascht, dass wir bei ihr einfallen. Immerhin ohne Vorankündigung.«

»Oma ist cool, das kann sie ab«, behauptete Tobias, aber ganz sicher war er dennoch nicht. Auch Oma Elisa war älter geworden und vielleicht nicht mehr ganz so tolerant wie früher. Nach Gesas Aussage war sie zu einem üblen Drachen mutiert, aber das schluckte er lieber herunter, um Ike nicht zu verunsichern.

Sie standen vor der Eingangstür, und Ike musterte die feinen Schnitzereien.

»Klingeln oder klopfen?«, fragte sie und zeigte auf beide Möglichkeiten. Oma Elisa hatte sowohl einen Klingelknopf als auch einen Klopfer an der grünen Holztür, die mit Rundbogenfenstern versehen war. Darin waren Scheibengardinen angebracht. In der Tür selbst befand sich ein geschnitztes Wappen in verschiedenen Farben.

Tobias dachte einen Augenblick nach. »Eigentlich sind wir früher immer einfach so reingegangen, aber das würde ich mich nun nicht mehr trauen.« Er schluckte. Es war schon eine merkwürdige Situation, weil er so lange nicht da gewesen war.

Ike musterte ihn mit einem breiten Grinsen von oben bis unten. »Gut, dass du das inzwischen lässt. Also klopfen?«

Tobias nickte. Klingeln wäre ihm doch zu fremd vorgekommen. Sie betätigten den Klopfer, aber im Haus blieb es still.

»Mist, sie ist nicht da.«

»Und jetzt?« Ike schaute ihn ratlos an.

»Warten?«

»Hier auf der Straße? Blöde Idee. Ich muss nämlich mal, und ich kann mir kaum vorstellen, dass die Nachbarn es super finden, wenn ich ihre Blumen dünge.«

Tobias verzog das Gesicht. Hier herumzustehen und auf Oma Elisa zu warten, die wer weiß wo unterwegs sein konnte, war nach der langen Fahrt und der Übernachtung auf der Bank in einem gottverlassenen Bahnhof – er erinnerte sich nicht einmal mehr an den Namen des Ortes – keine gute Option.

»Lass uns in ein Café gehen und später wiederkommen. Ein bisschen Kohle habe ich noch und kann dich einladen.«

»Weiß nicht«, überlegte Tobias laut.

Ike seufzte. »Planänderung: Wir gehen doch erst zu Opa Marten«, schlug sie vor.

Tobias seufzte ebenfalls, denn das war ihm definitiv zu weit.

»Und wie sollen wir dahin kommen? Das ist echt noch ein gutes Stück bis zum Deich. Und ich bin vollkommen platt.« Er nagte auf der Unterlippe. »Dann eben doch wie früher«, beschloss er und drückte die Klinke hinunter. »Da habe ich weder geklingelt noch geklopft.«

Die Tür war wie damals unverschlossen. Oma Elisa war der Ansicht, bei ihr gäbe es ohnehin nichts zu holen, und wenn jemand reinwollte, dann würde er das tun. Tobias hatte noch immer ihre Stimme im Ohr. »Bevor da wer meine schönen Fenster einschlägt oder meine Haustür demoliert, lass ich alles lieber auf, und sie können sehen, dass es bei mir nichts zu holen gibt.«

Tobias schreckte aus seinen Gedanken auf, als Ike sagte: »Es riecht wunderbar nach frisch gebackenem Kuchen. Mir läuft das Wasser im Mund zusammen.«

»Mir auch«, stellte er zufrieden fest, und ein Gefühl von Zuhause überkam ihn. Oder wie seine Oma immer gesagt hatte, To Huus.

Ja, das hier war ein wunderbares To Huus, was er leichtfertig weggeworfen hatte.

»Oma!«, rief er. »Oma, bist du da?«

Leider bekam er wieder keine Antwort.

»Meinst du, sie ist sauer, wenn wir einfach so reingehen und uns breitmachen?«, fragte Ike. »Aber ich würde nur wirklich gern aufs Klo gehen, etwas trinken und die müden Füße hochlegen. Du hast ja recht, zu Opa ist es nach der ganzen Anstrengung viel zu weit.«

»Ich regle das später mit Oma. Komm, ich zeige dir, wo alles ist.« Er schaute sich um. Oma Elisa hatte nichts verändert. Und genau das tat Tobias im Augenblick richtig gut.

Elisa und Marten hatten sich gemeinsam zu Julia ins Märchenland aufgemacht.

Nun saßen sie in dem hellen Büro, an dessen Wänden bunte Kinderbilder hingen. Aber auch Fotos von den verschiedenen Aktivitäten.

Elisa studierte sie interessiert. Da gab es ein Bild mit Kindern, die Tauziehen spielten, dann das von einer Gruppe, die auf einem Schiff über die See schipperte, und andere mit Kindern, die ein Eis schleckten oder aus Sand riesige Burgen bauten.

Julia war Elisas Blick gefolgt. »Wir versuchen wirklich, den Kindern ein paar schöne Erlebnisse zu verschaffen. Vor allem in den Sommerferien. Es gibt so viele Familien, die wissen gar nicht, wie sie über die Runden kommen sollen, da ist an Urlaub überhaupt nicht zu denken.«

Sie setzten sich an einen weißen Resopaltisch, um den ein paar gleichfarbige Plastikstühle gruppiert waren.

»Wollen wir du sagen?«, fragte Julia. »Es würde viele Dinge erleichtern.«

»Gute Idee«, gab Elisa erleichtert zurück, und auch Marten nickte.

»Dann schießt mal los!«, forderte Julia die beiden auf. »An was habt ihr so gedacht?«

Elisa begann, dann erklärte Marten, welche Projekte er umsetzen wollte.

Julia war hellauf begeistert. Mit so viel Unterstützung hatte sie offenbar nicht gerechnet.

»Ich bin echt froh, dass ich euch getroffen habe«, erklärte sie und schob ihre blonde Locke mit einer lässigen Handbewegung hinters Ohr. »Aber dann kommt mal mit. Ich möchte euch erst einmal zeigen, wie es im Märchenland aussieht!«

Julia ging voraus und zeigte Marten und Elisa das Gelände mit großer Begeisterung.

Der Verein war am Norderteiler Weg in einem Blockhaus untergebracht. Nach hinten ging ein großer naturbelassener Garten hinaus, der an den Deichweg grenzte. Auf einer bunten Blumenwiese, die immer wieder von Büschen und Bäumen aufgelockert wurde, standen lebensgroße Märchenfiguren.

Es gab auch drei Spielhäuschen, die das Hexenhaus von Hänsel und Gretel, die Mühle des Müllers vom *Gestiefelten Kater* und den Turm von *Rapunzel* darstellten.

Auf dem Gelände befand sich ein weiteres Holzgebäude im Schwedenstil, in dem verschiedene Aktivitäten stattfanden.

»Hier haben wir Tische und Stühle, und die Kinder können basteln«, erklärte Julia. »Und da hinten«, sie öffnete die Tür, »befindet sich die Werkstatt.« Sie wandte sich an Marten. »Das wäre wohl dein Bereich.«

Sein Blick bekam einen gerührten Glanz.

»Gibt es auch eine Küche, wo ich mit den Kindern backen kann?«, fragte Elisa, denn sonst wäre ihre Arbeit ja aufs Handarbeiten beschränkt.

»Aber klar. Natürlich nur klein und einfach«, entschuldigte sich Julia. »Sie ist im Bürohaus. Hier geht es lang.«

Wieder durchquerten sie den Garten, und Elisa entdeckte nun auch eine riesige Sandkiste mit einem Häuschen, in dem bunte Schaufeln, Eimer und Bagger untergebracht waren. Alles wirkte trotz des Wildwuchses sehr gepflegt.

»Ich finde es super, dass ihr mitarbeiten wollt. Geld für Materialien können wir aus unseren Spendenbeiträgen stellen.« Julia wies auf die Außenanlage. »Das haben wir in Eigenregie nach und nach gestaltet. Wenn ihr da mal eine Idee habt, lasst es uns wissen. Wir diskutieren das aus, und was machbar und sinnvoll ist, wird umgesetzt.«

»Wir sind Rentner«, sagten Elisa und Marten wie aus einem Munde.

Elisa ergänzte: »Und wir haben viel zu viel Zeit. Geld müssen wir nicht verdienen, aber die Arbeit mit den Kindern und Jugendlichen wird uns viel Freude bereiten.«

»Das hält uns dann jung«, sagte Marten mit breitem Grinsen.

Sie hatten das Hauptgebäude erreicht, und Elisa durfte die Küche begutachten. Sie war wirklich sehr klein. Ein älterer weißer Backofen und eine Nirostaspüle, daneben ein riesiger Metallkühlschrank.

»Der muss so groß sein, es soll eine Menge reingehen. Für Ausflugsproviant und so«, erklärte Julia. »Und hier findest du Geschirr.«

Der Küchenschrank war wirklich klasse. Ein altes Büfett mit großem Unterschrank und einem hübschen gläsernen Aufbau.

»Das ist alles. Gegessen wird im Nebenraum. Unsere Gruppen sind glücklicherweise klein, sodass wir keine Säle für unsere Aktivitäten benötigen.« Sie winkte Elisa und Marten. »Wollen wir in mein Büro gehen? Ich schreibe dann kurz auf, wie ihr euch einbringen möchtet«, sagte sie. »Dann kann ich das an das Team weitergeben, und beim nächsten Mal seid ihr ja auch dabei. Wir treffen uns immer am ersten Mittwoch im Monat, um das nachfolgende Programm durchzugehen und auch die Zukunft mit den aufwendigeren Projekten zu gestalten. Beginnen könnt ihr selbstverständlich eher.«

Julia notierte sich Elisas und Martens Vorschläge.

»Ich freue mich darauf«, erklärte sie. »Das würde uns sehr helfen, denn solche Angebote haben wir nicht im Programm. Viele der Kinder mögen es bestimmt, zu backen, zu häkeln oder zu stricken.« Sie zwinkerte Marten zu. »Es ist eine tolle Idee, dein Upcycling-Projekt. Nachhaltigkeit sollte viel größer geschrieben werden. Und auf Elisas Kuchen freue ich mich.«

»Eine Kostprobe habt ihr ja schon in meinem Garten genossen«, sagte Elisa. »Ich habe aber heute früh gleich noch einen Kuchen für dich, die Kinder und das Team gebacken. Er ist noch auf meinem Gepäckträger in der Schachtel.«

Julias Augen glänzten vor Freude.

»Das ist ja wunderbar! Aber hast du denn gar kein Auto?«

»Doch, aber es rostet in der Garage vor sich hin. Was ich mit dem Rad erledigen kann, mache ich eben damit«, gab Elisa Auskunft. »Ich habe irgendwann festgestellt, dass ich Otterndorf nicht mehr großräumig verlassen möchte, nachdem ich halb Europa gesehen habe. Und wenn ich es doch mal möchte, könnte ich schließlich die Bahn nehmen. Vor Ort reicht mein Hollandrad, für größere Fahrten trete ich mit dem Lastenfahrrad durch die Gegend. Bin sozusagen eine späte Öko-Omi. Das Auto dient nur dem größten Notfall. Ich habe schon darüber nachgedacht, es abzumelden.«

»Ich besitze noch mein Motorboot.« Marten lief dunkelrot an. »Und ich habe keinen Autoführerschein.«

»War ja nur eine Frage, ihr sollt euch nicht rechtfertigen.«

Elisa huschte hinaus und kam mit einem Apfelstreuselkuchen zurück. »Die Äpfel sind aus dem Alten Land, also aus der Region«, erklärte sie. »Das wäre mir auch wichtig. Also, dass wir Zutaten verwenden, die nicht weit übers Meer oder über verstopfte

Autobahnen nach Otterndorf gebracht werden müssen. Das würde ich gern auf das Nötigste beschränken.«

Elisa bemerkte, dass Marten zum x-ten Male, seit sie hier saßen, das Handy checkte. Er machte sich doch große Sorgen um Ike. Jedes Mal, wenn sie das sah, durchfuhr auch sie wieder dieses Grummeln im Bauch. Sie würde gleich ebenfalls nachsehen, ob es was Neues gab.

»Du bist sehr fortschrittlich, Elisa.« Julia wirkte sichtlich zufrieden.

»Es ist ja nun nicht so, als würden wir Alten nichts auf den Fortbestand der Erde geben«, sagte Elisa. »Wir sind es doch von klein auf gewohnt, Dinge zu flicken, wiederzuverwenden oder auf alles achtzugeben. Ich bin noch nie in meinem Leben geflogen. Noch nie.«

»Ich auch nicht«, sagte Marten. »Außer auf meinen Allerwertesten, als ich ein bisschen zu viel Genever getrunken habe.«

Elisa wäre bei der Anmerkung vor Scham am liebsten im Erdboden versunken, vor allem, weil Julia kritisch die Stirn runzelte.

»Du trinkst aber nicht regelmäßig, oder?«, kam es da auch sofort.

»Doch«, gab Marten unumwunden zu. »Wasser, Tee. Ab und zu Kaffee.«

»Er ist ein Spaßvogel«, versuchte Elisa, die Situation zu retten.

»Verstehe.« Julia wirkte einen Moment lang nicht mehr ganz so freundlich, fing sich dann aber wieder. »Ich muss das fragen, wir arbeiten mit Kindern und Jugendlichen. Ich brauche ohnehin noch ein polizeiliches Führungszeugnis, ein Gesundheitszeugnis und so weiter. Ich habe das genau aufgelistet. Wenn diese Formalitäten geklärt sind, können wir eure Kurse fest einplanen.«

Elisa stand auf. »Dann lasst euch den Apfelkuchen gut schmecken. Wir melden uns, sobald wir alles beisammenhaben. Wann bekommen wir die Liste?«

»Wartet kurz, ihr könnt sie gleich mitnehmen.« Julia rief eine Datei im PC auf und druckte sie aus. »Bitte, ich freue mich auf euch!«

Sie verließen das Haupthaus.

»Noch einen Spaziergang um den Südsee?«, fragte Marten. Er wirkte geknickt wie ein kleiner Junge, der genau wusste, dass er Bockmist gebaut hatte.

»Nein, ich möchte nach Hause. Bei Immo anrufen, ob es Neuigkeiten wegen Tobias gibt.«

»Meine Schwiegertochter hat noch nichts von sich hören lassen«, sagte Marten.

»Denn man tau. Liebe Grüße an Maunz von Maunzerich«, sagte Elisa.

»Richte ich aus.«

Kapitel 13

Elisa trat ordentlich in die Pedale. Sie wollte ein bisschen allein sein, denn die Sorge um Tobias quälte sie doch ziemlich stark. Nur – was sollte sie denn tun?

Im Augenblick wollte sie keinen anderen Menschen an ihrer Seite haben, auch nicht, um die Sorgen zu teilen. Morgen plante sie allerdings, zu Marten zu fahren, um nach Maunzi zu sehen. Immerhin hatte sie den Kater gefunden und fühlte sich verantwortlich für das kleine Wesen, auch wenn sie davon überzeugt war, dass es bei Marten ein wunderbares Zuhause gefunden hatte. Bislang waren alle Versuche erfolglos geblieben, den eigentlichen Besitzer ausfindig zu machen. Vermutlich gab es gar keinen.

Elisa hatte den Weg am Nordertaler Deichweg entlang gewählt, denn hier fuhren keine Autos. Ihr begegneten auch nur ein paar Wanderer und Spaziergänger sowie andere Radler.

Otterndorf war anschließend schnell durchquert. Am Kirchplatz aber wurde sie von Tant Pfannenschmidt, dem wandelnden Otterndorfer Tratschblatt, angehalten. Sie trug wie immer ein geblümtes Kopftuch und hatte einen Nylonbeutel über den Arm gehängt. Ihrem Blick und ihrer Haltung nach hatte sie gravierende Neuigkeiten zu verkünden.

»Moin, Frau Krull. Was ist denn schon wieder bei Ihnen los?«

»Was soll denn sein?« Besser, Elisa tat neugierig, dann war sie die Frau wieder fix los.

»Ach, das wissen Sie noch gar nicht!« Tant Pfannenschmidt wiegte den Kopf so heftig, dass sich eine vorwitzige graue Haarsträhne unter dem Kopftuch hervorwagte. Mit einer blitzschnellen Bewegung schob sie die wieder zurück.

»Nun sagen Sie doch schon, was Sie loswerden wollen«, fuhr Elisa sie an, denn sie hatte es ziemlich eilig, von dieser Dame wegzukommen.

Tant Pfannenschmidt war nicht gerade ihre beste Freundin, steckte sie doch ihre Nase ständig in Dinge, die sie eigentlich gar nicht tangieren dürften. Aber diese Tratschtanten gab es in jedem Ort. Otterndorf hatte eben Tant Pfannenschmidt.

»Blaulicht!«, antwortete sie mit verschwörerischer Stimme. »Überall Blaulicht in der Eschstraße.«

Nun schlug Elisas Herz doch schneller.

»Brennt es? Wo?«

»Kein Feuer. Wahrscheinlich Mord.« Sie nickte vielsagend.

Das klang gar nicht gut, und Elisa wurde noch unruhiger.

»Ich muss dann, danke für die Auskunft!«

»Da nich für, meine Liebe. Da nich für!«

Elisa erklomm den Sattel und brauste los. Als sie auf ihr Häuschen zufuhr, erkannte sie, dass Tant Pfannenschmidt keineswegs gelogen, sondern tatsächlich die Wahrheit gesagt hatte. Zumindest, was die Polizeipräsenz anging. Nur waren es nicht viele Blaulichter. Vor ihrem Zuhause stand ein einziger Streifenwagen, der sein Martinshorn aber gar nicht anhatte.

Als Elisa das Rad an der Hauswand abstellte, öffnete sich sofort die Autotür, und ein junger Polizist stieg aus.

»Moin, sind Sie Frau Krull? Diekmann mein Name.«

»Jo, warum? Werde ich beschuldigt, silberne Löffel geklaut zu haben?«, versuchte sie zu scherzen und verdrängte das ungute Gefühl, sie könnten wegen ihres Enkels gekommen sein. Nur würden sich die Polizisten sicherlich nicht bis nach Otterndorf bemühen. Er war schließlich in Köln fortgelaufen.

»Wir müssen Ihnen ein paar Fragen stellen.«

Doch zu Tobias? Aber nein, schoss es Elisa durch den Kopf, da würde die Polizei die Eltern kontaktieren, nicht die Oma, die ihren Enkel seit einer halben Ewigkeit nicht mehr gesehen hatte. Dann kam ihr ein weiterer Gedanke. Es ging um Maunz von Maunzerich!

Elisa hob abwehrend die Hände. »Den kleinen Kater habe ich zu Marten Boekhoff gebracht. Er wohnt achtern Diek an der Schleuse. Prof.-Carl-Langhein-Weg. Dort kann der Besitzer ihn gern abholen, es hat alles seine Richtigkeit, wir haben ihn überall gemeldet.«

Diekmann winkte ab und warf einen genervten Blick zu seiner Kollegin, die noch am Steuer saß und gelangweilt am Handy spielte.

»Es geht um keinen Kater!«

»Na, dann bin ich ja erleichtert. Der ist mir gestern nämlich zugelaufen, und ich habe ja so gar keine Ahnung von Katzen.«

»Haben Sie das Tier ins Tierheim oder zum Tierarzt gebracht?«, fragte der junge Beamte.

»Nein, hören Sie doch bitte anständig zu! Er ist bei Marten, hab ich doch schon erzählt.«

»Manchmal sind die Katzen gechippt, und dort hätte man herausfinden können, ob sie vermisst wird«, erklärte Diekmann.

»Das hat Herr Boekhoff selbstredend veranlasst«, sagte Elisa.

»Gut, dann ist das geklärt. Darf ich Ihnen nun endlich sagen, weshalb wir hier sind?«

Nun blieb ja nicht mehr viel.

»Wegen Tobias?«, fragte Elisa etwas kleinlaut.

»Genau. Dürfen wir reinkommen? Er ist seit gestern abgängig, und wir vermuten ihn bei Ihnen.«

»In Otterndorf bei seiner altersschwachen Großmutter? Da liegen Sie leider falsch. Er ist nicht hier. Wie Sie sehen, war ich bis eben nicht einmal zu Hause.«

»Ihre Schwiegertochter glaubt, er könnte zu Ihnen geflüchtet sein, und da Sie ein ... sagen wir mal prekäres Verhältnis haben, geht sie davon aus, dass Sie sie deswegen nicht benachrichtigen würden.«

»So ein Blödsinn. Erstens ist Gesa zum Glück noch nicht meine Schwiegertochter, und natürlich hätte ich meinem Sohn sofort eine Nachricht zukommen lassen, ihn angerufen, hätte mich nach Köln gebeamt ...«

»Sollte sich Ihr Enkel aber tatsächlich bei Ihnen befinden, und Sie streiten das derart vehement ab, ist das strafbar. Er ist noch minderjährig, das wissen Sie. Tobias kann nicht einfach so über seinen Aufenthaltsort bestimmen.«

Langsam kam Elisa die Galle hoch. De Jung da hatte wohl das Strafgesetzbuch nicht nur auswendig gelernt, sondern vermutlich sogar verspeist, damit er die Paragrafen nicht vergaß.

»Ich habe niemanden versteckt! Dann schauen Sie doch bitte in Gottes Namen nach!«

Elisa öffnete die Tür und machte eine einladende Handbewegung.

Diekmann drängte sich an ihr vorbei.

»Bitte, nach Ihnen«, murmelte Elisa und folgte dem jungen Mann, dem vor Aufregung die Mütze so verrutscht war, dass ein Ohr heraushing, das andere aber als Sicherungshaken diente.

Als sie in die Küche traten, wurde Elisa ganz flau. Wer to'n Düwel hatte sich hier Rühreier gemacht und Schinken gebraten? Und wer hatte den ganzen Kram dann nicht einmal aufgeräumt?

Sie warf einen Blick zur Terrasse. Und dort saßen tatsächlich Tobias und ein junges Mädchen. War das Ike?

Verdammt, sie musste beide warnen, bevor der übereifrige Polizist sie entdeckte. Denn erst wollte sie klären, was genau vorgefallen war. Danach würde sie sofort Immo Bescheid geben. Aber die Kinder gleich den Bullen ausliefern? Damit hatte sie schon früher bei ihren Demos für den Frieden keine so guten Erfahrungen gemacht und in Brokdorf erst recht nicht. Lange war es her. Nein, nur über ihre Leiche.

»Ich inspiziere zunächst die oberen Räume und sichere sie«, verkündete Diekmann. Er hatte zum Glück noch keinen Blick auf die Terrasse geworfen. Dass Tobias dort sitzen könnte, hielt er vermutlich für unwahrscheinlich.

Elisa wartete, bis der Beamte die Treppe erklommen hatte, und trat dann sofort aus der Tür ins Freie.

Tobias sprang auf und lief ihr entgegen. Er wollte ihr eben freudig um den Hals fallen, als sie den Finger an den Mund legte und zum Ruderboot zeigte. Mit den Lippen formte sie ein lautloses »Polizei!« und deutete zum Haus. Dann schob sie ein fragendes »Ike« hinterher, denn die Grübchen und das fein geschnittene Gesicht ließen keinen anderen Schluss zu. Das Mädchen glich Marten sehr.

Tobias nickte. Elisa zeigte flussabwärts. Dort ging es zur Schleuse. Wenn Ike an der Seite ihres Enkels war, dann musste sie schließlich wissen, wo ihr Opa lebte. Und bis die beiden dort angekommen waren, würde sie schon eine Lösung gefunden haben.

»Zu Ikes Opa?«, flüsterte Tobias, während er das Boot vom Steg löste.

Elisa nickte. »Ich komme später nach. Dann reden wir!«

Sie eilte zurück in ihre Stube.

Das war keine Sekunde zu früh, denn Diekmann kehrte eben zurück, und auch seine wesentlich ältere Kollegin hatte sich endlich bequemt, ihm zur Seite zu stehen.

»Na, Diekmann, den Ausreißer gefunden?«, fragte die.

Der junge Mann wirkte plötzlich überfordert. »Leider nicht.«

Die Beamtin stellte sich breitbeinig und mit vor der Brust verschränkten Armen vor Elisa. »Wohin ist er?«

»Wer?«

»Ihr Enkel. Ich sehe Ihnen doch an der Nasenspitze an, dass Sie uns etwas vormachen. Er war hier, und Sie haben ihm geholfen, vor der Polizeigewalt zu fliehen.«

Elisa überlegte kurz, entschloss sich dann aber, die Unschuldige zu geben.

»Wie Ihnen aufgefallen sein dürfte, war ich am Nachmittag nicht zu Hause. Ich habe mich mit Julia Schmidt vom Märchenland getroffen, weil ich dort mit den Kindern arbeiten möchte. Sie können gern nachfragen, ob das der Wahrheit entspricht.« Dann entschied Elisa, sich richtig dumm zu stellen. »Ich benötige auch noch ein polizeiliches Führungszeugnis. Das können Sie mir doch eben kurz fertig machen, wenn Sie schon da sind.«

Am Gesicht der Beamtin erkannte Elisa, dass sie ein bisschen zu weit gegangen war, aber so hatte sie Zeit für Ike und Tobi gewonnen. Je länger sie die beiden Polizisten aufhalten konnte, umso besser.

»Das Führungszeugnis müssen Sie im Bürgerbüro beantragen oder online«, klärte die Beamtin sie auf. »So, und nun zurück zu Ihrem Enkel. Wo ist er?«

»Ich weiß es doch nicht«, log Elisa. »Aber vorhin habe ich ein Boot gesehen.«

»Wo?«

Elisa wies mit dem Kopf nach links. »Stromaufwärts.«

Die Richtung der Flüsse verwechselten die meisten, und so konnte sie hinterher behaupten, sie hätte sich in ihrer Aufregung versehen und flussabwärts gemeint. Nach ihrer blöden Frage wegen des Zeugnisses würden die Polizisten ihr das glauben, denn sie hatte sich als richtiges Dummchen präsentiert. Auch wenn es ihr gegen den Strich ging, aber es diente der Sache.

»Ich hoffe, Sie sagen die Wahrheit. Das kann Sie sonst teuer zu stehen kommen!« Die Polizistin wandte sich an den jungen Kollegen. »Diekmann, folgen Sie mir. Wir müssen die Medem rauffahren.«

Elisa war zufrieden. So hatten Tobias und Ike einen kleinen Vorsprung.

Sie wartete, bis sich das Polizeiauto entfernt hatte und sie sicher war, dass keine Gefahr mehr bestand. Dann griff sie nach dem Hörer und rief Immo an.

»Dein Sohn war eben hier. Mit Ike, das ist wohl seine Freundin. Sie sind geflohen, weil ihr mir die Bullen auf den Hals gehetzt habt. Dass ich darauf allergisch reagiere, weißt du doch. Altes Brokdorf-Trauma.«

Immo schien aber gar nicht zu wissen, wovon sie sprach.

»Wieso haben wir dir die Polizei geschickt? Ich habe nichts unternommen.«

»Dann interviewe mal deine Gesa«, gab Elisa zurück. »Aber nun haltet mal bitte die Füße still und pfeift die uniformierte Garde zurück. Ich weiß nämlich, wo sie sich verstecken, und will ein paar Dinge klären.«

Elisa legte auf und versuchte, Marten zu informieren, doch er war nicht zu erreichen. Danach stieg sie auf ihr Hollandrad und fuhr Richtung Schleuse.

Die Familienzusammenführung hatte sie sich irgendwie romantischer vorgestellt. Ohne großen Polizeieinsatz und solche Dinge.

Gesa war zufrieden, denn nun wurde endlich etwas unternommen, um Tobias wiederzufinden. Die Herren bei der Polizei waren ihr viel zu besonnen, und so hatte sie ihnen Feuer unterm Hintern gemacht, damit sie mal in die Schwünge kamen.

Sie wollten jetzt bei Oma Elisa in Otterndorf nachschauen, ob sich Tobias dorthin verzogen hatte. Immos Mutter war oft genug schräg drauf und würde sicher nicht zögern, Tobias vor ihr, der verhassten Schwiegertochter in spe, zu verstecken.

Nun wartete Gesa auf eine Nachricht der Polizei. Sie war sicher, dass die alsbald meldeten, dass sich ihr lieber Tobi bei der

Großmutter verkrochen hatte. Und dann konnte Elisa Krull gar nicht so schnell gucken, wie sie weggesperrt werden würde. Dass Immos Mutter in einem solchen Schmuckstück von Haus leben durfte, war Gesa schon länger ein Dorn im Auge. Sie selbst mussten sich mit einem Reihenendhaus zufriedengeben. Wenn Elisa da rausmusste, konnte diese Immo das Häuschen in Otterndorf überschreiben, und somit hatte auch sie etwas davon. Er war ohnehin Alleinerbe. Für die neue, winzige Wohnung müsste ihre Rente reichen, das hatte Gesa schon berechnet. Da Immos Vater gut verdient hatte, war Elisa keine arme Frau.

Gesa wusste selbst, dass es ein bisschen unfair war, so zu spekulieren, aber es gab eben Momente im Leben, in denen man zuerst an sich selbst denken musste. Elisas Zeit im Haus war ohnehin aus Altersgründen begrenzt, da war es nicht verwerflich, es ein wenig zu beschleunigen.

Sie schrak zusammen, weil sich die Haustür öffnete, denn sie erwartete keinen. Immo hatte trotz allem zur Arbeit gemusst.

»Hallo, Liebes!« Er hauchte Gesa einen Kuss auf die Wange. Mehr durfte er tagsüber nicht, damit das Make-up nicht verwischt wurde.

»Du doch hier?«, fragte sie.

»Ja, ich arbeite wieder im Homeoffice. Das soll zukünftig auch Standard werden. Ich plane, mir oben unterm Dach ein Büro einzurichten.«

Gesa rümpfte die Nase. »Wie, dann bist du immer zu Hause?«

»Meistens«, antwortete Immo. Er klang ernst. »Aber deshalb bin ich ehrlich gesagt gar nicht hier.«

Gesa räumte ihre Zeitschriften beiseite. »Warum dann?«

Immo setzte sich und ergriff ihre beiden Hände.

»Ich habe eben einen Anruf von meiner Mutter erhalten.«

Gesa hielt die Luft an. Sollten ihre Bemühungen so schnell von Erfolg gekrönt sein?

Immo schaute Gesa abwartend an, aber sie holte lieber wieder Luft und schwieg. Es war besser, wenn ihr Freund nicht wusste, wer der Polizei einen Wink gegeben hatte.

»Der Anruf meiner Mutter geschah nicht ohne Grund.«

Er sagte das so komisch, und Gesa ahnte, dass er die Wahrheit kannte. Da half nur die Flucht nach vorn, und das mit nett ausgeschmückten Worten.

»Na ja, ich dachte, Tobi könnte vielleicht nach Otterndorf gegangen sein. Da kannte er wenigstens wen. Deshalb habe ich den Beamten einen dezenten Wink gegeben.«

»Was für einen Wink?«, hakte Immo sofort nach. »Was genau hast du ihnen gesagt?«

Gesa räusperte sich und senkte den Blick.

»Dass ich befürchte, deine Mutter könnte ihre Finger im Spiel haben. Mir ist in den Sinn gekommen, sie könnte Tobi uneingeschränkt Asyl gewähren und uns nicht informieren. Dem wollte ich zuvorkommen.«

Jetzt schnappte Immo heftig nach Luft. »Genau das hat mir meine Mutter erzählt. Als ob sie uns im Ungewissen lassen würde! Sie ist doch nicht senil und kann sich ausmalen, welche Sorgen wir uns machen, wenn mein Sohn verschwindet!«

»Wenn du meinst«, antwortete Gesa gedehnt. Sie entzog Immo ihre Hände. »Nun haben wir immerhin alles getan, was wir machen konnten, und müssen lediglich auf eine Nachricht warten. Mich macht das alles schier wahnsinnig.«

»Mich auch.« Immos Ton nahm an Schärfe zu. »Hast du den Post gelöscht?«

Sie schüttelte den Kopf. »Nein, aber ich habe den Kreis der Kunden eingeschränkt.«

Immo atmete schwer ein und aus. »Ich möchte, dass das Ding aus dem Internet verschwindet, aber ganz hurtig! Und wenn du das nächste Mal meine Mutter in eine so prekäre Lage bringst, würde ich das gern vorher wissen.«

»Es diente dem Zweck«, widersprach Gesa.

»Nein, das tat es nicht«, beharrte Immo. »Ich hätte Mutter schließlich anrufen können und das klären. Es wäre ganz einfach zu regeln gewesen, ohne die Polizei einzuschalten. Du kriminalisierst sie ja!«

»Ph!«, gab Gesa zurück. »Ich habe genau diese Reaktion erwartet und dich auch deshalb lieber nicht eingeweiht. Wahrscheinlich hättest du deine Mutter nicht informiert, damit sie sich nicht aufregt und womöglich einen Herzklabaster bekommt.«

Gesa spürte, dass sie zu weit gegangen war. Und wenn das passierte, verlor sie leicht die Kontrolle. Doch jetzt schnitt Immo ihr mit seinem Ausbruch das Wort ab.

»Ich fasse es nicht! Da türmt mein Sohn, ich komme um vor Sorge, und anstatt dass wir als Paar Hand in Hand arbeiten und uns gegenseitig zur Seite stehen, gehst du hinter meinem Rücken gegen meine Mutter vor!«

Gesa blaffte sofort zurück. »Hintergehen nennst du das. O nein, mein Lieber! Ich verschließe nur meine Augen nicht vor eindeutigen Realitäten!«

»Ich kenne dich schon seit längerer Zeit oft nicht wieder«, sagte Immo gefährlich ruhig. »Dennoch versuche ich ständig, mich auf deine Forderungen, ja, es sind keine Bedürfnisse oder Bitten, einzustellen. Das findest du normal, bewegst dich aber im Gegenzug keinen Zentimeter, wenn es um meine oder Tobis Befindlichkeiten geht. Dann hättest du den Auslöser für dieses vermaledeite Drama längst gelöscht.« Immo legte den Kopf in die aufgestützten Hände und fuhr sich mit den Fingern durchs

Haar. »Was du jetzt jedoch abziehst, das zeigt mir glasklar, wie fremd wir uns geworden sind.«

Gesa spitzte die Lippen, als sie Immo so vor sich sah. Er wirkte anders als sonst, und was er sagte, behagte ihr gar nicht. Sonst hatte er stets Verständnis für ihre Lage gezeigt und niemals solche Sachen gesagt. Dass er sie nicht mehr kannte oder sie ihm fremd war. Es waren aber nicht nur die Worte, die sie unruhig machten, sondern auch wie er es gesagt hatte. Mit dieser Distanz in der Stimme, dieser Abgebrühtheit, als hätte er sich zuvor alles genau zurechtgelegt.

Sie beschloss, ihre Furcht zu ignorieren.

»Ja, war blöd, aber ich musste einfach was tun, verstehst du?« Jetzt ein leichtes Flehen in die Stimme, und sicher würde Immo dann wieder volles Verständnis für ihre schwierige Situation haben.

Doch das passierte nicht. Ihr Lebensgefährte stand auf, drehte sich demonstrativ um und zog das Handy aus der Hosentasche. »Ich rufe Mutter noch einmal an und entschuldige mich in unser beider Namen. Und wir, wir sprechen uns noch!« Dann wandte er sich ihr erneut zu. »Tobi war wirklich ohne ihr Wissen da und ist in ihr Haus eingedrungen. Du weißt, sie schließt nie ab. Aber jetzt ist er weg, weil die Polizei vor der Tür stand. Und er ist nicht allein, hat wohl eine Freundin dabei.«

Gesa wollte einen triumphierenden Kommentar abgeben, biss sich dann aber doch lieber auf die Zunge, damit die Lage nicht weiter eskalierte.

Immo hämmerte auf der Tastatur herum, schien Elisa aber nicht zu erreichen. Frustriert steckte er sein Telefon zurück. »Ich muss an die frische Luft. Aber ich warne dich: Mach nie wieder so eigenmächtige Dinge! Vor allem nicht gegen meine Mutter! Nie mehr, hörst du? Wenn was ist, ich bin übers Handy erreichbar und hole nur meine Sachen aus dem Büro.«

Er verließ das Haus und knallte die Tür hinter sich zu.

Kapitel 14

Während Marten Maunz von Maunzerich fütterte, lauschte er dem fröhlichen Gesang einer Amsel. Sie sang in auf- und abschwellenden Tönen, zwitscherte und trällerte ihre Tonfolgen durch.

Was liebte er den beginnenden Abend, wenn sich die Hektik des Alltags langsam zurückzog und sich endlich schlafen legte. Untermauert von jenem wunderschönen Chor der unterschiedlichen Vogelstimmen.

Maunz von Maunzerich hatte aufgefressen und leckte sich genüsslich das Mäulchen. Marten hatte den Kater schon jetzt in sein Herz geschlossen und war insgeheim überglücklich, dass die Bemühungen bei der Suche nach seinem Besitzer nicht von Erfolg gekrönt gewesen waren. Aber noch konnte er sich nicht in Sicherheit wähnen, dass der Kater bei ihm bleiben durfte. Maunz war es bereits in der kurzen Zeit gelungen, ihn um den kleinen Finger zu wickeln.

»So, nun trink noch etwas Wasser, dann ab mit dir in die gute Stube«, sagte er zu Maunz von Maunzerich. Inzwischen fand er den Namen selbst blöd, weil er viel zu lang war, aber er wollte das vor Elisa nicht zugeben und musste deshalb in den sauren Apfel beißen. Sie steckte ihn schon sonst überall in die Tasche. Allein wie schnell sie sich durch das für ihn vollkommen undurchsichtige Internet klickte. Das würde für ihn immer ein Buch mit unknackbaren Siegeln bleiben. Und dann der Umstand, wie wortgewandt sie war!

Nein, er musste irgendwo die Oberhand behalten, und wenn es nur der Katername war. Deshalb hieß Maunz von Maunzerich eben nicht Maunzi, wie sie es gern hätte.

Marten trug den kleinen Kater in die Stube und bettete ihn auf den Sessel, wo er sofort selig einschlief. Er selbst wollte noch eine kleine Runde ums und durchs Haus drehen. Das tat er am Abend gern, weil es ihn beruhigte, überall noch einmal nach dem Rechten zu sehen.

Er begann mit dem Flur. Dort lächelte ihn von einem Porträt Trautes Konterfei an. Irgendwie erschien es ihm jetzt falsch, und er nahm das Bild kurzerhand ab. Das fühlte sich wie ein Befreiungsschlag an. Traute würde in seiner Zukunft weder eine Rolle spielen noch Macht über ihn haben. Es gab jetzt andere Dinge, die ihm Freude bereiteten und die besser zu ihm passten als diese ewige Warterei.

Er nickte seinem Spiegelbild selbstbestätigend zu, trat vor die Tür und entsorgte Trautes Foto in der Aschtonne.

Kaum stand er jedoch auf dem Hof, überlegte er, was er als Nächstes aufräumen sollte, denn auch hier war es wichtig, alles zu entfernen, was ihn an seine Ex-Frau erinnerte.

Plötzlich schrak er zusammen, denn durchs Tor hetzten zwei junge Leute und schauten sich immer wieder um. Erst auf den zweiten Blick erkannte er seine Enkelin Ike, selbst wenn er sie lange nicht gesehen hatte. Sie war nicht mehr das kleine blondgelockte Mädchen, sondern inzwischen zu einer hübschen jungen Frau herangereift. Eine Haarsträhne hatte sie lila eingefärbt.

»Harrijasses nej, Ike-Kind. Was machst du hier?«, fragte er sie, doch sie war wohl so schnell gerannt, dass sie keine Silbe über die Lippen bekam. Deshalb wandte er sich an den jungen Mann, der ihn sofort an Elisa erinnerte, hatte er doch denselben Schalk im Blick. »Kannst du es erklären?«

»Wir müssen schnell rein«, japste der. »Es kann sein, dass wir verfolgt werden. Ich erkläre es später. Können wir uns irgendwo verstecken? Ich bin übrigens Tobias, Elisas Enkel.«

»Marten. Tach auch.« Er deutete mit dem Kopf zum Wohnhaus. »Erst mal in die Stube, dann können wir schnacken, was genau passiert ist.«

Schlurfenden Schrittes folgte er den beiden, und ihm fiel regelrecht ein Fels vom Herzen, als er Elisa auf den Hof radeln sah. Sie lehnte das Rad gegen die Scheunenwand.

Marten war froh, wenigstens abgewaschen und drinnen etwas aufgeräumt zu haben, sodass kein völliges Chaos herrschte. Er ertappte sich sogar dabei, sich wirklich zu schämen, aber dafür blieb ihm nun keine Zeit mehr, denn Elisa stapfte mit ausgreifendem Schritt auf ihn zu.

»Sind sie da?«, entfuhr es ihr.

Er nickte stumm und zeigte ins Hausinnere.

Elisa stürmte hinein, als wäre sie schon hundertmal bei ihm gewesen. Sie schaute mal rechts in die Räume, mal links und arbeitete sich auf diese Weise weiter, bis sie die Stube erreicht hatte.

Dort kniete Ike neben Maunz von Maunzerich und kraulte den Kater am Kopf. Sie schaute nicht auf, als Elisa und Marten eintraten.

»Was ist die Katze süß!«, schwärmte sie.

»Es ist ein Kater«, wurde sie von Elisa berichtigt.

»Oma!«, rief Tobias, stürzte sofort zu Elisa und nahm sie in den Arm. »Danke, dass du uns gerettet hast.«

»Immer langsam mit de jung Peerd«, beschwichtigte Elisa. »Das heißt ja nun nicht, dass ihr aus dem Schneider seid. Ich wollte nur erst hören, was überhaupt los ist. Habe eine ganze Weile gewartet, ehe ich los bin. Ich wusste ja, dass ihr mit dem Boot nicht so fix seid. Zum Glück ist die Bullizei nicht auf die Idee gekommen, euch flussabwärts zu suchen. Na ja, wahrscheinlich hat sie ohnehin nur nach Tobias Ausschau gehalten. Dass es zwischen euch eine Verbindung gibt, weiß schließlich keiner.«

Ike hatte derweil ihren Großvater begrüßt und hielt nun Elisa die Hand hin. »Moin, ich bin Ike.«

»Moin, sag einfach Elisa. Da habt ihr ja ordentlich für Aufruhr gesorgt.«

Tobias grinste. »Hauptsache, wir sind erst einmal in Sicherheit. Vor allem vor Gesa.«

»Ich habe gesehen, was sie im Netz gemacht hat«, sagte Elisa. »Du musst es nicht weiter erklären. Aber ich vermute mal, das war nur der Auslöser, oder?«

Tobias nickte und erzählte, wie angespannt die Situation zu Hause inzwischen war.

Elisa hatte so etwas befürchtet. »Gut, dann wäre das geklärt. Dein Vater weiß aber jetzt, wo du bist und dass es dir gut geht«, sagte sie.

»Alles in Ordnung, Oma«, beruhigte Tobias sie. »War echt eine dumme Idee, einfach so abzuhauen. Aber mit Gesa kann ich nicht reden, sie nervt einfach nur.«

»Gut, denn mach ich mal Tee«, sagte Marten. »Dabei klönt es sich besser. Im Haus ist es angenehm kühl, und es kommen keine Wespen. Da bleiben wir besser drin.« So war er aus dem Schneider, denn wo zum Henker hätte er draußen vier Personen platzieren sollen? Er besaß doch nur die wackelige Bank unter der Kastanie auf dem Hof.

Marten huschte in die Küche und feuerte den alten weißen Ofen noch einmal kräftig an, bevor er Wasser in den Kessel gab.

Ob es Elisa eigenartig fand, dass er noch auf diese Weise kochte? Wobei Kochen ein wenig übertrieben war, denn seine Aktivitäten beschränkten sich auf das Erhitzen von Wasser für Tee und Kaffee.

Manchmal briet er ein Spiegelei und röstete sich eine Scheibe Brot in der gusseisernen Pfanne. Ansonsten fuhr er mit dem Motorboot mittags nach Otterndorf und holte sich eine warme Mahlzeit beim Schlachter. Hatte er Verlangen nach Currywurst, dann zögerte er genauso wenig, wie wenn ihn der Döner-Hafer stach.

Marten liebte es zu essen. Warum also sollte er sich zurückhalten, wenn es ihm doch gut schmeckte?

Eine Arztpraxis hatte er seit Jahren nicht mehr von innen gesehen. Zuletzt, als ihn ein Hühnerauge sehr gequält hatte. Als er dem Arzt scherzhaft verpult hatte, er befürchte, an einer chronischen Hühneraugenerblindung zu erkranken, hatte er sich einen Feind fürs Leben gemacht. Ärzte gingen nach Martens Ansicht folglich zum Lachen in den Keller und er nicht mehr dorthin.

Das Wasser im Kessel war heiß, und das eiserne Geschoss begann laut zu pfeifen. Während Marten seinen Gedanken gefolgt war, hatte er Teeblätter ins Sieb der Kanne getan und Becher aus dem alten Sideboard geholt.

Jetzt goss er das heiße Wasser auf und schaute auf die Uhr. Er ließ den Tee immer exakt drei Minuten ziehen, denn dann hatte das Getränk für seinen Geschmack das richtige Aroma.

Zu dumm, dass er keine Kekse im Haus hatte. So konnte er nur mit Tee aufwarten. Elisa hätte bestimmt längst einen Kuchen in den Ofen geschoben.

Aber er stand auch nicht mit ganz leeren Händen da. Wenn de Jung und de Deern Hunger hatten, könnte er ihnen ja eine Butterstulle mit Schinken schmieren. Das hatte er im Haus, und es war nahrhaft. Dazu etwas Kresse aus dem Garten oder ein Radieschen, sofern es nicht zu holzig war.

Marten wartete, bis der Tee gezogen war, stellte dann Becher und Kanne aufs Tablett und balancierte alles in die Stube.

Dort hatten sich die drei derweil an seinen großen Esstisch platziert. Er müsste dringend mal geschliffen werden, denn die

Maserung zeigte einige Macken, aber wie zu so vielem war Marten einfach nicht dazu gekommen.

»Hier sieht es noch genauso aus wie früher«, sagte Ike und krauste die Stirn. »Nur unordentlicher. Räumst du nie auf?«

Zack, das hatte gesessen.

Marten musste Ike die Antwort schuldig bleiben, wenn er nicht lügen wollte. Denn dass er in den letzten Jahren einfach unmotiviert gewesen war, zählte wohl nicht. Bei der Antwort wäre er sich selbst schäbig vorgekommen.

Elisa bemerkte wohl, dass ihm die Situation unangenehm war, und befreite ihn aus der Patsche, indem sie sagte: »Ist ja schön, wenn Dinge auch mal bleiben, wie sie sind. Nun trinken wir erst een moi Tass Tee, und dann wollen Marten und ich eure genaue Fluchtgeschichte hören.«

Ike und Tobias griffen gleich zu.

»Hast du auch was zu essen?«, fragte Tobias, nachdem er den dritten Becher durstig hinuntergespült hatte. »Wir haben uns zwar bei Oma ein Rührei gebraten, aber nach dem Rudern und dem wenigen Essen gestern fühle ich mich vollkommen ausgelaugt.«

»Dass ihr euch Ei gebraten habt, war unübersehbar«, fuhr Elisa sofort dazwischen.

»Ja, sorry, wir hätten schon noch aufgeräumt, wenn die Polizei nicht gekommen wäre.« Tobi zuckte bedauernd mit den Schultern.

»Ich habe Schinken im Kühlschrank. Und Brot«, bot Marten eilig an. »Mit Eiern kann ich ebenfalls dienen. Meine Hühner haben heute Morgen frisch gelegt.«

»Wir nehmen beides«, kam es wie aus einem Mund.

»Gut, dann kümmern Marten und ich uns gleich um euer leibliches Wohl«, schlug Elisa vor. »Und jetzt gibt es euren Lagebericht! Also: erst die Info, dann das Essen!«

»Deine Oma ist aber rabiat«, maulte Ike.

Doch Tobias winkte ab. »Ich kann sie verstehen«, sagte er. »Also los.«

Abwechselnd berichteten die beiden, was vorgefallen war und sie aus Köln fortgetrieben hatte. Einer ergänzte ständig das Erzählen des anderen, und am Ende ergab es ein ganzes Bild.

»Gut, ich verstehe immerhin eure Motivation«, fasste Elisa zusammen. »Nur ist Weglaufen keine wirkliche Lösung. Wir müssen auch Ikes Mutter auf jeden Fall informieren und dann sehen, was wir tun können.«

»Es sind bald Ferien, oder?«, fragte Marten.

»Was hat das denn damit zu tun?«, fragte Elisa.

»Wenn es zu Hause so stressig ist, hätte ich für meinen Teil kein Problem damit, wenn Ike eine Weile in Otterndorf bleibt. Wir könnten dann gemeinsam überlegen, wie ein Leben in München aussehen könnte.«

»Nur über meine Leiche gehe ich nach Bayern. Nicht weil ich was gegen dieses Land habe, aber ich kenne meine Mutter. Kaum ist sie da, wird ihr etwas Neues einfallen, und dann geht es weiter. Grönland, Antillen oder sogar auf den Mond. Vergesst es.« Ike war richtig laut geworden.

»Leider hat sie recht«, bestätigte Marten. »Meine Schwiegertochter ist nach der Trennung zu einem unsteten Wesen geworden, das irgendwie nicht so richtig weiß, wohin es gehört. Was heute richtig ist, wird morgen wieder falsch sein.«

»Und dein Sohn? Weiß er Bescheid?«, fragte Elisa.

Ike lachte auf. »Sofern Mama ihn erreicht hat ...«

Elisa seufzte und schaute Marten hilflos an.

Ike und Tobi hingegen tauschten innige Blicke, und immer wieder fanden sich ihre Fingerspitzen.

Da war wohl gerade die große Liebe ausgebrochen.

»Gut«, schlug Elisa schließlich vor, »dann machen wir Folgendes: Ich sage Immo Bescheid, dass Tobias vorerst hierbleibt, du hingegen meldest dich bei deiner Schwiegertochter und unterbreitest ihr denselben Vorschlag für Ike.«

»Ich muss Sybille wirklich informieren«, stimmte Marten zu. Er nahm einen Schluck Tee, der plötzlich sehr bitter schmeckte. Es widerstrebte ihm unglaublich, mit der Ex- Schwiegertochter zu sprechen. So lange hatten sie keinen Kontakt gehabt, und dann musste er ihr auch noch beichten, dass ihre Tochter ausgerechnet zu ihm, dem alten Zausel, geflohen war.

Ike legte die Hand auf seinen Unterarm. »Wenn ich tatsächlich die Ferien über hierbleiben darf, würde ich den Anruf übernehmen, okay? Ich weiß, dass es dich Überwindung kostet.«

Elisa nickte zustimmend, als auch Tobias vorschlug, er wolle selbst mit seinem Vater sprechen. Die beiden verließen die Stube und gingen für ihre Telefonate hinaus. Es gab aber am Haus nur unzureichenden Empfang, und so entfernten sie sich in Richtung Schöpfwerk und blieben eine Weile weg.

»Kein Netz, null WLAN«, kommentierte Marten.

»Das wirst du wohl ändern müssen, wenn Ike bleibt. Junge Leute sind wie amputiert ohne Internetzugang, und ich kann das verstehen.«

»Kabel liegen hier, aber ich habe kein Gerät«, antwortete er etwas hilflos.

Elisa rollte mit den Augen. »Dann bestellen wir einen Router. Keine Widerrede!«

Marten lachte auf. »Da haben wir uns so lange gelangweilt, und jetzt ist von jetzt auf gleich ordentlich Leben in der Bude.«

Elisa stimmte ihm zu. »Bis vor ein paar Tagen ist mir wirklich die Decke auf den Kopf gefallen. Jetzt sind wir bald Teil vom Märchenland, und unsere Enkel werden den Alltag aufmischen.« Sie schluckte. »Und ich muss endlich nicht mehr zu den ollen Beerdigungen gehen.« Dann schlug sie sich mit der Hand vor den Mund, denn diese Bemerkung war ihr wohl unbeabsichtigt herausgerutscht.

Marten sah sie mit befremdlichem Blick an, als er realisierte, was genau Elisa da eben gesagt hatte.

»Wohin gehst du? Habe ich das richtig verstanden?«

Elisa wand sich sichtlich bei seiner Frage.

»Ja, hast du. Ist kein Ruhmesblatt. Ich war oft einsam und bin dann ab und zu bei ein paar Beisetzungsfeierlichkeiten zugegen gewesen. Oder manchmal ein paar mehr. So kam ich mal raus, und es gab leckeren Kuchen.«

Marten musste sich das Lachen verkneifen. »Und das hat dir Spaß gemacht?«

»Ja, schon. War hin und wieder peinlich, aber bei meiner letzten …«

»Erzähl!«, forderte Marten sie auf.

»Nun, das war die Beerdigung von Hanne Beer. Die ist mit fünfundsechzig Jahren gestorben und war in ihrem Alter noch oft auf dem Ballermann, einen draufmachen. Und was passiert? Sie wird auf dem Weg nach Beufleth vom Trecker überfahren. Ich dachte, das wird spannend, weil sich auch verschiedene angebliche Könige von Mallorca angemeldet hatten, und das waren dann schon schräge Vögel, die da in der ersten Reihe neben Kurti, Hannes Ehemann, hockten. Sie hatten einen Kranz aus Bierdosen kreiert, der hat die ganze Zeit geklappert. Aber sie trugen keine Kronen, sondern so ein anderes Goldzeug auf den braun gebrannten Köpfen. Also echte Könige waren das wohl nicht.«

»Und was ist da passiert?«, fragte Marten, noch immer bemüht, den Lachkrampf zu unterdrücken. Er hatte ja schon viel erlebt und Elisa einiges zugetraut, aber dass sie es sich zum Hobby gemacht hatte, an Beerdigungen teilzunehmen, war arg schräg und stand seiner Macke, Traute nachzutrauern, nichts nach. Gut, dass sich ihr Leben so langsam in andere Bahnen schob.

Elisa hatte ihm noch nicht geantwortet.

»Schieß los, was war da?«

Elisa fuhr sich mit der Zunge über die trockenen Lippen. »Es war eine freie Bestattung, also nicht in der Kirche. Ging auch erst gut los mit dem Rückblick – da muss ich echt immer weinen, auch wenn ich die Leute gar nicht kenne – und den typischen Songs *Nimm denn meine Hände* und so.«

»Und dann?«, hakte Marten ungeduldig nach.

»Dann war eigentlich der nächste Beerdigungshit angesagt. Mich wundert, dass es da keine Charts gibt, weil sie doch immer dasselbe spielen«, warf sie ein, konzentrierte sich dann aber erneut auf Hannes Beisetzung. »Jedenfalls ist da gewaltig was schiefgegangen. Hanne hatte zuvor festgelegt, welche Lieder sie sich wünscht, und wohl eine CD gebrannt.« Jetzt musste auch Elisa kichern. »Auf dem Liederzettel stand, dass nun *Von guten Mächten wunderbar geborgen* folgen sollte, und was kam? *Scheiß drauf! (Mallorca ist nur einmal im Jahr.)*«

Marten grölte nun doch los: »Interessant, dein Hobby. Was haben sie gemacht?«

»Den CD-Player ausgemacht, und der Organist ist schnell eingesprungen. Aber das war natürlich lange Thema. Ich bin danach auch nicht mehr zu diesen Veranstaltungen hingegangen. Und weil ich einsam war, hatte ich halt überlegt, mein Haus zu veräußern.«

Jetzt grinste Marten gequält. »Mit Veräußern meinst du verkaufen? Also richtig weg mit dem Haus?«

»Richtig weg«, bestätigte Elisa. »Ich dachte, im Ortskern oder gar in Cuxhaven ist es doch auch ganz nett.« Sie räusperte sich und schaute sich auf dem Hof um. »Aber du brauchst auch definitiv Hilfe.«

»Wieso?«

»Du hast deiner Enkelin sicher zugehört. Es ist hier alles andere als schier. Auf mich macht es einen lieblosen Eindruck. So als wärst du überfordert – oder hast keine Lust.«

»Beides nicht«, flüsterte Marten. »Ich konnte mich nur von nichts trennen. Erinnerungen, verstehst du?«

»Deine geschiedene Frau?«

Marten nickte, weil es ihm schwerfiel, über seine Gefühle zu sprechen. Es war ihm unangenehm, ständig in derselben Ausgangsposition zu verharren, weil er jeden Morgen mit der Hoffnung begann, Traute könnte doch plötzlich wieder vor seiner Tür stehen. Klar wusste er, dass dies völliger Unsinn war, aber diese Hoffnung hatte ihn nie ganz verzweifeln lassen.

»Ich wollte, dass Traute alles noch genauso vorfindet, wie sie es verlassen hat«, murmelte er dann doch.

»Du hoffst nach so langer Zeit, sie würde zurückkommen?«, fragte Elisa entsetzt. »Das ist ja genauso, als ob ich daran glauben würde, dass mein verstorbener Mann so wie Jesus seinen Grabstein beiseiteschiebt und wieder in mein Häuschen zieht.«

»Mach es nicht lächerlich«, bat Marten. »Ich weiß selbst, wie albern es ist.«

»Ach, Marten.« Elisa trat auf ihn zu, und dann tat sie etwas ganz Unvorhergesehenes. Sie nahm ihn in den Arm und sagte: »Wir finden einen Weg für dich. Dass unsere Enkel jetzt da sind, ist ein Zeichen, meinst du nicht?«

Kapitel 15

»Wir müssen die Polizei nun informieren oder wenigstens Immo fragen, ob er das erledigt hat«, sagte Elisa, bevor sie aufs Rad stieg, um zurück zur Eschstraße zu radeln. Tobias wollte mit dem Ruderboot nachkommen, das würde allerdings eine Zeitlang dauern.

»Jo, sonst givt dat bannig Meut«, bestätigte Marten. »Nicht dass du auf deine alten Tage hinter Gitter musst.«

»Weißt du was? Wir stehen das gemeinsam durch, und ich mache das jetzt gleich. Es wäre doch fatal, wenn sie Tobias auf dem Rückweg noch aufgreifen. Dann haben wir richtig Terror.«

Marten nickte.

Elisa lehnte das Rad erneut an die Scheunenwand und wählte die 110, weil sie sonst nicht wusste, wie sie die Beamten erreichen sollte. Doch es tat sich nichts.

»Mist, Notrufe sollten doch auch gehen, wenn das Netz suboptimal ist«, schimpfte sie. »Wo ist denn guter Empfang auf deinem Hof?«

»Auf dem Dachboden oben rechts unter dem Giebelfenster.«

Elisa rollte mit den Augen. Netz auf dem Dachboden oben rechts. Super!

»Du kannst aber stationär telefonieren. Ich habe so was noch. Also ein echtes Telefon, mit dem man nichts anderes tun kann, als jemanden anzurufen. Das hängt allerdings an einem Kabel und steht in der Diele auf der alten Kommode.«

»Stell dir vor, du alter Zausel, so etwas habe ich auch noch. Aber ich wette, deines hat eine Wählscheibe!«

»So sieht das aus!«

»Gut, bevor ich deinen Dachboden über eine wahrscheinlich marode Treppe erklimme und mir da oben den Schädel an einem von Holzwürmern geschädigten Balken aufschlage, entscheide ich mich für die Wählscheibe.«

Sie folgte Marten zurück in sein düsteres und leicht muffiges Haus. Ein bisschen tat ihr Ike leid, denn sie persönlich hätte keine Lust, in einem solchen Gemäuer zu hausen. Da lobte sie sich doch ihre kleine Puppenstube in der Eschstraße.

Elisa musste nicht lange suchen, erschrak dann aber doch wegen der schrecklichen Geschmacksverirrung, die ihren Blick richtiggehend beleidigte. Es war nicht einfach nur ein altes Telefon mit Wählscheibe. Traute hatte es sogar in Dunkelgrün mit roten Rosen eingehäkelt.

»Sie fand das hübsch, weil es dann weicher in der Hand liegt«, erklärte Marten, der Elisa gefolgt war.

Sie schluckte eine dumme Bemerkung hinunter. Okay, der Apparat mit der missglückten Verschönerungsaktion wirkte ein bisschen aus der Zeit gefallen. Über Geschmack ließ sich ja bekanntlich streiten, und es ging sie schließlich auch nichts an.

Elisa beschloss in diesem Augenblick spontan, sich sofort im Internet ein noch moderneres Telefon mit Dockingstation und verringerter Strahlung zu bestellen. Und für Marten gleich eins mit. Das mit Häkelbezug überzogene »Achterndiekteil« musste in Rente gehen. Sofort! Sie waren schließlich nicht vom alten Eisen. Nienich.

Elisa wählte Immos Nummer, doch ihr Sohn nahm nicht ab. Gut, dann oblag es ihr, die Polizei zu informieren, dass jetzt alles geklärt war, denn sonst würden sie womöglich noch mitten in der Nacht vor ihrem Haus auftauchen. Sie brauchte auch nicht mehr die 110 zu wählen, denn die Nummer der Polizeidienststelle hing immerhin gelb untermalt mit anderen Notrufnummern gerahmt an der Wand.

Mit Martens altersschwachem Festnetzapparat bekam Elisa sofort Anschluss.

»Moin, hier spricht Elisa Krull. Sie waren vorhin bei mir in Otterndorf, weil mein Enkel Tobias aus Köln vermisst wurde und man ihn bei mir vermutet hat. Die Sache ist geklärt. Er ist inzwischen aufgetaucht und darf bei mir bleiben. Das können Sie absichern, der Vater weiß Bescheid.«

»Moment«, hörte sie die Stimme an der anderen Seite der Leitung.

Elisa hätte einen Besen fressen können, wenn das nicht die Polizistin von vorhin war. Die hatte eine genauso schnarrende und befehlsgewohnte Tonlage.

»Was gibt es denn noch?«, fragte Elisa.

»Na, das müssen wir doch zu Protokoll nehmen. Sie können ja wer weiß was behaupten!«

Elisa fand das zwar unnötig, aber mit der Staatsgewalt wollte sie sich nicht anlegen. »Ich bin mit meinem Enkel derzeit bei Marten Boekhoff.« Sie nannte die genaue Adresse. »Prof.-Carl-Langhein-Weg.«

»Wir sind in ein paar Minuten da, und bitte bleiben Sie, wo Sie sind, wenn Sie sich weiteren Ärger ersparen wollen.«

Elisa ließ den Hörer auf die Gabel sinken. Weiteren Ärger ersparen klang schon mal nach grundsätzlichem Meut, den sie definitiv bekommen würde.

»Und?« Marten schaute sie fragend an.

»Sie kommen her. Tobias darf leider noch nicht wegrudern.«

Marten und Elisa warteten vor dem Haus. Die Sonne machte sich auf den Weg zum Horizont, war aber noch auf dem Spaziergang dorthin. Ike wollte sich um das Füttern der Hühner kümmern und schauen, ob sie weitere Eier fand. Viel hatte Marten ja sonst nicht im Haus, und morgen früh wäre ein ausgiebiges Frühstück nicht verkehrt.

Es dauerte nicht lange, bis der Streifenwagen auf den Hof preschte und die Polizistin von vorhin ausstieg – gefolgt von ihrem jüngeren Kollegen.

»So, nun Butter bei die Fische! Was ist hier los?«

Marten und Elisa erklärten abwechselnd, wie alles zusammenhing, und die Beamtin schrieb alles mit.

»Gut, aber Sie haben eine Falschaussage gemacht.«

»Nein, das habe ich nicht!«, entfuhr es Elisa. »Wie kommen Sie darauf?«

»Sie haben behauptet, ihr Enkel wäre flussaufwärts geflüchtet. Das Gegenteil ist aber der Fall, denn er ist hier.«

Nun zückte Elisa ihre Trumpfkarte und spielte sie wie geplant aus. »Ich habe wirklich flussaufwärts gesagt?« Sie schlug sich mit der flachen Hand gegen die Stirn. »So dumm aber auch! Das muss meiner Aufregung geschuldet sein. Ich habe es verwechselt. Guckt man auf die Landkarte, ist abwärts ja oben, also aufwärts.« Sie legte den Kopf schief und schaute die Polizistin treu an. »Ich bin eben nicht mehr die Jüngste, nicht wahr?«

Die Beamtin spitzte die Lippen und schien darüber nachzudenken, ob sie diese Antwort zufriedenstellte oder nicht. Schließlich entschied sie sich dafür, denn sie nickte.

»Gut, dann wäre das geklärt. Aber ich muss noch dringend mit den Eltern der beiden Rücksprache halten.«

»Das ist doch selbstverständlich«, sagte Elisa und gab sich betont großzügig. »Rufen Sie die beiden doch einfach an. So haben wir das auch gemacht.«

Schon als Elisa es aussprach, wusste sie um den Fehler. Sie schaute Marten abwartend an, ob er den Beamten gleich sagen würde, dass sie am besten auf den Dachboden in die rechte Ecke unters Giebelfenster klettern mussten oder sich ein Stück Richtung Schöpfwerk bewegen sollten, damit sie regeln konnten, was zu regeln war.

Doch Marten bot ihnen gleich sein Telefon an. Und er berichtete auch kurz, dass Ike ebenfalls aus Köln abgängig, aber auch das längst in Ordnung war.

Zum Glück ging Immo jetzt an den Apparat, und Elisa fiel ein Stein vom Herzen.

Die Beamtin kontaktierte das Revier, ließ sich die Vermisstenanzeige von Ike bestätigen und rief bei Sybille an.

Kurz darauf war alles geklärt.

»Und wo stecken die Ausreißer?«, fragte die Polizistin. »Ich muss mich schließlich von deren Wohlergehen überzeugen.«

»Im Hühnerstall«, gab Marten Auskunft. »Meine Enkelin ist sehr naturverbunden und bringt sich sofort ein.«

Die Polizistin wies den jungen Beamten an, unverzüglich nachzusehen.

»Und Ihr Enkel?«

Elisa zuckte mit den Schultern. »Er rudert gerade mit dem Boot zurück zur Eschstraße, also flussabwärts. Äh, nein, flussaufwärts.«

Die Polizistin zog warnend die Brauen zusammen, und Elisa beeilte sich, alles richtigzustellen.

»Kleiner Scherz. Er sucht mit Ike Eier.«

Elisa reckte sich am nächsten Morgen in ihrem Bett und lächelte, weil ihr die Sonne ins Gesicht schien. Sie spürte, heute würde ein guter Tag werden.

Es war gestern leichter vonstattengegangen als gedacht, das Problem zu lösen, obwohl es sich zunächst wie ein großer Berg vor ihnen aufgebaut hatte. Doch nachdem sich die Beamten ihre Informationen hatten bestätigen lassen, war alles in Butter gewesen. Auf Elisa wartete also kein Strafverfahren oder gar eine unbequeme Nacht im Gefängnis, weil sie die Beamten ins Bockshorn gejagt hatte.

Wie hatte die Beamtin so schön gesagt: »Unwissenheit schützt vor Strafe nicht.«

Aber passiert war dennoch nichts.

Am Abend hatte sich Elisa noch einmal mit Immo kurzgeschlossen, weil sie sein Okay haben wollte, dass Tobias in der nächsten Zeit wirklich bleiben durfte. Das war ihr lieber, denn schließlich trug sie nun die Verantwortung für ihn.

Das war kein Problem gewesen. Ihr Sohn schien sogar froh darüber zu sein, dass Tobi eine Weile weg war.

»Wäre echt gut«, war Immos Antwort gewesen. Doch es kam sehr verhaltend.

»Was ist los?« Mit Immo stimmte etwas nicht, aber er wollte wohl nicht so recht mit der Sprache raus.

»Hier steppt gerade der Bär«, druckste er herum. »Also zwischen Gesa und mir.« Als es raus war, hatte er erleichtert aufgeatmet.

»Tobi hat so etwas erwähnt.« Warum sollte Elisa damit hinterm Berg halten. Dass Immo und Gesa eine Krise hatten, war kein Geheimnis, und ihre Auszeit in Cuxhaven fußte ja nach ihren eigenen Angaben auch darauf.

Dass es zwischen ihrem Sohn und Gesa öfter brannte, konnte sich Elisa sehr gut vorstellen. Sie hatte sich häufig gewundert, dass sich ihr Sohn dieses Theater immer wieder hatte gefallen lassen und vor Gesa förmlich zu Kreuze gekrochen war.

Elisa hatte ihn anders erzogen und sich dann damit abgefunden, dass zwischen Immo und Gesa eine gewisse Hörigkeit bestand.

Nun, auf jeden Fall war jetzt alles geklärt, und sie konnten erst einmal in Ruhe abwarten, wie sich die Dinge entwickelten. Das mochte Elisa sehr, so wurde nicht übereilt gehandelt.

Sie stand auf und ging ins Bad.

Tobias war sicher todmüde und würde heute ausschlafen wollen. Dennoch musste sie eine Aufgabe für ihn finden, denn er sollte nicht die ganzen Ferien hier herumlungern. Dasselbe hatte Marten gestern auch über Ike gesagt. Zwei Teenager wochenlang in einer norddeutschen Kleinstadt, ohne was zu tun, würde zwangsläufig anstrengend werden. Aber ihnen würde schon was einfallen. Für Ike gab es auf Martens Hof auf jeden Fall genug zu tun, und bestimmt verspürte Tobi Lust, ihr dabei unter die Arme zu greifen.

Elisa schlüpfte in ihre Jeans und marschierte gut gelaunt in die Küche.

Dort erwartete sie eine Überraschung, denn Tobias war schon auf und hatte bereits Kaffee gekocht und den Tisch gedeckt. Neben ihrer selbst eingekochten Marmelade waren auch die Salami von Bauer Janßen und der Käse vom Deichhofladen auf dem Tisch.

»Ich wollte gerade los, Brötchen holen«, erklärte ihr Enkel. »Nicht dass du glaubst, ich möchte mir hier wochenlang einen faulen Lenz machen.«

»Wow«, entfuhr es Elisa, denn mit einer solchen Ansage hatte sie überhaupt nicht gerechnet.

Beim Duft des Kaffees lief ihr schon mal das Wasser im Mund zusammen, und der Gedanke an frische, knackige Brötchen ließ in ihr regelrechte Euphorie aufkommen. Sie liebte es, gut zu frühstücken, und noch mehr liebte sie es, wenn sie dabei Gesellschaft hatte.

»Das ist eine so tolle Überraschung«, sagte sie. »Ich gebe dir rasch das Geld für den Bäcker, und während du unterwegs bist, koche ich uns Eier.« Sie nahm das Geld und drückte es ihrem Enkel in die Hand.

Der lief sofort los. »Wo ich hinmuss, weiß ich ja noch.«

Elisa betrachtete den gedeckten Tisch. Die Teller und Tassen waren nicht dahingeflegelt, ihr Enkel hatte auch Käse und Wurst auf einem Holzbrettchen platziert und alles sogar mit etwas Petersilie nebst einer geviertelten Tomate sowie Gurkenscheiben dekoriert.

Dass er für so etwas ein Händchen hatte, hätte sie Tobias nicht zugetraut, denn Gesa hatte nie ein gutes Haar an ihm gelassen und immer nur darüber geklagt, wie unordentlich und desinteressiert er war.

»Ob Ike in ihm diese guten Seiten weckt?«, fragte sich Elisa. Liebe konnte auch junge Männer ganz schön verändern.

Sie setzte das Wasser für die Eier auf und erinnerte sich, dass Tobi sie am liebsten hatte, wenn das Eiweiß fest und das Gelb schön flüssig war. Das bekam sie hin.

Ach, was war es eine Freude, endlich wieder jemanden umsorgen zu können. Ihr wurde deutlich, wie einsam es zuvor wirklich gewesen war.

Und morgen beginnt mein Sportkurs, frohlockte sie innerlich. Heute musste sie sich noch um den Papierkram für das Märchenland kümmern, damit das nicht im Sande verlief.

Sie befürchtete, dass sie Marten dabei an die Hand nehmen musste, weil er sich bestimmt unglaublich davor scheute, die Behörden aufzusuchen. Sie selbst hätte alles online erledigt, aber wenn sie Marten ohnehin helfen musste, konnten sie auch gemeinsam zum Bürgerbüro gehen. Ihr entfuhr schon wieder ein Kichern, als sie an den entsetzten Ausdruck der Polizistin dachte, weil sie sie um das polizeiliche Führungszeugnis gebeten hatte. Die Dame dachte bestimmt, dass Elisa der Helm brannte. Ihre kleine Irreführung hatte aber den Zweck erfüllt, sie wurde nicht mehr ganz für voll genommen. So konnten die Polizisten ihr auch den »Fehler« mit der falschen Ortsangabe verzeihen.

Nun, immerhin war Elisas Tag jetzt so ausgefüllt, dass keine Langeweile mehr aufkam.

Bald würde sie sich in ihren anderen freien Stunden um die einsamen Kinder vom Märchenland kümmern. Ihnen leckere Kuchen backen und zeigen, wie man Schals strickte oder Topflappen häkelte. Die Idee, mit den Kindern zu singen, hatte sie aufgegeben, denn sie war mit den modernen Kinderliedern nicht textsicher genug.

Eigentlich war es gut, dass Immo und Gesa schon zum zweiten Mal ihr Erdbeerfest geschwänzt hatten, denn als Teilnahme war es wohl kaum zu bezeichnen, wenn sie nur ein halbes Stündchen auftauchten und nur mit einer Hinternbacke die Stuhlfläche berührten. So war sie gezwungen gewesen, sich aus ihrer Komfortzone zu begeben und endlich etwas gegen die Einsamkeit zu unternehmen. Sie konnte und durfte nicht mehr allein auf die Familie und dieses eine Treffen im Jahr bauen. Es war an der Zeit gewesen, aufzuwachen.

Das Wasser kochte, und Elisa gab die angestochenen Eier hinein. Nun genau die Zeit abpassen, sie sollten perfekt sein. Doch sie wurde von lautem Autobrummen abgelenkt. Kurz darauf ging der Türklopfer.

»Wer to'n Düwel kommt denn so früh am Morgen, wo wir noch nicht einmal gefrühstückt haben?«, murmelte sie und öffnete. Vor Überraschung machte sie gleich einen Schritt rückwärts, denn vor ihr stand Immo. Er hielt einen schwarzen Trolley am Bügel. »Du?«, fragte sie. Was für eine dämliche Bemerkung, schließlich war sie noch nicht senil und erkannte ihren Sohn durchaus. Nur hatte sie überhaupt nicht mit diesem Besuch gerechnet und schon gar nicht um diese Zeit.

»Ja, ich.« Immo räusperte sich. »Darf ich reinkommen?«

Elisa nickte, trat einen Schritt beiseite und wies mit der Hand ins Hausinnere. »Stell den Trolley einfach an der Garderobe ab, und geh in die Küche durch. Dort hat dein Sohn schon gezaubert.«

Immo tat wie ihm geheißen, doch kaum stand er im Türrahmen zur Küche, wich er erstaunt zurück. »Das war Tobias? Das ist richtig schön eingedeckt.«

»Jo«, antwortete Elisa knapp, »das war dein Sohn.«

»Ist er aus einem Kokon geschlüpft, oder was ist mit ihm los?«, fragte Immo.

Elisa kicherte. »Ich schätze, es ist die Liebe.«

»Muss wohl Wunder wirken.« Immo schüttelte noch immer fassungslos den Kopf.

»Nimm Platz, ich stelle sofort noch einen Teller dazu. Tobi ist los zum Bäcker. Ich denke aber, die Brötchen werden reichen. Ein Ei kann ich auch noch nachkochen.«

Aber Immo winkte ab. »Ich verzichte gern, bin ja kein großer Fan davon, wie du weißt.«

»Dammich, die Eier!«, schrie Elisa auf. »Nun habe ich sie doch eine Minute zu lange im Wasser kochen lassen. Das Eigelb hat wahrscheinlich keine weiche Konsistenz mehr. Dabei mag Tobi das doch so gern.«

Mit hastigen Bewegungen schüttete Elisa das Wasser ab und gab die beiden Eier in die Becher.

Immo biss sich auf der Unterlippe herum. »Sorry, dass ich für ein solches Durcheinander sorge. Ich hätte mich anmelden sollen. Nun überfalle ich dich, und du hast mich mit dem Essen und Schlafen gar nicht eingeplant. Daran hatte ich heute, als ich in den frühen Morgenstunden überstürzt aufgebrochen bin, gar nicht gedacht.«

»Bei mir ist noch keiner verhungert«, konterte Elisa. »Ich bin schon etwas älter und habe noch Vorratshaltung gelernt. Im Keller stehen genug eingemachte Sachen. Notfalls könnten wir drei Wochen lang von Kirschen, Erdbeermarmelade und Apfelmus leben. Von den Schnittbohnen mal abgesehen.«

Immo lachte auf. »Diese Antwort hätte ich mir auch selbst geben können.«

Die Haustür klackte, und kurz darauf kam Tobias herein. Er erfasste die Situation mit einem Blick, denn ihm konnte auch der Trolley an der Garderobe nicht verborgen geblieben sein.

»Hallo, Papa. Ich habe das Auto schon vor dem Haus gesehen, aber ich würde umparken, das ist verdammt eng hier. Nicht dass die Polizei gleich schon wieder hier steht und Oma ein richtiges Abo bei den Herrschaften bekommt.«

Immo stand sofort auf. »Du hast recht. Das wäre wohl in der momentanen Situation übel«, sagte er zerknirscht. »Ich parke auf dem großen Parkplatz an der Mühlenstraße. Auf dem Rückweg gehe ich rasch in die Innenstadt und kann gleich noch weitere Brötchen mitbringen. Nicht dass wir uns doch einschränken müssen, weil ich hier einfach so aufkreuze. Fehlt sonst noch was?«

Elisa schüttelte den Kopf. »Nein, wir haben alles. Ich koche Kaffee nach. Das wird ja ein richtig ausgiebiges Frühstück.«

Elisa kümmerte sich um alles, und nach einer Viertelstunde war Immo mit weiteren Brötchen zurück.

Sie platzierten sich um den Küchentisch. Elisa schenkte allen Kaffee ein und reichte den Brötchenkorb herum.

»Nun würde ich zu gerne mal wissen, was dich zu so früher Stunde hierhertreibt. Möchtest du Tobi doch überreden, wieder nach Köln zu kommen? Hat Gesa dich geschickt?«

»Nein.« Immo sah seine Mutter betreten an. »Gesa hat mit alldem nichts zu tun, und ich plane auch nicht, Tobi nach Hause zu holen. Er soll die Ferien hier verbringen, eben wie abgesprochen. Meine Intention für diese Reise ist eine vollkommen andere.«

»Warum drückst du dich so geschwollen aus?«, fragte Elisa lachend. »Es gibt also einen anderen Grund?«

»Ja, aber ich möchte das lieber erst mit dir allein besprechen«, sagte er.

»Kann mir denken, worum es geht«, erklärte Tobias. »Gibt mal wieder Stress mit euch beiden. Bin doch kein kleines Kind mehr!«

Immo nickte, schaute seinen Sohn aber bittend an. »Ich rede mit dir auch noch, aber später«, sagte er.

Weil Tobias seine Brauen kritisch hochzog, wollte Elisa die Situation lieber rasch entschärfen und schlug vor: »Dein Vater und ich gehen mal kurz an den Steg. Allein. Und alles andere klärt ihr dann später miteinander.«

Heute war es ein bisschen bewölkt, und ein leichter Wind strich von der Medem herauf zur Terrasse. Elisa hatte gestern noch alles liegen lassen, sodass sie später dort sitzen konnten, denn da war es windgeschützt.

Immo betrachtete die Stockrosen an der Pergola, die bereits in Dunkelrot, Rosa und sogar Schwarz blühten.

»Du hast es so schön hier«, sagte er versonnen. »Warum habe ich das nie wahrgenommen und war blind wie ein Grottenolm?«

»Weil du es nicht sehen wolltest«, antwortete Elisa leise. »Du wolltest, dass hier in Otterndorf alles doof ist. Weil Gesa das so beschlossen hat.« Sie musterte Immo, der beide Kiefer zusammenpresste.

»Ich werde mich von Gesa trennen«, sagte er dann. Es klang zwar ruhig, aber seine Hände zitterten unkontrolliert. So locker, wie er tat, war er wohl doch nicht.

Elisa nahm ihren Sohn in den Arm. »Endgültig? Bist du sicher?«

»Ja, es geht nicht mehr. Sie hat sich derart zu ihrem Nachteil verändert, ich kenne sie kaum wieder und halte es nicht mehr aus.«

»Gab es einen konkreten Anlass?«

»Dass sie dich hinter meinem Rücken bei der Polizei angezeigt hat, ist der letzte Tropfen gewesen, der mein Fass zum

Überlaufen gebracht hat«, erklärte Immo. »Dass es nicht mehr rundläuft, ist keine neue Erkenntnis, aber ich wollte es natürlich nicht wahrhaben. Gesa ist wunderschön, und zu Beginn haben mich alle um sie beneidet.«

»Das geht immer so lange, bis sie den Mund aufmacht«, entfuhr es Elisa, aber Immo widersprach ihr dieses Mal nicht, sondern nickte.

»Genauso ist es. Gesa spuckt ständig Gift, oder sie sagt dumme Sachen. Sie will auch Tobi nicht erwachsen werden lassen. Was ist sie zudem für ein Vorbild? Sie hat nur die Themen rund um ihre Fingernägel und ihr Make-up und keinen Sinn mehr für das Schöne im Leben. Wenn Tobi und ich einfach mal eine Currywurst schlemmen wollten, hat sie uns auch das madig gemacht, weil sie zu einem totalen Gesundheitsapostel geworden ist.« Er schluckte. »Ich möchte aber wieder genießen, auch wenn das bedeutet, ein paar Pfunde mehr auf die Waage zu bringen.«

Elisa tätschelte Immos Hand. Wie sehr sie ihn verstand! Man musste es schließlich nicht übertreiben, aber wie wunderbar war es, abends im Sommer zusammen auf der Terrasse zu sitzen und ein Glas Wein zu trinken. Wie angenehm war es, in ein gutes Restaurant zu gehen und ausgiebig zu speisen. Wie angenehm war es, wenn der Duft von frisch gebackenem Kuchen durchs Haus zog und man die Köstlichkeit genießen konnte. Auch mit Schlagsahne.

»Gesa lebt in der Scheinwelt ihrer Social Media. Ständig postet sie da ihre neuen Extensions oder Fingernägel und zeigt eine Glimmerwelt, die wir gar nicht haben. Dann das Ding mit Tobis Zimmer. Sie ist nicht einmal einsichtig, es ganz zu löschen, weil sie diesen Rabatt-Code daraufgesetzt hat. Das einzige Entgegenkommen war, die Sichtbarkeit des Posts einzuschränken.« Immo schüttelte den Kopf. »Ich kann das nicht mehr. Es ist so wenig lebensnah und auch ziemlich übergriffig. Ich finde, wir müssen

Tobi doch andere Werte beibringen, ihn mit der Natur vertraut machen. Ich möchte, dass er das Meer liebt. Die Tiere.«

Auch das verstand Elisa nur zu gut, unterbrach Immo aber nicht, denn sie war froh, dass er sich ihr anvertraute und sich alles von der Seele redete.

»Was du gar nicht weißt: Sie wollte dich ständig von hier weg nach Köln in eine kleine Wohnung holen, damit wir dein Haus verkaufen können.«

Nun bekam Elisa beinahe Schnappatmung, aber auch jetzt schwieg sie lieber, denn noch mehr Öl ins Feuer zu gießen würde die Situation unnötig verschärfen, und Immo litt schon genug. Außerdem lief sie Gefahr, am Ende die Dumme zu sein, sollten sich die beiden wider Erwarten doch noch einmal vertragen. So etwas wurde immer wieder hervorgekramt und würde gegen sie verwendet werden. Früher, da hatte sie alles kommentiert und bestätigt, aber das Alter machte weiser und in solchen Situationen zurückhaltender.

»Was sagst du?«, fragte Immo.

»Dass du erst einmal zur Ruhe kommen solltest und es wichtig ist, alles zu überdenken, bevor du einen solchen Schritt unternimmst.« Elisa strich Immo über den Arm.

Er schaute sie verwundert an. »Du magst Gesa doch gar nicht, und ich dachte, du bestätigst mich sofort in meinem Tun.«

Elisa überlegte einen Augenblick, bevor sie Immo eine Antwort gab.

»Sie ist deine Lebensgefährtin, und du hast sie einmal sehr geliebt, das habe ich als Mutter zu akzeptieren. Ich kann deiner Argumentation zwar folgen und verstehe auch deine Beweggründe, aber dennoch sollte ein solcher Entschluss nicht übers Knie gebrochen werden.«

»Ich liebe sie nicht mehr«, sagte Immo. »Das ist mir mehr als deutlich geworden, als sie dich angezeigt hat.«

Elisa wäre es lieber gewesen, nicht der Grund für Immos Entscheidung zu sein.

»Pass auf. Ich habe oben die beiden Gästezimmer. Dort kannst du mit Tobias bleiben, bis sich die Lage geklärt hat. Es wäre bestimmt gut, wenn du dich mit Gesa in Ruhe aussprichst, sobald ihr euch etwas beruhigt habt.«

Tobias kickte einen kleinen Kieselstein mit der Schuhspitze in die Medem.

»Sie hat mich geblockt. Überall. Telefon, Instagram, Facebook. Ich kann sie gar nicht erreichen.«

Elisa schluckte. Das klang schlimmer als gedacht.

»Gut, dann musst du warten, bis sie den ersten Schritt macht.«

Immo senkte den Blick. »Bis dahin werde ich wohl schon in meiner Urne das letzte Grundstück bezogen haben.«

»Tüdelkram«, kommentierte Elisa, aber da Gesa eine ziemlich sture Frau war, konnte es doch sein, dass Immo nicht irrte.

Kapitel 16

Tobias schaute seiner Oma und seinem Vater entgegen. Beide machten überaus betretene Gesichter. Er ahnte, was sie besprochen hatten, doch ihm widerstrebte es, nachzufragen.

»Wollt ihr euch setzen?«, fragte Elisa. »Ich mache in der Küche klar Schiff, und ihr könnt euer Männergespräch führen. Es gibt ja wohl ein paar Sachen mehr zu klären.«

Sein Vater nickte, und Tobias folgte ihm zur Sitzgruppe, die seine Oma mit einer kleinen Decke und einer Vase mit bunten Sommerblumen dekoriert hatte. Sogar die Sitzkissen lagen bereit.

»Gut, bevor ich loslege, möchte ich erst ein paar Dinge wegen deiner Flucht wissen. Es gibt keinen Ärger, versprochen!«, sagte sein Vater, was Tobias grundsätzlich erleichterte.

»Was willst du wissen?«

Seine Oma kam mit einem Krug Wasser, in das sie wieder Melisse und Zitronenscheiben gelegt hatte, und zwei Gläsern. Sie stellte alles nur auf den Tisch und entfernte sich schnell wieder. Dankbar über den kleinen Aufschub, schenkte sich Tobias erst ein, denn es würde ihm schwerfallen, über seine Beweggründe zu sprechen.

Sein Vater wartete, bis er getrunken hatte.

»Dass Gesas Post der Auslöser war, ist mir schon klar, aber das allein hat dich sicherlich nicht dazu bewogen, ohne Bescheid zu geben, von zu Hause zu verschwinden. Deshalb wüsste ich einfach gern, wer Ike ist und woher du sie kennst.«

Das war eine leichte Frage zum Einstieg, da musste Tobias nicht lange überlegen.

»Sie ist meine Freundin. Ich habe sie beim Handball kennengelernt«, sagte er.

»So etwas habe ich mir schon gedacht«, antwortete sein Vater. »Warum ausgerechnet Otterndorf? Weil ihr Opa und deine Oma hier wohnen?«

Tobias grinste. »Das war echt ein Volltreffer. Wir sind als Kinder beide viel hier gewesen, und durch Zufall lebt Oma Elisa hier und ihr Opa Marten. Da hatten wir schnell ein Ziel. Otterndorf ist für uns so etwas wie – Heimat. Klingt merkwürdig, aber in unserer Erinnerung war hier die Welt einfach noch in Ordnung.«

Sein Vater nahm Tobias' Hand, so wie früher, als er ein kleiner Junge gewesen war und sie etwas besprechen mussten.

»Das kann ich verstehen. In dieser kleinen Stadt ticken die Uhren irgendwie langsamer, und es kommt sofort ein Gefühl der Geborgenheit auf. Ich hätte es an deiner Stelle genauso gemacht. Lerne ich Ike bald kennen?«

Tobias nickte. Es war einfach klasse, hier mit seinem Vater zu sitzen und wirklich mal zu reden. Wie lange hatten sie das nicht mehr getan, und wie sehr hatte er das vermisst!

»Ihr Opa bringt Ike gleich mit dem Motorboot vorbei, und dann wollen wir uns Otterndorf ansehen. Auf alten Spuren wandeln und schauen, was sich verändert hat.«

»Das klingt doch gut. Aber wo wir schon mal dabei sind … hast du schon länger mit dem Gedanken gespielt, wegzulaufen? Wegen der angespannten häuslichen Situation, meine ich?«

Tobias schüttelte den Kopf. »Nein, habe ich nicht. Ike fing damit an, weil sie nach München ziehen sollte. Und als dann der peinliche Post von Gesa kam … Ich kann mich in der Schule nicht mehr blicken lassen. Nicht nur weil sie mich wegen der

Ordnung und der neuen Liebe lächerlich gemacht hat. Hallo? Da lagen meine benutzten Boxershorts mitten im Bild!« Er schnaubte. Ihm klopfte das Herz schon wieder bis zum Hals, so sehr regte es ihn auf, was Gesa getan hatte.

Sein Vater atmete ebenfalls tief durch. »Das war schlimm, und es ist noch immer schrecklich. Ich kann dich verstehen.«

»Danke.«

Sie schauten einem kleinen Boot hinterher, das gemächlich über die Medem schipperte.

»Und jetzt du!«, forderte Tobias seinen Vater nach der kurzen Redepause auf. Er saß wie auf heißen Kohlen und würde nun sehr gern die Wahrheit kennen.

Zum Glück kam sein Vater sofort zum Punkt und sagte ihm unverblümt, was er wohl vorhin auch Oma Elisa erzählt hatte.

»Ist doof, aber eure Sache«, rang Tobias sich schließlich ab. »Ich hoffe, wir können wenigstens noch einmal alle miteinander reden. Aber jetzt bleibe ich zunächst hier. Bei Oma.«

»Dann komm, Großer! Wir helfen ihr in der Küche. Ich bin echt froh, dass sie uns so selbstverständlich aufnimmt, und da sollten wir nicht so tun, als wäre das hier ein Hotel.«

Tobias nickte, griff nach dem Krug, und sein Vater nahm die Gläser mit.

Oma Elisa war schon fast fertig. Sie unterbrach ihre Arbeit und schaute Tobias und dessen Vater neugierig an. »Und?«

»Wir wollten dir eigentlich gerade helfen kommen«, sagte Tobias, »aber du bist ja schon fast fertig.«

»Nicht fast, ganz«, antwortete seine Oma lächelnd. »Ich habe übrigens morgen mit Marten einen wichtigen Termin.«

»Wohin müsst ihr?«, erkundigte sich Tobias.

»Zum Bürgerbüro am Hadler Platz.«

Jetzt mischte sich sein Vater ein. »Warum?«

Elisa fasste kurz zusammen, warum sie ein polizeiliches Führungszeugnis und andere Papiere benötigte.

»Da hat sich in deinem Leben ja ganz schön was bewegt«, sagte ihr Sohn erstaunt.

»Das muss wohl so sein, wenn die Familie abtaucht. Ich habe den Kopf noch nie in den Sand gesteckt, sondern immer aus allem das Beste gemacht. Und nun möchte ich den Kindern eben helfen, indem ich mit ihnen backe und handarbeite. Für meine eigene Fitness gehe ich zur Ladys Gym. Marten zu den Herren. Wir wollen noch lange am Start bleiben.«

Tobias konnte sich ein Grinsen nicht verkneifen. Seine Oma war echt cool.

»Und was nun?«, fragte Elisa.

»Ike und ihr Opa kommen gleich. Wir wollen Otterndorf ansehen.«

»Dann haben wir ja einen Plan«, stellte Elisa zufrieden fest.

»Komm, Oma, wir gehen gemeinsam durch den Ort, wenn du ohnehin zum Hadler Platz möchtest«, schlug Tobias vor, denn am gestrigen Sonntag hatten sie dann doch lieber das gute Wetter ausgenutzt und waren mit Immos Wagen zum Strand von Otterndorf gefahren. Nun glühte auf Ikes und Tobias' Nase ein leichter Sonnenbrand, aber alle hatten den Ausflug sehr genossen.

Heute war es etwas kühler, und für den Nachmittag war Regen angekündigt.

»Wenn du mit Marten dann im Bürgerbüro bist, können Ike und ich ja allein weiterstromern.« Er wandte sich an seinen Vater. »Willst du auch mitkommen?«

Immo schüttelte vehement den Kopf. »Ich muss schlafen. Bin von der Fahrt und dem Stress noch immer sehr geschafft. Geht ihr ruhig allein. Ich schaue mich später um. Und passe derweil auf, dass sich nicht noch mehr Leute bei Oma einnisten. So langsam wird es eng.«

Elisa grinste. »Das ist doch mal ein konstruktiver Vorschlag, den ich gern annehme. Sonst muss ich das nächste Lager im Keller oder unter freiem Himmel einrichten.«

Sie machten sich gemeinsam auf den Weg und durchquerten Otterndorf. Vorbei ging es an der St-Severi-Kirche, dann weiter an Fachwerkhäusern mit roten Ziegeln und weißem Holzbau.

Sie passierten das Stoff- und dann das Wollgeschäft, spazierten am Kranichhaus vorbei, wo Ike den großen Vogel auf dem First bewunderte, indem sie die Straßenseite wechselte, damit sie ihn besser betrachten konnte. Nun standen sie direkt am Wirichhaus, in dem das Teehaus *Teekontor Otterndorf* untergebracht war. Das Gebäude hatte einen hellblauen Holzgiebel, darunter befanden sich wunderbare bleiverglaste Sprossenfenster. Es war gelb geklinkert, und der ebenfalls hellblaue Rundbogeneingang zog fast magnetisch an.

Weil es so hübsch anmutete, wollte Ike unbedingt hinein und sich eine Teesorte kaufen. Sie musste ihren Opa nicht lange überreden, denn er liebte ja selbst sämtliche Teesorten sehr. Und auch Elisa kam mit hinein und schaute sich die große Auswahl an Tees, Gewürzen und Teepräsenten an. Sie begann, mit Ike zu fachsimpeln, sie erschnupperten einige Tees und waren sich schnell einig, welche wohl am besten schmecken würden.

Marten schlurfte in der Zeit mit gesenktem Kopf mal hierhin, mal dorthin und schien erleichtert, als die beiden ihren Kauf getätigt hatten.

»Ich habe mich für eine Grünteemischung entschieden. Sie nennt sich Elfenzauber«, klärte ihn Ike auf. »Das schmeckt bestimmt magisch!«

Marten nickte, schwieg aber nach wie vor.

»Dich belastet es ungemein, dass wir diesen Papierkram erledigen müssen, oder?«, fragte Elisa.

Er nickte. »Merkt man mir das so an? Ich habe irgendwie keinen guten Draht zu so was. Ständig glaube ich, dabei was falsch zu machen.«

»Zusammen bekommen wir das schon hin«, machte ihm Elisa Mut.

Und auch Ike meinte: »Ihr schafft das! Wenn man was wirklich will, gibt es keine Probleme.«

»Na, dann kann ja nix mehr passieren«, antwortete Marten, aber seiner Mimik nach war er anderer Meinung.

Nach dem Besuch im Teeladen steuerten sie direkt auf das pittoreske historische Rathaus zu. Dort bewunderten Tobi und Ike die beiden spielenden Otter, ließen dann aber ihren Blick auch über das alte Backsteinhaus schweifen. Es hatte wohl seit Jahrhunderten sein Aussehen bewahrt. Allein das wunderschöne Wappen mit dem sächsischen Rautenkranz und dem Fischotter. Leider war die Verwaltung nicht in dem wunderschönen historischen Gebäude untergebracht, aber Ratssitzungen fanden durchaus noch dort statt.

Ike und Tobias verabschiedeten sich jetzt, denn sie wollten durch die engen Gassen rund um die Lateinschule schlendern, hatten sie dort doch früher schon immer »Mittelalter« gespielt.

»Es ist so witzig, dass Tobi und ich als Kinder dasselbe gemacht haben«, schwärmte Ike. Sie winkten und liefen Hand in Hand über die Straße.

»So, nun ab in die Höhle des Löwen!« Elisa stupste Marten an, der sich ein gequältes Lächeln abrang. »Lass mich das machen!« Sie hakte sich bei Marten unter, und so spazierten sie weiter.

»Frau Krull. Sie sind mit einem Mann unterwegs?«

Elisa schrak zusammen, denn vor ihr baute sich Tant Pfannenschmidt auf.

To'n Düwel, wo kam denn die jetzt plötzlich her?

Heute trug Tant Pfannenschmidt eine geblümte Kittelschürze, und sie sah aus wie eine Blumenwiese mit Hügeln, weil sich ihre Kurven darunter großflächig abzeichneten.

»Ach, das ist ja eine nette Überraschung«, sagte Elisa und lächelte das verlogenste Lächeln, zu dem sie fähig war.

»Ich verfolge Sie schon eine ganze Weile«, sagte Tant Pfannenschmidt und schien Marten mit ihrem Blick förmlich zu verschlingen.

»Sie verfolgen mich?«, fragte Elisa liebenswürdig, obwohl sie ihr am liebsten den Hals umgedreht hätte, dieser falschen Schlange. Was maßte die sich eigentlich an, sie zu beschatten, als wäre sie eine Detektivin.

»Na immerhin habe ich Sie vor einem Gefängnisaufenthalt bewahrt, Frau Krull«, brüstete sich Tant Pfannenschmidt. »Ohne mich wären Sie unvorbereitet in die Polizeifalle gerannt. Ganz unvorbereitet!«

»Es ist ja alles gut ausgegangen«, sagte Elisa und wollte am liebsten weitergehen, doch da hatte sie die Rechnung ohne die Tratschtante gemacht.

»Das müssen Sie mir doch vertellen, Frau Krull!« Sie leckte sich die Lippen. »Wie ist das denn, wenn die Polizei in Uniform auf einen wartet, das Blaulicht vor dem Haus an ist …«

»Sie kamen ohne Blaulicht«, sagte Elisa. »Und es war nichts Schlimmes, wir konnten alles in einem vernünftigen Gespräch klären.«

Tant Pfannenschmidt klappte enttäuscht die sprichwörtliche Kinnlade herunter. Da hätte sie sicher mehr Action erwartet.

»Wer ist denn der Mann an Ihrer Seite?«, wechselte sie enttäuscht das Thema.

»Das ist Marten Boekhoff. Wir müssen zusammen zum Bürgerbüro und ein paar Dinge beantragen. Wenn Sie uns dann jetzt bitte entschuldigen würden?«

»Ich wollte mich nicht aufdrängen!«, sagte Tant Pfannenschmidt beleidigt und wandte sich ab. »Ich wollte nur höflich sein.« Sie warf den Kopf in den Nacken und entfernte sich mit zackigem Schritt.

»Die kannst du aber nicht gut leiden«, meinte Marten.

»Wie kommst du darauf?«, fragte Elisa.

»Na, so wie du mit der Frau gesprochen hast. Sonst bist du netter.«

»Zu dieser Frau nicht. Sie hört die Mäuse der Nachbarn husten und glaubt dann auch noch ernsthaft, dass es andere Menschen auch nur ansatzweise interessiert.« Elisa knuffte Marten. »Und nun los, heute Abend müssen wir zwei alten Herrschaften zum Sport.«

»Ihr wollt also echt in diesem Märchenland durchstarten?«, erkundigte sich Tobias, nachdem sie alle wieder bei Elisa eingetrudelt waren. »Erzählt mal von der Sache!«

Marten und Elisa berichteten, wie sie Julia kennengelernt hatten und wie die Idee, sich dort einzubringen, in ihnen gewachsen war.

»Können wir das in den Ferien nicht auch machen?«, fragte Ike mit hochroten Wangen. »Also da mithelfen!«

»Bestimmt«, meinte Elisa.

Ihr Blick wanderte zu Marten, der sie liebevoll ansah.

»Was schwebt euch denn vor?«, fragte der.

»Handball«, kam es unisono und wie aus der Pistole geschossen.

Tobias erläuterte das dann genauer. »Ihr sagt ja, dass dort ein großer Garten ist. Ike und ich könnten den Kindern die Grundbegriffe beibringen und vielleicht ein kleines Mini-Outdoor-Turnier organisieren. Zwei Tore kann man bestimmt leihen oder selbst bauen.«

»Tolle Idee!«, sagte Elisa. »Soll ich Julia mal anrufen?«

»Klar!« Ike strahlte übers ganze Gesicht.

Elisa stand sofort auf, ging ans Telefon und wählte Julias Nummer.

Mit einem breiten Lächeln kam sie zurück. »Julia ist begeistert! Sie freut sich auf euch. Wenn ihr Lust habt, sollt ihr gleich vorbeikommen, damit sie alles mit euch besprechen kann. Sie ist total überwältigt, weil sie plötzlich so viel Hilfe hat.«

Ike gab Tobias einen Kuss auf die Wange. »Was ist das doch toll, dass wir nach Otterndorf geflohen sind, oder? Stell dir vor, ich wäre wirklich nach München gezogen und wir hätten uns aus den Augen verloren.«

Tobias legte den Arm um Ike. »Dann lass uns mal aufbrechen, wenn Julia nun gerade Zeit für uns hat!«

»Seid ihr gleich noch hier?«, fragte Ike. »Immo schnarcht da oben laut und deutlich, der steht sicher so schnell nicht auf.«

Elisa schaute Marten an und sagte: »Ich denke, wir fahren mit dem Boot zu mir. Später müssen wir ja noch zum Sport. Ohne Fitness werden wir das alles sonst wohl nicht durchhalten.«

Marten nickte. »Maunz von Maunzerich ist schon so lange allein, und ich möchte Elisa ein paar Dinge zeigen, die ich mit den Kindern herstellen kann.«

»Und ab morgen räumen wir auf, Opa!«

»Das tun wir. Jetzt wird nur noch nach vorn geblickt und nicht zurück!« Marten ballte eine Faust.

Elisa und er warteten, bis die Jugendlichen aus dem Haus waren, hinterließen eine Notiz für Immo und machten sich auf den Weg.

Kapitel 17

So, nun haben wir alles in die Wege geleitet und können bei dir weitermachen«, sagte Elisa, als sie aus dem Boot sprang und es am Steg festmachte.

»Du meinst aufräumen oder mein Haus etwas moderner gestalten?«, fragte Marten.

»Beides. Am besten, wir machen einen Plan, und den arbeiten wir dann ab. Er muss ja zeitlich auch zu unserer neuen Aufgabe im Märchenland passen.«

Marten runzelte die Stirn. »Ich hoffe, wir haben uns nicht übernommen. Erst war in unser beider Leben so gar nichts los, und jetzt überschlagen sich die Ereignisse. Dein Haus ist bis unters Dach voll, und ich umsorge für ein paar Wochen meine Enkelin und will mein Leben samt Haus ausmisten. Dann nehmen wir auch noch diese Jobs im Märchenland an und planen, heute Abend zum Sport zu gehen. Wir sind doch nicht mehr die Jüngsten, Elisa!«

Sie lächelte ihr charmantes Lächeln. »Und genau das ist der Grund, weshalb wir das alles machen. Sonst können wir gar nicht gucken, wie schnell wir zum alten Eisen gehören!«

Marten kratzte sich am Kinn, wo sich bereits wieder leichter Bartwuchs zeigte, weil er heute offenbar nicht zum Rasieren gekommen war.

Er wirkte noch nicht überzeugt. »Meinst du?«, fragte er.

Elisa strich ihm über den Unterarm. »Aber hallo, na klar!«

Sie liefen auf das große Gehöft zu. Es wirkte wirklich sehr heruntergekommen, und es war an der Zeit, es in Ordnung zu bringen.

»Wir kriegen das hin!«, machte Elisa Marten Mut. »Immerhin haben Ike und Tobi uns Hilfe zugesagt, und solange Immo noch da ist, wird er uns bestimmt auch nicht im Stich lassen.«

»Dein Wort in Gottes Ohren«, murmelte er.

»Sieh nur, da ist Maunzi!«, rief sie aus, denn der kleine Kater spazierte mit aufgestelltem Schwanz auf sie zu und miaute herzerweichend. »Hast du ihn heute noch gar nicht gefüttert?«

Elisa warf Marten einen strafenden Blick zu. Der aber hob abwehrend die Hände. »Doch natürlich, was denkst du?«

»Kannst deine Hände wieder senken!«, sagte Elisa lachend. »Wir sind nicht im Wilden Westen, und ich habe keine Knarre dabei.«

»Schon gut, schon gut!« Marten streckte den Rücken durch. »Und du hast ja recht. Wer rastet, der rostet.«

»Eben!«

Auch Marten schloss seine Haustür nie ab. Gemeinsam betraten sie den Flur, schraken aber zusammen, als eine Person aus der Küche trat.

»Wer sind Sie?«, herrschte Elisa sie an, und sie griff unwillkürlich nach der hässlichen geblümten Vase auf der Kommode, die ihr von Beginn an ein Dorn im Auge gewesen war. Das war keine Kunst, das konnte weg.

Martens Mund klappte lautlos auf und zu, als würde er ein Gespenst sehen.

Elisa umklammerte den Hals der Vase fester.

Jetzt hob die Frau die Hände, so wie es Marten eben draußen getan hatte.

»Ich bin doch Sybille«, kam es sofort. »Marten, ich wollte dich nicht erschrecken!«

Elisa schaute Marten fragend an. »Kennst du die Frau?« Dann dämmerte es ihr. Hieß nicht Ikes Mutter so?

»Sybille!« Ein breites Lächeln zeichnete sich auf Martens Gesicht ab. »Dass du gekommen bist!«

»Ich musste es tun! Mann, da läuft meine Tochter fort, und ich habe zuvor gar nicht bemerkt, was zwischen ihr und mir schiefgelaufen ist. Das muss ich aus der Welt schaffen.«

Elisa war sehr erleichtert, dass es sich um keinen Einbrecher handelte, und sie stellte die Vase zurück. Wobei – dann wäre das scheußliche Teil weg gewesen.

»Komm, Elisa«, riss Marten sie aus ihren Gedanken. »Ich möchte dir gern Ikes Mutter vorstellen.«

Sie setzten sich an den alten Eichentisch, der zwar groß und wuchtig war, aber ein paar Kerben zu viel auf der Platte hatte. Da würden sich aus jedem Pulli Fäden ziehen. Besser, man stützte die Arme nicht dort auf.

Während sich Sybille setzte, musterte Elisa Martens Schwiegertochter. Sie war hübsch, keine Frage. Ein bisschen füllig, aber nicht dick. Ihr blondes Haar hatte sie mit einer Spange locker am Hinterkopf befestigt. Ihre Zähne standen leicht vor, aber damit machte sie einen aparten Eindruck, vor allem, weil ihre Lippen ständig von einem leichten Lächeln umspielt wurden. Auch wenn Ike äußerlich sehr ihrem Großvater glich, entdeckte Elisa in Sybilles Mimik und Gestik so einige Ähnlichkeiten mit Ike.

»Ist meine Tochter gar nicht da?« Sybille schaute sich suchend um.

»Sie ist mit Tobi los zum Märchenland.«

Zum Glück hatte Marten Sybille am Telefon bereits erklärt, wer Tobi war, und musste es nun kein weiteres Mal kundtun.

Mit dem Begriff Märchenland konnte Sybille wohl herzlich wenig anfangen, und sie wiederholte: »Märchenland? Sind sie dafür nicht schon ein bisschen zu alt?«

Elisa lachte und klärte sie auf.

»Na denn. Das klingt grundsätzlich positiv! Tobi ist also Ikes neuer Freund und dein Enkel?«, vergewisserte Sybille sich dann bei Elisa.

Die nickte.

Nachfolgend berichteten Marten und Elisa abwechselnd, was es mit dem Märchenland noch so auf sich hatte und was Ike und Tobi dort wollten.

»Dass Ike sich da freiwillig engagieren möchte, überrascht mich. Aber ich hatte auch nicht gedacht, dass sie sich eines Tages so mir nichts, dir nichts aus dem Staub machen könnte.« Sybille fuhr sich durchs Haar, und schon wieder ähnelte sie ihrer Tochter dabei sehr.

»Jo, mit Tobi verhält es sich genauso. Dabei kennt der nach Angaben seines Vaters nur die Maße eines Handballfeldes und sämtliche Regeln sowie seine Game-Community.«

»Das war mit Ike ähnlich.« Sybille befeuchtete die Lippen, und Marten sprang rasch auf.

»Entschuldige, ich habe dir gar nichts zu trinken angeboten. Ich habe Wasser aus der Leitung – oder Tee.«

»Wasser bitte!«

Marten wusch schnell ein Glas ab und füllte es auf.

Elisa winkte dankend ab. Hier musste wirklich erst eine Grundreinigung stattfinden. Aber wenn sie gleich loslegten, wäre das Schlimmste erst mal geschafft.

»Dann scheint ihre Flucht hierher ja doch was Gutes gehabt zu haben, wenn sie sich nach allen Seiten öffnet und sich sogar um fremde benachteiligte Kinder kümmern möchte.«

Sybille nahm Marten das Wasserglas dankend ab und leerte es in einem Zug.

»Wie lange wirst du bleiben?«, fragte Marten.

»Ich arbeite ja ausschließlich von zu Hause aus und dachte eigentlich für länger. Es gibt wohl eine Menge Nachholbedarf bei der Kommunikation mit meiner Tochter. Kurzum: Ich brauche nicht viel, nur WLAN und ein Zimmer.«

»Das ist schon zu viel«, rutschte es Elisa raus. »Martens Hof kannst du dann getrost vergessen.«

»Jetzt sag nicht, Marten, dass du kein WLAN hast.«

Der zuckte die Achseln. »Nö, brauchte ich bislang nicht. Gibt ja Zeitung und die Post.«

Sybille seufzte. »Es gibt Dinge, die ändern sich nie. Du gehörst wohl dazu, Schwiegerpapa!« Sie stupste ihn neckisch in die Seite.

Sybille wurde Elisa von Minute zu Minute sympathischer.

»Ich lass so was einbauen«, sagte Marten. »Immerhin kannst du hier vom Dachboden aus unter dem linken Balken, oder war es der rechte, mit dem Handy telefonieren. Da ist Empfang.«

Sybille verzog das Gesicht. »Nicht dein Ernst, Marten! Nicht mal das geht? Du lebst ein bisschen hinterwäldlerisch, wenn ich das mal so sagen darf.«

»Achterdiekisch«, verbesserte Marten seine Schwiegertochter.

»Wenn das so ist, muss ich mir wohl ein Zimmer oder eine Ferienwohnung suchen, sonst kann ich nicht arbeiten. Das ist schade, ich dachte, ich könnte bei dir wohnen.« Sie machte eine Pause. »Ike weiß aber schon, wie abgeschnitten du lebst, oder?«

»Jo, aber sie nimmt es locker«, sagte Marten.

»Notfalls kommt sie zu mir, ich habe einen Router und auch gutes Internet«, erklärte Elisa.

»Kann Sybille nicht bei dir arbeiten?«, fragte Marten, war sich dann aber wohl bewusst, was er da von Elisa verlangte. Sybille war ihr völlig fremd, und er fragte tatsächlich, ob seine Ex-Schwiegertochter zumindest tagsüber bei ihr Asyl haben durfte.

Elisa sah ihm diesen Gedankengang förmlich an. Dabei wirkte er so verzweifelt, dass sie ihm entgegenkommen wollte.

»Marten hat auf seinem großen Gehöft bestimmt ein Zimmer zum Schlafen frei, das richten wir her. Morgen besorge ich einen

Router, und bis das Internet auf dem Hof läuft, kannst du in meiner Stube arbeiten. Im Sommer bin ich da ohnehin nicht, weil ich lieber auf meiner Terrasse sitze. Es kann nur sein, dass es dort eine Art Großraumbüro wird.«

»Warum das?« Marten legte fragend den Kopf schief.

»Du weißt doch, dass auch Immo bei mir wohnt, und er ist ein Arbeitstier. Ich kann mir kaum vorstellen, dass er während seines Aufenthaltes in Otterndorf nicht arbeiten wird.«

»Ich habe nur selten Calls, wo das stören würde«, erklärte Sybille. »Und wenn, können wir es absprechen.«

»Gut, dann ist das geklärt«, sagte Elisa zufrieden. »Bist du mit dem Wagen hier?«

»Ja, warum?«

»Dann kannst du mich später mit zurücknehmen, und ich stelle dir Immo vor.«

»Das ist wohl unnötig«, sagte Marten und deutete mit dem Kopf zum Fenster.

Von seiner Küche aus hatte man einen guten Blick über den Hof, und auf den fuhr gerade Immos Auto. Ihm entstiegen auch Tobias und Ike.

»Die große Hilfe naht«, sagte Elisa und war gespannt, wie Ike auf die Anwesenheit ihrer Mutter reagieren würde.

Ike hatte Sybilles Auto schon gesehen, denn sie zeigte sofort dorthin. So war es dann keine so große Überraschung, als sie ihre Mutter in der Küche antraf. Begeisterung sah allerdings anders aus. Sie begrüßte sie zwar mit einem Küsschen links und einem Küsschen rechts, aber es wirkte keineswegs herzlich.

»Dann nehmt doch alle erst einmal Platz!«, forderte Marten sie auf.

Elisa hätte für ihren Teil nun viel lieber mit den ersten Aufräumarbeiten und der Planung für die Renovierung begonnen, aber natürlich mussten die persönlichen Befindlichkeiten zuerst aus dem Weg geräumt werden. So langsam wuchs auch in ihr die Befürchtung, es könnte doch alles etwas viel werden.

Marten kochte Tee, und als alle vor einer Tasse saßen, räusperte sich Sybille.

»Ich glaube, ich muss mich bei Ike entschuldigen. Was bin ich bloß für eine Mutter, der es nicht gelingt, mit ihrer Tochter entsprechend zu kommunizieren, sodass ihr nur die Lösung bleibt, fortzulaufen.«

Gut, die Wortwahl war Elisa ein bisschen zu geschwollen, schließlich hätte »miteinander reden« denselben Effekt gehabt, aber sie wollte sich nicht einmischen und nahm lieber eine weitere Tasse Tee.

Ike schaute ihre Mutter immerhin überrascht an. Was Elisa vollkommen aus der Fassung brachte, war Immos Blick. Der klebte förmlich an der blonden Frau.

Sie war so damit beschäftigt, auszuloten, was im Kopf ihres Sohnes vor sich ging, dass sie das Gespräch zwischen Ike und ihrer Mutter gar nicht mehr verfolgte. Es musste jedoch gut ausgegangen sein, denn am Ende lagen sie sich weinend in den Armen, und Sybille strich Ike übers Haar.

»Gut, dann haben wir diesen Streit vom Tisch«, sagte Marten zufrieden. »Und wir können uns wieder anderen Themen widmen.« Er wandte sich an Tobias, dem der Blick seines Vaters auch nicht entgangen war. Als Marten ihn nun direkt ansprach, schrak er zusammen. »Was hat Julia gesagt? Wie geht es weiter?«

Tobias und Ike waren von der Sozialarbeiterin hellauf begeistert.

»Wir können schon morgen mit ein paar Kindern trainieren. Die freuen sich sehr.« Ikes Augen strahlten.

»Das klingt doch gut, dann habt ihr während eures Aufenthaltes ja eine tolle Aufgabe.« Marten rieb zufrieden die Handflächen.

»Der Plan war, heute damit zu beginnen, deinen Hof aufzuräumen und eine Liste zu erstellen, was dann in welcher Reihenfolge passieren soll«, erinnerte Elisa.

»Ja, richtig«, bestätigte Marten. »Und du wolltest mit Immo klären, ob Sybille und er zusammen in deiner Stube arbeiten können.«

Immo schaute beide fragend an. »Was heißt das genau?«

Marten klärte ihn darüber auf, dass Sybille ebenfalls zu bleiben gedachte, aber mangels seiner technischen Möglichkeiten nicht bei ihm arbeiten konnte.

»Und dann dachtet ihr, wir könnten bei Mutter so etwas wie ein Büro einrichten?«

Elisa nickte. »So dachten wir das. Sybille hat kaum Videogespräche und du auch nicht, oder?«

Immo wiegte den Kopf. »Das würde schon gehen. Notfalls kann ja einer von uns auch kurz in die Küche gehen. Wir kommen schon klar.«

Sybille nickte dankbar. »Das ist nett, Herr Krull.«

»Immo«, berichtigte er sie. »Bitte sag Immo.«

Elisa stand auf. Dieses Geplänkel nervte sie. Es gab nun wirklich Wichtiges zu erledigen, ehe Marten es sich doch noch anders überlegte. Und es lag bestimmt in Ikes und Sybilles Interesse, wenn sie in einem einigermaßen vorzeigbaren Haus und nicht auf einer Müllhalde wohnen mussten.

Sie sollten dringend beginnen, bevor alle Pläne wieder davonplätscherten und womöglich diese furchtbare Vase noch länger ihr Dasein auf der Kommode neben dem Telefon im Häkelkondom fristen musste.

»So, nun Butter bei die Fische!«, verschaffte sich Elisa Gehör. »Ike und Tobi, ihr kümmert euch um das Badezimmer. Das wird auf Hochglanz poliert und geschrubbt. Immo und Sybille räumen die Küche auf und entsorgen den Müll, und ich kümmere mich um den Flur und die Stube.« Die Idee fand sie besonders gut, weil sie dann die Vase …

»Und ich?«, fragte Marten.

»Du besorgst erst einmal Putzzeug, und dann machst du draußen auf dem Hof weiter. Wenn wir hier drinnen fertig sind, gehen wir dir zur Hand.«

Elisa war zufrieden. Marten erklärte, wo er Putztücher und Reinigungsmittel hatte, und alle zogen los und machten sich an die Arbeit.

Elisa war hochzufrieden. Gestern hatten sie mit vereinten Kräften eine Menge geschafft, und Martens Hof glänzte förmlich. Zumindest von innen. Nie hätte sie gedacht, dass sich unter all dem angehäuften Zeug ein so schönes Haus befand. Es war auch gar nicht so viel an Renovierung vonnöten. Ein paar hellere Möbel wären vorteilhaft, und das Badezimmer bedurfte einer Generalüberholung. Wer wollte schon noch an einer Metallstrippe ziehen, wenn das Geschäft vollendet war? Dann die hellblauen Fliesen und die vergilbte Wanne. Da musste dringend etwas passieren.

Sie hatten es sogar geschafft, rechtzeitig zum Sport zu kommen. Es war gut gewesen, sich mal wieder richtig zu bewegen, sodass Elisa fest schlafen konnte. Das Leben machte mit einem Mal wieder richtig viel Spaß.

Heute Abend hatte Marten sie auf ein Glas Wein als Dankeschön eingeladen. Sie ganz allein. Ohne Sybille und Immo. Ohne Tobias und Ike.

Die wollten ohnehin zu viert zum Italiener, und so hatten Marten und Elisa den Abend für sich. Marten plante, Elisa mit dem Motorboot abzuholen.

Sie gab zu, dass sie tatsächlich ein wenig nervös war. Wann hatte sie zuletzt eine Verabredung mit einem Mann gehabt?

Nach dem Tod ihres Gemahls hatte sie es ein einziges Mal versucht. Und das war ein solcher Reinfall gewesen.

Den Mann hatte sie auf der Beisetzung von Kalle Wurmsen kennengelernt. Das war ein alter Kollege aus der Zeit des Heimatvereins gewesen, und Elisa hatte sich bei den Feierlichkeiten nicht einschleusen müssen. Sie war in offizieller Mission vor Ort gewesen. Die Witwe hatte sich auch nicht lumpen lassen. Es gab zwei Sorten Brühe, einmal vegan und einmal mit Rind. In letzterer schwammen sogar noch Markklößchen. Dann gab es Schnittchen mit Käse und Schinken, Salami und Camembert, alles nett dekoriert. Das Hotel servierte sogar eine Antipastiplatte. Auberginenscheiben, eingelegte Zucchini, Oliven mit Knoblauch, gefüllte Weinblätter und Schafskäse. Dazu verschiedene Cremes und Ciabatta-Brot. Das gab es zuvor und auch danach nie wieder. Es war ein Gaumenschmaus gewesen! Elisa liebte die mediterrane Küche, auch wenn sie eine Nordseepflanze war.

Jedenfalls war sie von diesem Angebot derart verzückt gewesen, dass sie beschlossen hatte, den Otterndorfer Beisetzungen nun doch wieder öfter beizuwohnen, vor allem, wenn die Kaffeetafeln in gehobenerem Ambiente stattfanden.

»Na, schmeckt es Ihnen auch?«

Als der stattliche Herr mit weißem Vollbart sie angesprochen hatte, war Elisa zu Beginn regelrecht entzückt gewesen. Er trug einen schwarzen Anzug, sah darin aber keineswegs verkleidet aus, sondern so, als trüge er so etwas gern und freiwillig.

»Darf ich mich vorstellen? Mein Name ist George Brooney.«

Ja, sie hätte schon da aufmerksam sein müssen, und ihr hätte auffallen sollen, dass mit dem Mann etwas nicht stimmte. Allein der merkwürdige Name!

»Wenn wir hier fertig sind, würden Sie dann mit mir ein paar Schritte gehen?«

Natürlich hatte sie eingewilligt, schließlich konnte es doch Zufall sein, dass der Mann tatsächlich so ähnlich hieß wie dieser Schauspieler. Es war auch egal, denn er war sehr zuvorkommend.

Sie tauschten sich noch über die Geschmacksintensität der Oliven aus, als ein breitschultriger Kerl auf George zutrat und ihn an die Hand nahm wie einen kleinen Jungen.

»Nun komm, Georg. Wir müssen zurück!«

»Aber ich will doch mit Julia Roberto noch einen Kaffee aus dem Automaten ziehen. Ich habe eine neue Kapsel.«

Erst da war Elisa bewusst geworden, dass dieser Mann in einer anderen Welt lebte.

Danach hatte sie ihre Aktivitäten, was Männer und Beerdigungen anging, eine Weile zurückgefahren. Und eine weitere Verabredung war sie auch nicht eingegangen, weil sie davon ausging, dass sie bis zu ihrem Lebensende allein bleiben würde.

Jetzt war Marten in ihr Dasein getreten, und seitdem hatte es einen mächtigen Schwung bekommen.

Übermorgen würden ihre Kurse bei Julia beginnen, und Marten wollte schon bald einen Klempner und Fliesenleger beauftragen. Einen Maler hatte er schon an der Hand. Elisa freute sich, dass er es endlich geschafft hatte, von Traute Abschied zu nehmen.

Sie warf einen Blick zur Uhr. Es wurde Zeit, sich aufzuhübschen. Was nur sollte sie anziehen? Sie entschied sich für eine marineblaue, leichte Hose und einen bunt geblümten Kaftan. Ihr Haar war schnell in Form gebracht, denn der einfache Bob saß sogar beim norddeutschen Wind und musste nur wieder in die richtige Form geschubst werden.

Sie legte Rouge auf, entschied sich für den grünen Lidschatten und etwas Lipgloss. Danach sah sie fantastisch aus, und es wurde Zeit, sich auf den Weg zum Steg zu machen.

Gleich würde Marten sie dort abholen. Damit beide auch Wein trinken konnten, wollte Elisa mit dem Taxi zurückfahren.

Sie war noch gar nicht ganz am Steg angekommen, als sie schon den Motor des Bootes hörte, und eine Minute später legte es am Steg an.

Auch Marten hatte sich schick gemacht. Er trug eine helle Leinenhose und ein dunkelgrünes Hemd.

»Das habe ich ganz neu gekauft. Für heute Abend«, erklärte er stolz.

Elisa fühlte sich ziemlich geschmeichelt, denn wenn ein Mann wie Marten sich nicht nur Bart und Haare stutzen ließ, sondern sogar neue Klamotten zulegte, dann war das ein Kompliment für sie. Er nahm sie und das Treffen wichtig.

»Das sieht toll aus«, sagte Elisa.

»Du siehst toll aus«, gab Marten das Lob zurück.

Er startete den Motor, und so tuckerten sie die Medem stromabwärts Richtung Schleuse. Sie erfreuten sich an den Enten und Schwänen, den Teichhühnern und Möwen, und als am Ufer ein Kaninchen entlanghoppelte, war Elisa richtig glücklich. Sie legte ihre Hand auf Martens Schulter. So nah waren sie sich noch nie gekommen. Aber an diesem lauen Sommerabend, an dem die Amseln ihr Lied zur guten Nacht sangen und die Möwen lustig kreischten, fühlte es sich richtig an.

»Ich danke dir«, sagte Marten. »Ohne dich hätte ich es nie geschafft, mich aus der Vergangenheit zu lösen. Ich bin endlich frei. Und wie ein Versprechen sind nun auch noch Ike und Sybille da. Mir kommt es vor, als wäre plötzlich ein Zauber losgetreten worden.«

Elisa liebte es, wenn er so etwas sagte, denn es war, als spräche er ihr aus der Seele. So nah hatte sie sich lange keinem Menschen mehr gefühlt.

Ihretwegen hätte die Fahrt noch ewig so weitergehen können, aber dann waren sie doch schon bald am Ziel.

Marten half Elisa galant aus dem Boot und ließ ihre Hand nicht mehr los, bis sie am Haus angekommen waren.

Dort traute Elisa ihren Augen nicht, denn Marten hatte regelrecht gezaubert. Unter der Kastanie stand der große Küchentisch. Er war mit einem weißen Tischtuch bedeckt, auf dem rote Rosenblätter lagen. Blaue Teller mit passenden Servietten sorgten für einen Blickfang, genau wie der riesige Wildblumenstrauß, dessen Blüten sich im leichten Abendwind wiegten.

»Marten, das hätte ich dir im Leben nicht zugetraut«, entfuhr es Elisa. Sie war wirklich beeindruckt. Einen solchen Tisch hatte noch kein Mann für sie hergerichtet.

»Ich gebe zu, ich hatte Hilfe von Ike und Sybille«, sagte er leicht zerknirscht. »Sonst hätte ich den schweren Tisch auch gar nicht aus der Küche bekommen.« Nun strahlte er. »Da steht nämlich jetzt ein neuer. Ganz in Weiß und kein bisschen desolat.«

Elisa schmunzelte. Desolat also. Marten drückte sich heute ziemlich gewählt aus.

»Und gedeckt hast du allein?«, neckte sie ihn.

»Na ja, die Teller habe ich schon rausgetragen.«

»Was gibt es denn zu essen?« Elisa hoffte, kein Schinkenbrot mit Rührei.

»Geheimnis!«, flüsterte Marten. »Erst einen Aperitif.«

Er bat Elisa, Platz zu nehmen. Kurz darauf kam er mit zwei Gläsern Sprizz zurück. Die orange Flüssigkeit perlte in den Gläsern.

»Wenn es später dämmert, habe ich Fackeln«, erklärte er. »Solarbetrieben. Ike meinte, das muss heute so. Aber zum Essen gehören selbstverständlich echte Kerzen.«

Elisa glaubte zu träumen. Was war in Marten gefahren, dass er sie so verwöhnte?

Nun war sie wirklich gespannt, was es zu essen geben würde. Sie nippte am Sprizz und genoss das leichte Prickeln im Mund. Sie mochte den süßlich bitteren Geschmack, der dem Getränk einen Hauch von Exklusivität verlieh. Elisa kam sich an diesem Abend sehr mondän vor. Wie eine Diva, die im Garten eines großen Gehöfts ihr Luxusgetränk schlürfte und dabei von einem Mann verwöhnt wurde.

Kurz darauf ertönte ein Brummen, und der Wagen eines Catering-Unternehmens fuhr auf den Hof.

Die beiden Bediensteten tischten in Windeseile Antipastiplatten auf, Pizzaecken und Tagliatelle mit Salmon. Und eine Terrine mit Spaghetti puttanesca.

Elisa lief beim Anblick dieser Köstlichkeiten das Wasser im Mund zusammen.

»Woher weißt du, dass ich diese Gerichte, vor allem puttanesca, so sehr liebe, dass ich dafür sterben könnte?«, fragte sie, biss sich dann aber gleich auf die Zunge, denn der Vergleich war doch etwas makaber. Immerhin hatte sie die verschiedenen italienischen Gerichte zum letzten Mal bei dieser vermaledeiten Beerdigung mit George Brooney gespeist. Gut, dass Marten das nicht wusste.

»Immo weiß schließlich, was seine Mutter mag«, sagte Marten. »Nun noch der Wein!«

Er entkorkte einen Primitivo, schnupperte fachmännisch am Korken und gab erst Elisa zum Kosten einen kleinen Schluck ins bauchige Glas.

Sie grinste. Bestimmt hatte Immo ihm einen Kurzlehrgang gegeben, wie man all diese Dinge tat. Denn sonst trank Marten als alkoholisches Getränk nur Jever Pils, und das aus der Flasche.

Elisa probierte und war völlig hin und weg. »Der Wein ist fantastisch!«, rief sie aus. »Was für ein wundervoller Abend!«

Nun goss Marten beide Gläser voll, und das Licht der tief stehenden Sonne spiegelte sich im dunklen Rot des Primitivos.

Marten zündete die Kerzen im Kandelaber an. Dann machten sie sich gemeinsam über das Essen her.

Mal naschten sie eine Olive, dann schnappten sie sich eine Auberginenscheibe. Auch die Pizza war perfekt. Ganz so, wie Elisa sie aus Italien kannte. Nicht zu fett, mit wunderbarem Parmesan belegt und knusprig. Und die Spaghetti puttanesca waren ein Gedicht.

Sie brauchten die Platten nach dem Essen nur in die bereitgestellten Kisten zu legen und ihre Teller in die Küche zu bringen.

»Ich wasche es morgen ab. Und« – Marten machte eine Pause – »bald gibt es das nicht mehr. Ich habe einen Termin beim Küchenstudio gemacht. Die alten Möbel müssen auch hier verschwinden. Das Haus wird ein echtes Schmuckstück.« Plötzlich verdüsterte sich sein Blick. »Nach der Badrenovierung, den Malerarbeiten und der Küche werde ich aber auch finanziell am Ende sein. Mehr geht leider nicht. Das obere Stockwerk muss warten.«

»Ich finde es toll, dass du überhaupt beginnen willst«, tröstete Elisa ihn.

Marten griff nach ihren Fingern. Sacht strich sein Daumen über Elisas Handballen, und sie bekam Gänsehaut. »Ich möchte, dass du dich hier wohlfühlst, Elisa. Es ist lange her, dass mir so etwas bei einer Frau wichtig war.«

Er lief rot an. Elisa erwiderte nichts, denn sie musste das erst einmal sacken lassen und einordnen, ob ihr Herz wirklich so klopfte, weil es sie anrührte, dass Marten sich ihr gegenüber derart öffnete.

Marten räusperte sich. »Wollen wir noch zum Deich? Einmal übers Wasser schauen?«

Elisa nickte. »Es ist warm, eine Jacke benötigen wir nicht.«

Marten ließ sie nicht los – und Elisa hätte es auch nicht gewollt. Sie erklommen den Deich, und als sie auf der Krone standen, präsentierte sich ihnen der Medemzufluss. Links dümpelten die Segelboote, rechts war das rot-weiße Leuchtfeuer zu erkennen. Am Horizont schob sich ein beleuchtetes Frachtschiff Richtung Cuxhaven.

»Ich danke dir, Elisa«, raunte Marten. Er grub sein Kinn in ihr Haar, rutschte dann tiefer, und sie sahen sich mit warmem Blick an. Endlich fanden sich ihre Lippen. Der Kuss dauerte lange, und Elisas wegen hätte er auch nie aufhören müssen. Doch eine schrille Stimme riss die beiden aus ihrem Zauber.

»Marten! Marten! Hey, wo bist du?«

Marten erstarrte, als hätte er einen Geist gehört.

Und schon wieder schnarrte die Stimme los: »Marten!«

»Wer ist das?« In Elisas Bauch machte sich ein dumpfes Gefühl breit, denn Martens Verhalten war mehr als seltsam.

Er war kreidebleich, schluckte und schüttelte ungläubig den Kopf. »Das kann nicht sein.«

»Marten!«

Elisa stupste ihn an, weil er wirkte, als ob er gleich zusammenklappen würde. »Wer ist das? Wer ruft dich da?«

Wieder erntete sie nur ein Kopfschütteln. Doch dann hatte Marten sich wieder gefangen und sagte tonlos: »Das ist Traute. Ich fress 'nen Besen, wenn das nicht Traute ist.«

Kapitel 18

Wer war das?«, fragte Traute und gab Marten einen Kuss auf die Wange, als wäre es nach all der Zeit das Selbstverständlichste der Welt.

Marten war wie versteinert. Er fasste sich an die Wange, weil er glaubte, Trautes Kuss würde dort noch brennen. Sein Blick folgte dem Weg, den Elisa wortlos gegangen war. Sie hatte verletzt gewirkt und war ihm entglitten wie ein Aal. Warum hatte er ihre Hand bloß losgelassen? Er hätte Elisa festhalten sollen. Aber wie konnte er das? Jetzt, wo sich ein jahrelanger Traum erfüllte und Traute wie aus dem Nichts auftauchte. Ihr Parfüm war noch immer dasselbe – sie nutzte Chanel No 5 –, und alles war so altbekannt. Als wäre sie gar nicht fort gewesen.

Aber was war mit Elisa …

»Marten, du hörst mir ja gar nicht zu!«, beschwerte sich Traute. »Wer war diese Frau?«

Sie schmiegte sich an ihn wie ein Kätzchen, und der vertraute Duft wurde fast aufdringlich dominant. Nur konnte Marten nichts dagegen unternehmen, dass sich sein Arm um Trautes Schultern legte und sie gemeinsam Richtung Wohnhaus liefen.

»Das war eine … Bekannte«, sagte er und kam sich wie ein Verräter vor. Und das war er auch. Schließlich hatte er Elsa vorhin gehörig den Hof gemacht, und nun musste es auf sie unehrlich wirken.

Wie sollte er diese vertrackte Situation bloß wieder in Ordnung bringen? In so etwas war er ganz schlecht.

Er überließ Traute das Reden, und wie immer plätscherten ihre Worte wie ein rauschender Bach über ihre Lippen. So war es schon immer gewesen.

Sie plapperte, und er hörte zu. Immer dann nickte er zustimmend, wenn sie eine Reaktion erwartete, und er wusste stets genau, wann das war. Auch nach all der Zeit verfielen sie schnell in ihr altes Muster.

Wie anders war es mit Elisa! Sie unterhielten sich, konnten zusammen schweigen, und doch waren sie sich dabei ganz nah. Elisa war sehr direkt, aber sie nahm ihn durchaus ernst.

Nach wenigen Minuten erreichten sie Martens Gehöft.

»Du hast ja gar nichts verändert!«, rief seine Ex-Frau beglückt aus und durchforstete sofort alle Räume. »Sogar meine geliebte Küche steht noch! Mit dem rustikalen Herd.« Traute juchzte laut auf, als sie über die weiß emaillierte Fläche strich. Zum Glück war das Feuer nicht an, sonst hätte sie sich verbrannt. Anschließend ging sie zurück in den Flur. Hier hatte Elisa ihre Spuren hinterlassen und ordentlich ausgemistet. »Wo ist denn der hübsche Telefonüberzug?«

»Der war ja doch etwas unmodern«, hob Marten an, aber Traute wischte den Einwand mit einer schnellen Handbewegung beiseite.

»Das ist nicht unmodern, das nennt man nostalgisch, mein Lieber.« Sie runzelte die Stirn. »Und die Vase von Tant Meyerhoff ist auch weg. Die hat sie uns doch zur Hochzeit geschenkt! Das Schmuckstück war eine wundervolle Erinnerung an sie.«

»Erstens: Wir sind geschieden. Zweitens: Tant Meyerhoff ist seit zehn Jahren tot und kann deshalb auch nicht kontrollieren, ob wir das Teil irgendwo im Nirwana dieses Gehöfts gelassen haben.«

»Es geht um die Geste! Schließlich weiß man ja nie, was die Verstorbenen von da oben noch sehen können«, beharrte Traute. Sie gingen zurück in die Küche. Dort schaute sie sich um. »Hast du was zu trinken?« Sie betrachtete die Flasche Primitivo mit kritischem Blick. »Das hast du mit der – Bekannten – getrunken? Einen so edlen Tropfen?«

»Ich schuldete ihr ein Dankeschön, und da habe ich sie zu einem italienischen Abend eingeladen«, erklärte Marten. Schon wieder war er ein Verräter. Er schuldete Elisa nichts. Er hatte sie treffen wollen. Ihre Hand halten. Sie endlich küssen. Zeit mit ihr verbringen.

»Das romantische Dinner habe ich draußen durchaus entdeckt«, gab Traute spitz zurück. »Sie ist wohl ein bisschen mehr als deine Bekannte.« Seine Ex beugte sich zu ihm und gab ihm einen Kuss auf die Wange. Es war wieder so selbstverständlich, so nah. »Nun bin ich ja wieder da, das freut dich sicher.«

Marten nickte und hätte sich dafür selbst in den Hintern treten können.

Es miaute, und Maunz von Maunzerich lugte neugierig um die Ecke.

»Was ist denn das?«, kreischte Traute.

Marten erinnerte sich daran, wie sehr Traute Haustiere verabscheute. Vor allem gegen Katzen hatte sie eine heftige Abneigung. Deshalb war seine Bärbel auch erst nach ihrer Ehe bei ihm eingezogen.

»Die wohnt nicht ernsthaft bei dir, oder?«, stieß Traute angewidert aus und schubste Maunz von Maunzerich mit dem Fuß weg, als der sich an ihrem Unterschenkel reiben wollte.

»Doch, sie ist Elisa zugelaufen. Hier auf dem Hof ist sie am besten aufgehoben. Später wird er ein guter Mäusefänger sein.«

»Elisa heißt also deine Bekannte?« Traute spuckte das letzte Wort förmlich aus.

»Ja, sie lebt in Otterndorf an der Medem, und wir fanden, der Kater passe viel besser auf meinen Hof.«

Traute atmete erleichtert aus, als Marten mit seinen Ausführungen fertig war.

»Dann kann das Tier ja wieder zu ihr zurück. Denn wenn es dorthin gelaufen ist, kann man diese Elisa durchaus als rechtmäßige Besitzerin sehen. Oder liege ich da falsch?«

»Maunz von Maunzerich gehört mir, weil ich mich über ein Haustier freue. Wir haben überall nachgefragt, aber keiner vermisst ihn. Nun hat er bei mir sein Zuhause gefunden.«

Traute schnaubte und scheuchte Maunz von Maunzerich mit einem herumliegenden Geschirrhandtuch zurück in den Flur. Der Kater fauchte wütend und trollte sich dann. Marten wollte eingreifen, aber wie immer gelang es ihm nicht, sich gegen Traute durchzusetzen.

»Dann gib mir auch mal ein Glas von diesem edlen Tropfen!«, forderte sie ihn auf, setzte sich auf einen freien Küchenstuhl, schlug die Beine übereinander und holte eine Zigarette aus der Tasche.

»Ich rauche nicht mehr und bitte drinnen nicht!«, bat Marten sie. »Der Primitivo ist aus, ich habe aber noch einen anderen Wein da.«

Mit zusammengezogenen Brauen ließ Traute die Zigarette wieder in der Tasche verschwinden. Ihrer düsteren Miene nach war sie allerdings arg missgestimmt.

Marten ging in die Stube zu seinem Weinregal und nahm eine Flasche Merlot raus.

»Was möchtest du eigentlich hier?«, fragte er, während er die Flasche entkorkte.

»Ich habe dich vermisst«, säuselte Traute.

Wie er diese Stimme einst geliebt und was er sie vermisst hatte.

Marten spürte in sich, ob es noch immer so war, aber er konnte es einfach nicht sagen. Er nahm zwei Weingläser aus dem Schrank und goss ihnen ein.

»Zum Wohl«, wünschte er.

Traute schnüffelte am Bukett. »Ist sicher nicht so hochwertig wie der Primitivo, aber trinkbar, denke ich.« Sie kostete vorsichtig. »Geht.«

»Du hast mich also vermisst«, nahm Marten den Faden wieder auf.

»Ja, sehr.«

»Und für diese Erkenntnis hast du so viele Jahre gebraucht?«

»Ach Marten, nun mach es doch nicht kompliziert. Ich bin wieder da, das muss reichen. Du hast mir doch so oft geschrieben, wie einsam du dich fühlst.«

Traute tätschelte mit ihrer beringten Hand seinen Unterarm, dabei klirrten ihre zahlreichen Armbänder ihre Melodie.

»Du kannst oben im Gästezimmer schlafen.«

»Im Gästezimmer?«, vergewisserte sich Traute. »Nicht in deinem …«

»Nein!«, stellte Marten klar. Das ging nicht. Nicht nach Elisas Kuss. Er war plötzlich unglaublich müde und hätte am liebsten die Zeit zurückgedreht. Auf den Zeitpunkt, an dem er mit Elisa Hand in Hand auf dem Deich gestanden hatte. Dann ihre weichen Lippen … Das Danach hätte er am liebsten gestrichen. »Lass uns morgen reden.«

Traute zog einen Schmollmund. »Wenn du meinst.« Sie strich ihm sacht mit der Außenkante ihres Mittelfingers über die Wange. Früher ein Versprechen nach mehr. Aber heute war heute, und Marten wollte nichts überstürzen, sondern sich erst einmal über ein paar Dinge klar werden. Er spürte eigentlich nur, dass gerade etwas verdammt falschlief und er ein ebenso verdammter Feigling war, der keinen Mumm hatte, Traute kurzerhand vor die Tür zu setzen.

Dann schrak er zusammen, denn er musste ihr noch etwas sagen. »Da ist noch was.«

»Hast du doch eine Geliebte, auf die ich gleich oben stoßen werde?«

»Nein, aber deine Enkelin lebt derzeit hier. Und Sybille.«

Traute blieb förmlich der Mund offen stehen. »Sybille und Ike sind hier?«

»Genau. Deshalb musst du die kleine Kammer unter dem Dach nehmen. Die ist bannig warm, aber die anderen Zimmer sind unbewohnbar, die wollte ich jetzt erst renovieren. Das Bettzeug findest du im Dielenschrank auf dem Flur.«

Dass sie ihr Schlafgemach auch noch selbst herrichten musste, passte Traute offenbar ebenso wenig wie die Tatsache, dass sie das kleinste Zimmer im ganzen Hof bewohnen sollte.

Sie streckte den Rücken durch. »Gut, für eine Nacht kann ich das als Hausherrin akzeptieren, aber ab morgen müssen sich Ike und Bille eben ein Hotel suchen.«

Traute hatte Bille gesagt, obwohl sie genau wusste, dass Sybille die Abkürzung ihres Namens als Kastration empfand. Traute waren solche Befindlichkeiten schon immer gleichgültig gewesen.

Damit hätte Marten auch gerade noch leben können, aber dass sie seine Enkelin und die Schwiegertochter gleich des Hauses verweisen wollte, ging doch etwas weit. Und überhaupt: Sie war keine Hausherrin mehr. Marten hatte Traute nach der Scheidung ausbezahlt.

Aber er schwieg.

Traute rauschte die Treppe hinauf, und endlich kehrte Ruhe in seiner Oase ein. Hatte er sich tatsächlich vor nicht allzu langer Zeit mehr Turbulenzen in seinem Leben gewünscht?

»Ich finde es so cool, dass du dich auf deine alten Tage noch sozial engagierst.« Tobias kickte einen Stein mit der Schuhspitze fort.

»Was heißt denn auf meine alten Tage?«, empörte sich Elisa, wuschelte ihm dann aber durchs Haar.

Die beiden hatten sich dazu entschlossen, zum Märchenland zu Fuß zu gehen, weil sie nicht genug Räder hatten.

Als Elisa gestern Abend zu Hause angekommen war, hatten die vier in trauter Eintracht zusammen in der Küche gesessen und glücklicherweise nicht gefragt, warum sie schon zurück war.

Ihr Thema war die momentane Situation in Otterndorf. Immo wollte sich zusammen mit Sybille darum kümmern, dass ihnen die Fahrräder als Frachtgut geliefert wurden. Nur dazu musste er erst einmal Gesa erreichen, denn nur sie konnte das veranlassen.

»Oder wir zwei fahren zusammen nach Köln und holen sie mit dem Fahrradgepäckträger«, hatte Sybille vorgeschlagen, und Immo war tiefrot angelaufen.

Wie auch immer sie sich entschieden, bald würden die beiden jungen Leute ihre Bikes, wie sie es nannten, in Otterndorf haben. Dann wäre vieles einfacher, denn sie konnten nicht nur zum Märchenland fahren, sondern auch zwischen Martens Hof und Elisas Häuschen pendeln. Das war ihr ganz recht, denn sie verspürte keine Lust, im Augenblick dort aufzutauchen, falls einer der beiden doch einmal auf die Idee kam, sie könnte sie mit ihrem kleinen Auto hinfahren.

Elisa war gestern in wilder Flucht einfach abgehauen, nachdem Martens Ex in vollendeter Schönheit wie aus dem Nichts aufgetaucht war. Sie sah aus wie Gina Lollobrigida zu ihren besten Zeiten – nur mit ein paar Fältchen mehr.

Man musste immer wissen, wann ein Spiel verloren war und wann man gar nicht erst anzutreten brauchte. Hier half nur Rückzug. Was wollte sie bei Marten, wenn er jetzt wieder die Chance hatte, bei Traute zu landen. Denn dass er diese Möglichkeit nicht ungeachtet verstreichen lassen würde, wo er doch so viele Jahre auf genau diesen Moment gewartet hatte, war klar.

Sie hatte diese Dame nur freundlich gegrüßt und hatte sich zu Fuß auf den langen Rückweg gemacht. Ihre Hand hatte Marten schon beim ersten Balzruf seiner Verflossenen losgelassen.

Der Marsch war gut gewesen, denn inzwischen konnte Elisa wieder klar denken. Sie und Marten – da hatte bei dem fantastischen Essen gestern was geklungen, aber es war eben noch zu frisch und, wie man sah, auch gut zu torpedieren, wenn die Vergangenheit an der Tür schellte.

Elisa war froh, als das Märchenland vor ihnen auftauchte und sie ihre Gedanken endlich in eine andere Richtung lenken konnte. Sybille und Ike waren bereits da und winkten fröhlich.

»Da seid ihr ja endlich!«

Es wirkte zwar ausgelassen, aber Elisa spürte die Anspannung der beiden. Sie würde das Thema Marten von sich aus aber bestimmt nicht ansprechen.

»Opa kommt später«, erklärte Ike. »Er hat noch einige Dinge zu erledigen.«

Sie schaute bedeutungsvoll zu Tobias, wollte das Thema Traute aber wohl nicht vor allen ansprechen, wofür Elisa ihr sehr dankbar war.

Sie biss sich auf die Unterlippe. Mit welchem Ding er nun beschäftigt war, konnte sie sich lebhaft vorstellen. Es war schlank, hatte dunkel gefärbte Haare und einen schmachtenden Blick. Dazu eine sehr schöne Stimme, die sogar in den Bann zog, wenn sie einfach nur Martens Namen rief.

Elisa schob den Gedanken beiseite. Jetzt ging es um das Märchenland, nicht darum, mit wem Marten Boekhoff, den sie schließlich erst kurze Zeit kannte, herumflirtete.

Julia kam eben mit ihrem Hollandrad angefahren. Aber auch das hatte einen kleinen E-Motor. Sie sprang vom Rad und begrüßte ihre neuen Helfer fröhlich.

»Heute kommen sehr viele Kinder. Die können wir dann aufteilen. Viele haben Lust am Sport, und sie würden sich hinterher über einen tollen Kuchen freuen. Ich habe frische Erdbeeren vom Markt besorgt. Kannst du die verarbeiten?«

»Aber klar«, sagte Elisa, und sie ging in Gedanken schon durch, welchen Kuchen sie mit den eingekauften Zutaten backen konnte. Es gab stets genug Varianten.

Julia musterte Ike, Tobi und Sybille. »Sie kenne ich gar nicht, und es fehlt Herr Boekhoff.«

»Ich bin Ikes Mutter und habe meine Tochter nur hergebracht. Ich werde auch gar nicht bleiben, weil ich ins Homeoffice muss. Frau Krull war so nett, mich in ihrem Haus arbeiten zu lassen. Bin also schon weg.« Sie winkte und fragte Elisa: »Immo ist zu Hause?«

Auf deren Nicken hin bestieg sie ihr Auto wieder und fuhr los.

»Gut, dann gibt es das Schrottbasteln eben erst nächste Woche, wenn Herr Boekhoff schon am ersten Tag durch Unpünktlichkeit glänzt.« Julia war sichtlich missgestimmt.

Normalerweise hätte Elisa ihren neuen Freund jetzt mit allen ihr zur Verfügung stehenden Mitteln verteidigt. Sie hätte sogar gelogen und behauptet, Marten wäre erkrankt oder Ähnliches. Aber wenn er selbst nicht den Mut hatte, sich abzumelden, weil das alte Liebchen beschnuckelt werden musste, dann sollte er doch zusehen, wie er das Schiff wieder ins richtige Fahrwasser bekam. Sie war schließlich nicht sein Kindermädchen. Und nicht die Frau an seiner Seite.

Kapitel 19

Sybille klopfte das Herz, als sie die Tür zur Stube öffnete und Immo dort vor seinem Rechner saß. Er schaute bei ihrem Eintreten sofort auf und lächelte.

»Ich freue mich, dass wir fortan dieses Büro teilen«, sagte er so förmlich, dass seine Verlegenheit spürbar war.

»Gut, dann legen wir mal los.« Sybille holte ihren Laptop aus der Tasche.

Das Mailfach quoll vor Nachrichten geradezu über, und sie hatte eine Menge damit zu tun, alles zu beantworten. Erst nach einer Stunde war es geschafft.

»Soll ich uns einen Kaffee machen?«, fragte Immo. »Wie im Büro?«

»Gern und bitte schwarz«, antwortete Sybille. Sie fühlte sich in Immos Nähe wohl. Er war unaufdringlich und freundlich, wirkte stets verständnisvoll, und wie er mit Tobias umging, war wunderbar.

»Hey, pass auf, dass du jetzt keinen Fehler machst«, flüsterte ihr eine Stimme zu. »Der Mann hat eine Lebensgefährtin, auch wenn er gerade dabei ist, sie abzulegen. Nur sind solche frisch getrennten Typen nie wirklich frei.«

Als Immo mit den beiden Kaffeebechern zurückkam, setzten sie sich auf die Couch und auf den danebenstehenden Sessel.

»Wegen der Räder«, begann Immo. »Ich kann Gesa nicht erreichen. Sie hat mich blockiert. Wir müssen wohl doch selbst nach Köln fahren.«

Sybilles Herz machte einen fröhlichen Satz. Sie wollte nicht auf diese warnende Stimme hören. Sie wollte Zeit mit Immo Krull verbringen und ihn besser kennenlernen.

»Gut, dann machen wir das, so schnell es geht.«

»Fein, dann wäre das geklärt. Ich bin selbst überrascht, wie wohl sich hier alle fühlen. Es ist wie Urlaub. Oder eine Flucht, von der ich gar nicht wusste, wie nötig ich sie hatte.«

»Geht mir genauso«, gestand Sybille. »Nur dass ich schon zuvor auf der Flucht war. Ständig bin ich umgezogen. Von einer Großstadt in die nächste. Ikes wegen habe ich es dann in Köln recht lange ausgehalten.«

»Dass du aufs Land in eine so kleine Stadt wie Otterndorf musst, darauf wärst du gar nicht gekommen, oder?« Immo schaute Sybille schon wieder eine Spur zu lange an. Und sie genoss es. Das war ihr ewig nicht mehr passiert.

»Niemals hätte ich das gedacht. Aber ich will ehrlich sein: Vorsicht ist die Mutter der Porzellankiste, wie man so schön sagt. Ich bin noch in einer abwartenden Haltung, ob das Gefühl des Angenommenseins wirklich anhält oder plötzlich verpufft wie eine Seifenblase.«

»Das ist doch auch gut so. Ich bin ebenfalls kein Mensch der übereilten Entschlüsse«, sagte Immo. »Aber im Augenblick genieße ich einfach den Wohlfühlfaktor 10.« Er senkte den Blick. »Obwohl es schon eigenartig klingen muss. Ich reduziere etwas. Ich bin gerade frisch getrennt und sage, ich fühle mich pudelwohl.«

Sybille beugte sich zu Immo. »Ich kenne das. Ging mir genauso, als ich plötzlich wieder Single war. Mit einem Mal konnte ich tun und lassen, was ich will. Ich dachte sogar, ich könnte fliegen.« Sie brach ab.

»Und das konntest du dann nicht«, vervollständigte Immo den Gedankengang.

»Nein. Ich habe alles gemacht, was mir gefällt, aber dann wurde mir mit jedem Tag und jeder Aktion deutlich, wie allein ich eigentlich war. Ich konnte es mit niemandem teilen, verstehst du?«

»Ja, das kann ich nachvollziehen. Ich sollte mir wohl an dir ein Beispiel nehmen und nichts überstürzen, sondern alles sacken lassen.«

»Genau das meine ich.« Sybille warf einen Blick auf die Uhr. »Ich muss dann wieder ans Werk, sonst gibt es Ärger. Sag mal, als was arbeitest du eigentlich?«

»Ich bin Unternehmensberater bei Xtra & Co.«

Nun begann Sybille lauthals zu lachen.

»Was ist denn daran so komisch?«

Immo schien nicht so recht zu verstehen.

»Erstens: Dort arbeite ich auch, nur im Marketing. Zweitens: Da haben wir wohl beide gelogen, damit wir dieses ›Büro‹ hier bekommen.«

Immo grinste und verstand sofort, worauf Sybille hinauswollte. »Du redest davon, dass wir angeblich beide kaum Meetings haben und deshalb mit unseren Onlinekonferenzen keinen stören?«

»Treffer, versenkt«, antwortete Sybille.

»Wir werden schon eine Lösung finden«, meinte Immo.

»Ja, sobald mein Schwiegervater WLAN hat, nur sehe ich das gerade in weiter Ferne, denn darum wollte sich deine Mutter kümmern.«

»Wenn sie das sagt, tut sie das. Meine Mutter packt immer sofort an, was sie sich vorgenommen hat.«

Nun verzog Sybille das Gesicht. »Das glaube ich dir gern, aber es sind bei Marten Umstände eingetreten, die genau das verhindern werden.«

»Hä? Das verstehe ich nicht. Was denn für Umstände? Hat der Anbieter ihm die Glasfaserkabel durchschnitten, oder was?«

»Schlimmer«, antwortete Sybille, und sie wusste selbst, wie blöd es klang.

»Ja, was denn? Raus mit der Sprache!«

»Seine Ex-Frau ist da. Und die ist schlimmer als jeder Tornado oder Glasfaserkillerbagger.«

»Das war cool, Oma. Mit den Kiddies zu arbeiten, das ist genau das, was ich will.« Tobias strahlte übers ganze Gesicht, als sie beim Mittagessen in der Küche saßen.

Das hatte Elisa nämlich rasch mit ihrer speziellen Knoblauchbombensoße gekocht. Nun würden Sybille und Ike eine ordentliche Fahne haben, und Marten und seiner Verflossenen würde dieser strenge Duft um die Nase wehen. Als kleine Strafe dafür, wie schnell er sie nach ihrem Kuss abserviert hatte.

Wie sonst sollte sie es interpretieren, dass er es nicht einmal für nötig befunden hatte, sich bei ihr zu melden, nachdem Traute aufgetaucht war? Er hatte sie nicht zurückgehalten, er hatte sie seiner Ex nicht vorgestellt.

Wie dumm sie doch auf ihre alten Tage gewesen war, sich auf eine Liebelei mit einem Mann einzulassen, der wie aus dem Nichts in ihrem Leben aufgetaucht war und noch vor Kurzem als Deichschrat fungierte!

Sie wollte keinerlei weitere Gedanken an Marten verschwenden. Das war er nicht wert.

»Mir geht es genauso«, bestätigte Ike. »Ich bin da vollkommen aufgegangen, und mir war sofort klar: Das will ich beruflich machen.«

»Dann hat sich der Ausflug ja schon mal gelohnt«, sagte Elisa. Sie wunderte sich, wie wenig Begeisterung sie empfand, obwohl es doch wunderbare Neuigkeiten waren, wenn sich die jungen Leute so einbringen wollten und sogar Zukunftsperspektiven entwickelten.

Sie wusste, worin der Grund lag. Es konnte aber doch nicht sein, dass Marten ihr Denken und Fühlen schon so besetzt hatte, dass sie Probleme bekam, sich mit ihrem Enkel und dessen Freundin zu freuen.

»Ich werde Erzieherin«, tat Ike eben kund. »Das ist ein sehr langer Ausbildungsgang, aber ich kann mich dort voll entfalten und einbringen. Und bei dem herrschenden Mangel an Fachkräften in diesem Bereich bin ich sicher, einen Job zu bekommen.«

»Du hast dich ja wirklich schon richtig informiert!«, sagte Elisa. Ein bisschen Bewunderung tat dem Mädchen bestimmt gut.

Ike freute sich wirklich und lief ein kleines bisschen rot an.

»Und ich werde Sozialarbeit studieren«, sagte Tobias.

Elisa war nun doch baff. Was ein Tag im Märchenland ausrichten konnte! Holla, die Waldfee. Bei ihr war das Ergebnis mickriger. Sie hatte zwar gern mit den beiden Mädchen den Teig für den Erdbeerkuchen in den Ofen geschoben und zuvor gerührt und geschnippelt, aber ihre Gedanken waren ganz weit weg achtern Diek spazieren gegangen. Zusammen mit Marten und Traute, die sie aber ganz sicher nicht dabeihaben wollten.

»Hast du Stress mit Marten?«, fragte Tobias sie ganz unverblümt.

»Wie kommst du darauf?«, antwortete Elisa.

»Weil du anders bist. Und Ike hat erzählt, dass seine Ex zurück ist.«

Elisa winkte ab. »Ach die. Nein, das ist doch okay. Sie ist seine Verflossene und besucht ihn eben. Natürlich muss er sich um sie kümmern, wenn sie nach so vielen Jahren schon mal da ist, nicht wahr?« Bloß schnell das Thema wechseln. »Noch Spaghetti?«

Ike und Sybille langten ordentlich zu und verschafften Elisa damit richtig Genugtuung. Sechs Knollen Knobi gegen Traute und Marten. Das musste wirken. Eine andere Waffe hatte sie schließlich nicht.

»Wenn alles okay ist, dann frag ich nicht weiter«, sagte Tobias und häufte sich noch mehr Nudeln auf. Es war ein Wunder, was in seinen durchtrainierten Bauch so reinpasste.

Elisa zuckte zusammen, als ihr Handy klingelte.

»Das ist Gesa«, sagte sie zu Tobias, der alles andere als erfreut wirkte.

»Stress im Anmarsch«, erklärte er. »Wenn die anruft, brennt die Luft.«

Elisa entfernte sich ein Stück von Ike und Tobias. Es war wohl besser, sich erst einmal anzuhören, was Gesa zu sagen hatte.

»Moin, Elisa«, wurde sie begrüßt. Wenn Gesa »Moin« sagte, hatte sie meist etwas auf dem Herzen, denn in diesen Fällen biederte sie sich immer mit der norddeutschen Sprache an, die sie im Gegenzug an anderer Stelle immer als altbacken abwertete.

»Was gibt es? Immo wollte mit dir reden, aber du hast ihn überall gesperrt.«

»Das ist richtig, aber darüber möchte ich mit dir ganz sicher nicht diskutieren. Mit dir möchte ich nämlich gar nichts klären.«

»Ist ja gut«, wandte Elisa begütigend ein. »Ich möchte nur klarstellen, dass du mich angerufen hast und es sich nicht umgekehrt verhält.«

Das war nämlich auch schon vorgekommen. Damals musste Gesa Frust ablassen und hatte Elisa angerufen. Als die ihr in der Sache nicht recht geben wollte, kam die Behauptung, Elisa solle sie doch mit den ewigen Telefonaten in Ruhe lassen. Gesa schaffte sich stets eigene Fakten und war eine Meisterin im Verdrehen von Tatsachen.

»Gut. Da ich mit deinem Sohn nicht mehr reden möchte, bitte ich dich, ihm auszurichten, dass ich das Haus bereits geräumt habe. Meine eigenen Sachen sind ja klar, aber ich habe auch ein paar Dinge mitgenommen, die mir am Herzen lagen. Er kann sich nach seiner Rückkehr ja umsehen und mir dann über dich Bescheid geben, ob es ihm so recht ist. Wenn nicht, braucht er einen Anwalt. Meiner steht voll hinter mir. Immer und in jeder Hinsicht.«

»Das kann ich mir vorstellen«, gab Elisa bissig zurück.

»Es war mit deinem Sohn nicht immer einfach«, blaffte Gesa sie an. »Allein diese Grausamkeiten beim Essen!«

Elisa lachte innerlich hämisch auf. »Weil du es als Folter empfindest, wenn Immo deine Salatblättchenzählaktion torpediert und sich in deinem Beisein ein Steak gönnt?«

»Ja, nicht wahr!«, ereiferte sich Gesa. »Genau das habe ich dem Anwalt auch gesagt, und er hatte volles Verständnis für meine prekäre Lage als verlassene LAG.« Plötzlich bekam ihre Stimme einen anderen Klang. »Aber stell dir vor, ich habe schon einen neuen Sponsor. Ich mache jetzt Werbung für Diäten, die verlassene Frauen wieder aufpäppeln.«

»Oh, das klingt ja gut.« Elisa musste sich das Lachen verkneifen. »Das findet bestimmt reißenden Absatz.«

»Ja, das tut es, denn die Rezepte sind bombastisch. Ich kann dir den Link schicken, bis morgen gibt es den fünfzigprozentigen Willkommensrabatt auf die ersten zehn Rezepte.«

»Was isst man denn da? Knoblauchsoße mit Zwiebeln?«, fragte Elisa und musste regelrecht an sich halten, denn sie hatte ja was Ähnliches gekocht – aber damit Traute wieder verschwand und zu einer verlassenen Frau wurde.

»Du nimmst mich nicht ernst«, kam es scharf aus dem Handy. »Bitte richte Immo alles aus. Und ab dafür, wie ihr da oben so schön sagt!«

Zack war das Gespräch zu Ende.

Eigentlich widerstrebte es Elisa, sich in die Beziehung einzumischen, indem sie zur Botschafterin schlechter Nachrichten wurde. Aber bevor sie Gesa mit ihrer spitzen Zunge auf Immo losließ … Sie seufzte und legte das Handy weg.

»Das war Gesa als wutentbrannte Xanthippe, oder?«, fragte Tobias.

Elisa nickte. »Ich muss mit deinem Vater reden.« Sie ging zum Wohnzimmer, wo Sybille und ihr Sohn in ihre Arbeit vertieft waren. Obwohl sie nur auf den Bildschirm schauten und ihre Finger über die Tastatur huschten, machte es einen überaus harmonischen Eindruck.

Immo schaute kurz auf. »Gibt es was Wichtiges?«

»Sonst würde ich dich wohl nicht stören. Es geht folglich nicht darum, dass ich hoffe, du möchtest dich baldmöglichst an meinem Hühnereintopf gütlich tun.«

Immo stand auf. »Gut, ich komme.«

Er winkte Sybille, die mit einem Lächeln antwortete.

»Lass uns auf die Terrasse gehen«, schlug Elisa vor. »Es ist wohl besser, wenn wir zunächst allein sind.«

Immo presste die Lippen zusammen und folgte seiner Mutter.

»Es ist was mit Gesa, oder? Ich vermute, sie ist zu feige, mir selbst zu sagen, wie sie mit unserer Trennung umgeht. Hab ich recht?«

Elisa war über sein Gespür erstaunt, er kannte seine LAG – eine witzige Abkürzung, aber Elisa wollte mit der Zeit gehen – wohl doch ziemlich gut.

»Ja, leider, so sieht es aus. Sie hat ihren Kram abgeholt, und du sollst gucken, ob es okay ist, was sie sonst noch mitgenommen hat. Gibt es Stress, hat sie mit ihrem Anwalt gedroht.«

Immo atmete tief durch. Dann rannen ihm Tränen über die Wangen, die er aber ärgerlich abwischte.

»Ich möchte eigentlich nicht weinen, aber es ist«, nun entfuhr ihm auch noch ein Schluchzen, »komisch, wenn etwas einfach so vorbei ist.«

Elisa nahm ihn in den Arm und wartete, bis die Tränen versiegten. Plötzlich war er wieder der kleine Junge, der Mutters Trost und Zuspruch brauchte.

»Ich liebe Gesa schon so lange nicht mehr, und trotzdem heule ich jetzt herum, als hätte ich die Liebe meines Lebens verloren«, sagte er schniefend.

»Hast du ja auch, denn sie war es doch einmal«, entgegnete Elisa. »Und dass ihr es nicht geschafft habt, ist ja ein Scheitern, was schmerzt. Schließlich wolltet ihr für immer glücklich sein. Das tut nun mal weh! Ich finde es gut, dass du die Trauer zulässt. Alles andere hätte ich befremdlich gefunden. So etwas braucht Zeit.«

Immo atmete wieder tief durch und befreite sich dann aus der Umarmung. »Da muss ich dir in allen Punkten zustimmen. Einfach ist es wohl nie.«

Elisa reichte ihm ein Papiertaschentuch.

Immo schnäuzte sich kräftig. »Dann ist es jetzt wohl, wie es ist. Danke, Mama, dass ich und Tobi hier Asyl bekommen haben. Im Augenblick zeichnet es sich ab, dass ich nicht zurück nach Köln möchte. Sollte ich aber Otterndorf und einen Umzug hierhin in Erwägung ziehen, werde ich uns natürlich eine eigene Wohnung suchen.«

»Immer langsam und einen Schritt nach dem anderen«, versuchte Elisa ihren Sohn zu mäßigen. »Du musst jetzt nichts entscheiden. Nun warten wir mal die nächsten Wochen ab.«

Immo drückte sie noch einmal kurz, und dann machte er sich auf ins Wohnzimmer, wo Sybille ihn neugierig anschaute. Elisa war sicher, dass er jetzt dort eine gute Zuhörerin hatte.

Kapitel 20

Maunz von Maunzerich!«, rief Marten, aber der Kater ließ sich nicht blicken.

Traute war noch unterwegs, und so wagte er es, sich auf die Suche nach dem Tier zu machen. Er klopfte an den Fressnapf, er pfiff und rief erneut den Namen.

Wo nur war der kleine Freund? Hatte er es sich so zu Herzen genommen, dass Traute ihn nicht mochte und es ihm mehr als deutlich gezeigt hatte?

Er hörte auf zu rufen, als der protzige schwarze SUV seiner Ex-Frau auf den Hof bretterte und beim Bremsen kleine Steine durch die Gegend flogen.

»Was machst du hier draußen?«, fragte sie misstrauisch.

»Ich suche Maunz von Maunzerich.«

»Der hat es hier bei diesem Durcheinander nicht ausgehalten.« Traute steuerte, gefolgt von Marten, strammen Schrittes auf die Eingangstür zu und ging in die Küche, wo sie sich auf einen der Stühle am Tisch fallen ließ.

Sie wirkte fehlplatziert.

»Gestern fandest du es noch schön, wie wenig ich verändert habe«, wandte Marten vorsichtig ein, erntete aber nur ein Abwinken.

»Was interessiert mich mein Geschwätz von gestern? Grundsätzlich war ich wegen der Nostalgie gerührt, aber wenn ich hier leben soll – das ist nämlich ein himmelweiter Unterschied –, dann muss sich doch einiges ändern, nicht wahr?« Sie schnaufte schwer.

Marten aber schluckte. Wer hatte denn was vom Bleiben gesagt? »Du möchtest hier wohnen?«, fragte er entgeistert.

»Was denn sonst?«, gab Traute zurück. »Ich habe eben schon ein Räumungsunternehmen beauftragt, damit der Hof schnell manierlich aussieht. Und morgen kümmere ich mich um einen Maler und so weiter. Inzwischen wäre es super, wenn du Sybille und Ike schnell klarmachen würdest, dass sie ausziehen müssen. Ich brauche meine Privatsphäre.«

Nun wurde es Marten doch zu bunt. »Traute, ich werde weder Sybille noch Ike auf die Straße setzen. Ich möchte auch kein Räumungsunternehmen, und wann der Maler kommt, bestimme auch immer noch ich selbst.«

Traute ließ sich nicht beeindrucken.

»Marten, das wissen wir doch beide: Du bekommst es allein nicht auf die Pfanne. Guck dich doch um!«

»Du. Hast. Mich. Verlassen. Das Haus gehört mir allein, weil ich dich ausgezahlt habe, und du hast hier nichts zu bestimmen.«

Traute klappte bei seiner Ansage der Mund auf und zu.

»Aber du wolltest doch, dass ich zurückkomme. Und nun bin ich da.«

»Ich habe lange Zeit allein gelebt, und Dinge ändern sich«, hob Marten an, wurde dann aber vom Schrillen des Telefons unterbrochen. »Entschuldige mich bitte!«, sagte er und huschte in den Flur. »Boekhoff«, meldete er sich.

»Hier spricht Elisa.«

Bei ihrer vertrauten und warmen Stimme klopfte Martens Herz unwillkürlich schneller. Niemals hätte sie sich so wie Traute verhalten. So anmaßend und übergriffig. Er wollte gerade zu einer Erklärung ansetzen, als Elisa weitersprach.

»Ich wollte dir nur sagen, dass Maunzi bei mir ist. Wenn du den kleinen Kerl gern loswerden möchtest, wäre es sehr freundlich gewesen, es mir mitzuteilen und ihn nicht einfach vor meine

Tür zu setzen. Er hat bitterlich geweint. Von allein ist er bestimmt nicht zu mir gekommen. Zum Glück hatte der Supermarkt noch geöffnet, und Immo konnte Futter kaufen. Ich bin schwer enttäuscht von dir, Marten!«

»Aber«, hob er an, doch Elisa hatte das Gespräch bereits beendet.

Traurig legte Marten den Hörer auf die Gabel. So hatte er sich das Gespräch nicht vorgestellt. Außerdem: Wie kam Maunzi in die Eschstraße? Elisa hatte recht: Von allein wäre er dort nicht hingelaufen. Es war nicht nur ein weiter Weg, er würde doch bestimmt nicht dorthin finden.

»Was guckst du so nachdenklich?«, fragte Traute.

»Maunz von Maunzerich ist bei Elisa.«

»Klar, er ist dort, wohin er gehört. Bei der Verursacherin allen Übels.« Traute griff nach der Wasserflasche und schenkte sich ein.

»Wie …« Langsam dämmerte es Marten. »Du warst das?«

»Ja, ich möchte keine Haustiere, das weißt du doch.«

»Es ist mein Haus und mein Kater«, quetschte Marten hervor. War Traute schon immer eine so schreckliche Frau gewesen? Er hatte sie anders in Erinnerung. Sanfter, nicht so gemein.

Traute stand auf und legte ihre Arme von hinten um ihn. Sie roch wie früher. Ihre Haut hatte noch immer die angenehme Samtigkeit. Ihr herabfallendes Haar kitzelte an Martens Nase. Es war wie damals, wenn sie sich nach einem Streit wieder vertragen hatten.

Trautes Lippen wanderten über seine Wange und streiften seinen Mund. Kurz war er versucht, es zu erlauben. Mehr zu wollen. Die Vergangenheit in die Zukunft zu lassen und dort anzuknüpfen, wo sie vor vielen Jahren auf verschiedene Wege abgebogen waren. Nur hatte er lange, viel zu lange an der Kreuzung gestanden und darauf gehofft, dass Traute umkehrte und ihm erneut entgegenkam. Bis er sich selbst aufgemacht hatte und ihm andere Menschen wie Elisa begegnet waren.

Und die hatte er nun vor den Kopf gestoßen und verletzt. Für eine Frau, die seinen Maunz von Maunzerich einfach wegorganisiert hatte, ohne das mit ihm abzusprechen. Für eine Frau, die über seinen Kopf hinweg entschied, was mit seinem Haus zu geschehen hatte. Ein Ding der Unmöglichkeit!

Trautes Finger waren derweil weitergewandert und strichen verführerisch über seinen Oberschenkel.

Marten stieß ihre Hand fort.

»Bitte lass das!«

Er sprang so abrupt auf, dass Traute ein wenig ins Taumeln geriet.

»Was soll denn das?«, herrschte sie ihn an.

»Ich möchte, dass du sofort deinen Koffer nimmst und aus Otterndorf verschwindest.«

Traute schaute ihn an, als wäre Marten eben zu Alf mutiert.

»Das ist nicht dein Ernst«, empörte sie sich. »Noch vor vier Wochen hast du mir eine Nachricht geschrieben, dass du an mich denkst. Und das ist jetzt nicht mehr so?«

»Dinge ändern sich«, wiederholte Marten. »Und du hast dich auch verändert. Man muss wissen, wann es vorbei ist, und bei uns bin ich mir ganz sicher.«

Traute reckte rebellisch das Kinn. »Du weißt ja gar nicht, was du verpasst!«, brachte sie hervor. »Du … du …«

»Was du?«, fragte er.

Plötzlich war alles ganz einfach. Es machte Marten nichts aus, Traute klare Kante zu zeigen. Ihr zu sagen, dass sie in seinem Leben keinen Platz mehr hatte.

Er brauchte nur an die letzte Woche zu denken. Mit Elisa und Maunz von Maunzerich. Dass Sybille und Ike jetzt wieder da waren und sein Haus mit Leben erfüllten. Ihn unterstützten, anstatt über seinen Kopf hinweg Dinge zu entscheiden, die sie nichts angingen.

Traute glotzte ihn an wie ein Fisch, der versehentlich an Land gekommen war und nun überlegte, woher er seinen Sauerstoff bekommen sollte.

Es dauerte, ehe sie begriff, dass es Marten ernst war und sie wirklich von seinem Hof verschwinden sollte.

Ohne ein weiteres Wort stürmte sie hinauf in ihre kleine Kammer, rannte gleich darauf an ihm vorbei und warf den Trolley auf die Rückbank ihres SUV, bevor sie mit durchdrehenden Reifen davonstob.

Ike schaute über die Treppenbrüstung in die Diele.

»Was war denn das?«, fragte sie erstaunt.

»Das war deine Oma. Sie sucht sich ein anderes Zuhause, wo sie schalten und walten kann, wie sie möchte«, sagte Marten. »Morgen hole ich Herrn Maunz von Maunzerich zurück. Den hat sie nämlich ausquartiert. Aber er hat ältere Rechte.«

Tobias rieb sich die Augen. Nach der Mitteilung seines Vaters, dass auch er in Erwägung ziehe, in Otterndorf zu bleiben, und seiner Frage, ob Tobi sich vorstellen könne, ganz zu bleiben, hatte er schlecht geschlafen.

Es miaute auf dem Flur.

Was war denn das? Seine Oma besaß keine Katze, aber es klang so, als säße eine direkt vor seiner Tür. Gähnend richtete er sich auf, quälte sich aus dem Bett und schlurfte zur Tür.

»Miau«, hörte er wieder.

Vorsichtig öffnete er die Tür einen Spaltbreit, und herein schoss – Maunz von Maunzerich.

»Was machst denn du hier?«, fragte er.

Der Kater sprang auf sein Bett und machte es sich auf Tobis Kopfkissen gemütlich.

»Hey, so haben wir nicht gewettet«, sagte Tobias grinsend. »Ich habe Ferien und plane noch eine Mütze Schlaf!«

Doch das Argument machte bei Maunz von Maunzerich nur bedingt Eindruck. Er reckte sich lediglich, fuhr die Krallen kurz aus und leckte das Mäulchen. Dann schüttelte er den Kopf, legte ihn ab und schloss die Augen.

»Okay, das ist deutlich. Du beanspruchst mein Bett für dich.«

Tobias schaute auf die Uhr, die gerade mal sechs zeigte. Unchristlich, wenn man in den Ferien war und ausschlafen wollte. Er bereute zutiefst, die Tür geöffnet zu haben. Aber er hatte auch keine Lust, sich das Bett mit Maunz von Maunzerich zu teilen, denn er hätte sich irgendwie unterhalb des Katers oder daneben einkuscheln müssen. Da er ohnehin in dem alten Jugendbett schlief und das recht klein war, würde das ziemlich unbequem sein.

»Gut, dann erfolgt jetzt das Tobias-Boekhoff-Morgensportprogramm«, beschloss er.

Das war vielleicht keine so schlechte Idee, denn er hatte sich, seit er aus Köln abgehauen war, wesentlich weniger bewegt als zu Hause, wo er dreimal in der Woche beim Handball war.

Er war froh, immerhin seine Sportschuhe bei der Flucht eingepackt zu haben. Und die Shorts waren auch dabei.

Kurzerhand schlüpfte er in alles hinein und schlich die Treppe hinunter, denn er wollte keinen aufwecken. In der Küche trank er ein Glas Wasser, und dann trat er vor die Tür.

Es war noch kühl, und von der Medem her schlich ein unangenehmer Windzug. Sommerliches Wetter war heute wohl nicht zu erwarten.

Er durchquerte Otterndorf, hielt sich Richtung Nordsee, bis er am Philosophenweg angekommen war. Dort pausierte er und machte etwas Stretching.

Er war tatsächlich ein bisschen eingerostet und sollte es sich zur Gewohnheit machen, das Fitnessprogramm beizubehalten. Als er sämtliche Muskelgruppen durchhatte, überlegte er, ob er lieber wieder zurücklaufen oder noch bis zum Deich joggen sollte.

»Immer in Richtung Ike«, sagte er zu sich selbst.

Sie war einfach klasse, und er merkte, dass schon der Gedanke an sie genügte, sein Herz schneller schlagen zu lassen.

Gerade als er wieder losrennen wollte, sah er eine andere Joggerin, die von der Schleuse her auf ihn zulief. Das ist Ike!, schoss es ihm durch den Kopf. Die Haltung, ihre geschmeidigen Bewegungen: Er hätte sie überall sofort erkannt.

Etwas atemlos stand sie kurz darauf vor ihm.

»Moin, auch so früh auf den eingerosteten Beinen?«, begrüßte sie ihn mit einem breiten Lächeln.

»Jo, ich bin von Herrn Maunz aus dem Bett vertrieben worden und dachte, frische Nordseeluft würde mir guttun.«

»Er ist also tatsächlich bei euch?«

»Ja. Sag mal, was stimmt zwischen meiner Oma und deinem Opa nicht? Zwar hat sie gestern noch Stein und Bein geschworen, dass sie kein bisschen eifersüchtig ist, aber ich glaube das nicht so richtig.«

Ike zuckte mit den Schultern. »Meine Oma Traute ist voll schräg. Also ganz nett, aber sie kommt mir vor wie aus der Zeit gefallen.«

»Inwiefern?«

»Na ja, sie verlässt Opa, lässt sich von ihm jahrelang anschmachten, kommt dann zurück und erwartet, dass alles so ist wie früher.«

»Ist es das zwischen ihnen nicht?«, hakte Tobias hoffnungsvoll nach. Das wäre immerhin die Rettung für seine Großmutter, denn dass ihr Ikes Opa gleichgültig war, glaubte er nicht. »Oma sagt nichts, aber ich spüre doch, dass der Haussegen schief hängt. Nun ist auch noch Maunz wieder da. Was genau ist da los?«

Ike schabte mit der Schuhspitze übers Pflaster.

»Oma Traute ist auf jeden Fall weg, weil Opa sie gestern rausgeworfen hat.«

Tobias fiel ein Stein vom Herzen. »Dann ist ja alles in Butter!«

»Ist es nicht«, sagte Ike und tippelte auf der Stelle, damit ihr nicht kalt wurde. »Deine Oma nimmt nicht ab, wenn er anruft. Sie ist wohl auch stinkesauer, weil er zugelassen hat, dass Oma Traute den Kater zu ihr gebracht hat.«

»Aber er wusste davon nichts, stimmt's?«

»Stimmt«, bestätigte Ike. »Wenn wir wollen, dass sie sich wieder vertragen, müssen wir uns wohl was einfallen lassen. Deine Oma ist verletzt und dadurch ganz schön stur.«

Tobias nickte. »Komm, wir laufen noch ein Stück, sonst werden wir kalt. Und dann schmieden wir einen Plan.«

Kapitel 21

Elisa zupfte die letzten Grasbüschel aus dem Beet. Es war nach einem dreitägigen Kälteeinbruch wieder heiß geworden, und nun lief ihr der Schweiß den Rücken hinunter. Und doch kämpfte sie sich weiter durch die Beete, weil es guttat, sich zu beschäftigen und ihren Frust dahingehend zu bekämpfen, dass sie dem Unkraut den Garaus machte.

Marten hatte zwar mehrfach versucht, sie zu kontaktieren, und Ike hatte auch gesagt, dass Traute gar nicht mehr bei ihm auf dem Hof wohne, aber das reichte ihr nicht. Der Schock saß zu tief, wie er von einer Sekunde auf die andere einfach abgetaucht war, um in die Arme seiner Ex-Frau zu flüchten.

Elisa wusste nicht, ob sie ihm das verzeihen konnte und wollte. Gleichgültig, ob er nun Stein und Bein schwor, dass er lediglich überrumpelt worden war.

»Ich kann das noch nicht«, murmelte sie und rupfte mit Schwung ein besonders breit gewachsenes Büschel aus der Erde.

Es war aber nicht nur Marten, dessen Verhalten ihr zusetzte. Auch die häusliche Situation gestaltete sich zunehmend schwierig. Sie war zu lange allein gewesen, als dass sie nun locker damit umgehen konnte, wenn ständig jemand um sie herum war.

Das hatte Elisa gewaltig unterschätzt.

Sie war der Ansicht gewesen, ihr Häuschen wäre groß genug, sodass sie eine Weile zu dritt darin hausen konnten. Sie hatte auch kein Problem darin gesehen, Immo und Sybille ihre Stube als Büro anzubieten, und nachdem Traute ihr Maunz von Maunzerich vor die Tür gesetzt hatte, war ihr selbst das wie eine Art Schicksal erschienen.

Aber nun, nach den ersten zehn Tagen, merkte sie doch, wie sehr sie das alles belastete. Sie war anscheinend nicht mehr die Jüngste und konnte mit der Enge und ständigen Kommunikation schlecht umgehen. Wie anders wäre es, wenn jeder seinen Bereich hätte.

Marten war da im Vorteil. Sein Hof war riesig, dort könnten sie locker alle zusammen wohnen, und jeder hätte Platz genug.

Es war eine Wohltat gewesen, als Sybille und Immo vor ein paar Tagen ihre Dienstreise nach Köln in die Firma genutzt hatten, um Ikes und Tobias' Fahrräder zu holen.

Nun waren wenigstens die jungen Leute unabhängig, und das nutzten sie oft aus. Ständig machten sie ausgedehnte Touren am Deich entlang. Sie waren schon bis ins Alte Land geradelt und völlig aus der Puste zurückgekehrt.

Aber es häufte sich die Wäsche, und wenn viele Menschen auf engem Raum zusammen waren, wurde es automatisch schnell unordentlich. Elisa hatte das Gefühl, nur noch aufzuräumen.

»Heute rede ich mit ihnen«, beschloss sie. »So geht es nicht weiter. Ich schaffe das nicht.«

Das Beet war vom Unkraut befreit und sah wieder ordentlich aus. Nun konnte sie sich dem Mittagessen widmen, und wenn sie zusammen speisten, würde sie das Problem ansprechen. Es hatte noch nie geholfen, Dinge in sich hineinzufressen.

Elisa holte den Besen und fegte die Erde vom Pflaster. Die Gartenarbeit hatte ihrem Rücken zwar nicht gutgetan, aber ihrer Seele. Nachher hatte sie Gott sei Dank noch einen Termin bei ihrem Physiotherapeuten, der glücklicherweise unter der spanischen Sonne nicht ganz verbrannt war.

»Frau Krull, ich hatte doch ein Schutzshirt an, und natürlich habe ich auch einen Sonnenhut getragen.«

Da war Heinzi ja tatsächlich vorsichtig gewesen. Es erleichterte Elisa, denn ihrem Rücken würden seine heilenden Hände guttun. Hatte sie Stress, verkrampften ihre Muskeln noch stärker. Selbst der Sport half nicht. Er hatte ihr eher heftigen Muskelkater verschafft, nur würde sie das nienich zugeben.

Zum Glück war sie eine der Ersten gewesen, die Heinzi nach seiner Reise um einen Termin gebeten hatten, denn so waren seine Kapazitäten groß genug, ihr gleich drei aufeinanderfolgende Behandlungen anzubieten. Rücken, Schulter und Beine würden ausgiebig zu ihrem Recht kommen.

Immerhin ein Lichtblick.

Elisa räumte die Gartengeräte in den Schuppen, nahm sich ein Glas Wasser und setzte sich auf die frisch geputzte Terrasse, damit sie ihr Werk ausgiebig bewundern konnte.

Sie schloss die Augen und lauschte dem Gesang eines Amselmännchens und dem Tschilpen der Spatzen. Die Bienen und Hummeln tummelten sich brummend in ihren bunten Stauden und saugten begeistert den Nektar.

Ein Boot tuckerte auf der Medem vorbei, und über ihr brummte ein kleines Flugzeug. So mochte sie es. Und doch war ihr genau dieser Zustand am Ende zu einsam erschienen.

Verdammt, sie wusste ja wohl selbst nicht mehr, was sie wirklich wollte und wünschte. Außer dass Heinzi nachher ihre Muskeln lockerte und sie sich danach hoffentlich entspannter fühlte und besser denken konnte.

»Na, Mama, ruhst du dich aus?«

Elisa schrak zusammen, aber es war nur Immo, der mit einem Becher Kaffee in der Hand vor ihr stand und eine Pause machte.

»Ja, ich habe nachgedacht. Wir müssen reden.«

Immo zog fragend die Brauen hoch, begriff dann aber, worum es ging. »Es ist ziemlich eng geworden, stimmt's?«

Elisa nickte. »Wir müssen doch eine andere Lösung finden.«

Immo nahm einen Schluck Kaffee, und der würzige Duft wehte zu Elisa.

»Darüber haben Sybille und ich auch schon gesprochen. Momentan überschlagen sich die Ereignisse, womit ja keiner hatte rechnen können.«

»Das ist wirklich so. Nachdem du und Gesa mich am Erdbeertag dermaßen versetzt habt, wollte ich das Haus schon verkaufen. Mir war alles zu groß und vor allem zu einsam geworden«, erklärte Elisa. »Doch dann kamen Marten und Maunz von Maunzerich, Tobi und Ike, und jetzt bist auch du noch da, und Sybille arbeitet hier.«

»Ja, lass uns reden. Ich sag Ike und Tobi Bescheid, wenn sie von ihrer Tour zurückkommen. Sybille sehe ich ohnehin gleich.«

Elisa fiel ein Stein vom Herzen, weil Immo die aufgekommenen Probleme auch schon erkannt hatte. Er wusste, dass ihre Situation in den nächsten Wochen ihres Aufenthaltes unbedingt verändert werden musste. Mit einem erheblich leichteren Gefühl im Bauch ging sie in die Küche, um das Essen vorzubereiten.

»Ich bin gespannt, was Oma zu sagen hat«, meinte Tobi, nachdem ihn sein Vater abgefangen hatte.

»Ich denke, es ist ihr zu eng«, warf Ike ein. »Und das kann ich verstehen. Bevor hier alle eingefallen sind, sah ihr Häuschen aus wie eine Puppenstube, und jetzt? Guck dich doch mal um!«

Tobias registrierte betreten, dass Ike recht hatte. Die Schuhe stapelten sich im Flur, die Garderobe drohte unter der Flut der Jacken zusammenzubrechen.

»Ich finde ja immer noch, wir sollten deiner Oma unseren Vorschlag unterbreiten. Er ist genial!«

Tobias gab Ike einen Kuss. »Grundsätzlich finde ich das auch. Aber im Augenblick reden Marten und Oma ja nicht einmal miteinander. Da sehe ich keine Chance.«

»Lass uns essen, danach gucken wir weiter.«

Ike strich Tobias über die Wange, und sie betraten zusammen die Küche, wo Sybille und sein Vater schon am Tisch saßen, während Oma Elisa gerade die Schüsseln befüllte.

Tobi und Ike halfen ihr rasch, alles auf den Tisch zu stellen. Es duftete verführerisch und sah unglaublich lecker aus.

Oma Elisa hatte groß aufgetischt. Wie auch immer sie das jedes Mal in der kurzen Zeit hinbekam.

Es gab Kartoffeln, einen Gurkensalat, Blumenkohl und Berge von Bratwürsten. »Frisch vom Schlachter«, bemerkte sie. »Die sind immer besonders gut gewürzt.«

Es roch verführerisch, und Tobi konnte es kaum abwarten, endlich zuzuschlagen. Immerhin waren er und Ike heute Morgen schon zwanzig Kilometer mit dem Rad gefahren. Ihr tägliches Fitnessprogramm, wenn sie nicht gerade joggten.

Zunächst taten sich alle auf, und dann herrschte gefräßige Stille.

Erst als abgeräumt war und die Küche vor Sauberkeit blitzte, so wie Elisa es gern hatte, räusperte sie sich.

»Wie Immo euch schon gesagt hat, müssen wir mal ein paar Dinge ansprechen. Schließlich leben wir hier in einer Art Wohngemeinschaft, und es hilft keinem, wenn Probleme unter den Tisch gekehrt werden.«

»Bevor du etwas sagst«, unterbrach Tobis Vater seine Mutter, »möchte ich was loswerden.«

Elisa schaute ihn fragend an. »Und?«

»Es ist noch nichts in Stein gemeißelt, aber ich halte es für vorteilhafter, darüber zu sprechen, wenn die Idee noch in den Kinderschuhen steckt. Deshalb passt es doch ganz gut, euch meine Überlegungen schon jetzt mitzuteilen und alles als Diskussionsgrundlage zu sehen.«

Mann, was labert der geschwollen, schoss es Tobias durch den Kopf. Das macht Paps auch nur, wenn ihm etwas unangenehm ist. Warum sagt er nicht einfach, dass er überlegt, in Otterndorf zu bleiben?

»Immo!«, maßregelte ihn seine Mutter da auch schon. »Komm auf den Punkt! Was willst du uns sagen?«

»Ich möchte gern in Otterndorf sesshaft werden und Norddeutschland wieder zu meinem Lebensmittelpunkt machen.« Er atmete sichtlich erleichtert aus.

Tobias schaute zu Ike, und sie strahlte.

Seine Oma hatte den Blick durchaus bemerkt. »Ich sehe, dass dich die Mitteilung deines Vaters überaus fröhlich stimmt«, sagte sie.

»Ja, und ich wusste es auch schon«, bestätigte Tobias. »Natürlich gefällt es mir, denn es ist nämlich so, dass Ike und ich in der letzten Woche ebenfalls übereingekommen sind ...« Er verlor kurz den Faden. Jetzt rede ich auch schon so aufgeblasen, dachte er. Dann sammelte er sich und fuhr fort: »Also wir finden es hier saucool und haben uns bereits erkundigt, wo wir zur Schule gehen könnten und wo ein Handballverein wäre ...«

Sein Vater hob die Hand. »Give me five!«, forderte er Tobias auf, und sie klatschten sich ab.

»Ich für meinen Teil würde mich freuen«, sagte Elisa. »Es kommt überraschend, und mit solchen Neuigkeiten habe ich weiß Gott nicht gerechnet – aber es ist toll!«

Tobias sprang auf und gab seiner Oma einen dicken Schmatzer.

»Dann kläre ich das mit meiner Firma«, beschloss sein Vater. »Aber das wird kein Problem sein.«

»Gut, wenn wir schon dabei sind«, hob Sybille an. »Ike und ich sind uns ebenfalls einig, dass die Großstadt nichts mehr für uns ist und wir das Landeidasein bevorzugen.«

Nun brach großer Jubel aus, die vier tanzten um den Tisch, und Tobias' Vater schrie nach Schampus. Nur Oma Elisa saß stumm am Tisch und knetete eine Papierserviette.

Tobias ging erneut zu ihr und umarmte sie. Er ahnte, was in seiner Großmutter vorging. »Auch wenn du dich freust, ist dir das im Augenblick alles zu viel, oder?«

Sie nickte stumm.

Nun bemerkten auch die anderen, dass Elisa trotz ihrer freundlichen Worte bedrückt wirkte, und nahmen wieder am Tisch Platz.

Tobias' Vater wartete, bis alle saßen.

»Ich weiß, was du jetzt denkst, Mama.«

»Ich denke, dass es zu eng ist. Für eine kurze Zeit ging es, aber mir kamen die kommenden Wochen schon sehr lang vor. Und jetzt für immer? Ich weiß nicht … Sosehr ich mich freue, dass meine Familie wieder da ist, aber das Häuschen hier platzt aus allen Nähten. Ich schäme mich ja selbst, aber mir ist es einfach zu viel, wenn wir ständig so dicht aufeinanderhocken.«

Immo nickte verständig. »Das ist uns doch allen sonnenklar. Dass wir hier in der Eschstraße Asyl gefunden haben, war super und eine große Geste deinerseits. Aber selbstverständlich werden wir uns nun um eine eigene Bleibe kümmern. Tobias und ich werden schon eine schöne Wohnung finden. Und Sybille und Ike haben ja im großen Haus von Marten ein Dach über dem Kopf.« Er grinste breit. »In der nächsten Woche haben sie dort sogar WLAN. Sybille hat Himmel und Erde in Bewegung gesetzt, denn ohne funktioniert es ja wirklich nicht.«

Über das Gesicht seiner Mutter glitt ein erleichtertes Lächeln. »Wat moi!«, entfuhr es ihr dann. »So ist es doch wunderbar gelöst! Ihr seid alle in meiner Nähe, aber wir erobern uns die Privatsphäre zurück!«

Tobias schaute zu Ike, und die nickte unmerklich.

»Du, Oma, wir hätten da noch eine andere Idee.«

Im Raum wurde es schlagartig still.

»Wollt ihr doch nicht bleiben?«, fragte Sybille ein bisschen ängstlich.

»Doch!« Ike strahlte. »Aber wir finden es schade, wenn wir alle in getrennten Wohnungen leben. Wo wir doch eigentlich wunderbar harmonieren. Es ist eben nur hier in der Eschstraße viel zu eng.«

»Ich verstehe gerade nicht, was ihr uns sagen wollt«, warf Tobias' Vater ein.

»Wir möchten, dass wir zusammenbleiben. Alle sechs. Nicht weil wir Paare sind, sondern als gute Freunde, die gemeinsam was stemmen. Mit dem Märchenland und so. Das könnte man wunderbar ausweiten.«

»Wo soll das denn sein?«, fragte Elisa, und dann dämmerte es ihr. Sie hob abwehrend die Hände. »O nein. O nein. O nein!«, stieß sie stakkatomäßig hervor. »Ihr denkt nicht an Martens Hof achtern Diek, oder?«

Betreten senkte Ike den Kopf. »Doch«, sagte sie dann. »Genau an den dachten wir. Das Wohnhaus und die Scheune sind so groß, da könnte man locker vier Wohneinheiten einbauen. Eine für dich, eine für Opa Marten und dann zwei für mich und Mama und Immo und Tobi.«

Elisa lachte bitter auf. »Das ist nicht ernst gemeint! Marten und ich reden seit einer Woche kein Wort mehr miteinander. Und das ist wohl der richtige Weg in unserem Umgang. Wir kannten uns zuvor kaum, und es hat sich eben schnell wieder erledigt. Ich nehme so etwas immer lieber schnell hin, als dass ich solche Sachen auf die lange Bank schiebe.«

»Oma Traute ist doch schon längst wieder fort«, sagte Ike. »Mein Großvater hat sie schon am nächsten Tag des Hofes verwiesen. Ich glaube, dass er schon in der kurzen Zeit festgestellt hat, wie wichtig du ihm bist.«

»Ph!« Elisa schien alles andere als überzeugt.

Sybille und Tobis Vater schwiegen.

»Was sagt ihr denn?«, hakte Tobias dennoch nach. Er fand Ikes und seine Idee nach wie vor grandios.

»Das wäre ein wahnsinnig großes Projekt«, gab sein Vater zu bedenken. »Grundsätzlich ist es eine tolle, wenn auch völlig durchgeknallte Idee. Wer soll einen solchen Umbau denn bezahlen? Und außerdem bin ich mir absolut nicht sicher, was Marten als Hausherr dazu sagt, dass ihr seinen Hof als Wohngemeinschaft verplant habt.«

Elisa nickte zustimmend und wiederholte: »Und das, wo ich kein Wort mehr mit dem rede!«

Ike aber reckte das Kinn und war nicht willens, aufzugeben.

»Für meinen Opa wäre es die Lösung all seiner Probleme. Er ist finanziell nicht gut gestellt, und wenn wir als Mitbewohner einziehen und renovieren, ist ihm eine große Last genommen. Er schafft das doch ohnehin nicht mehr allein, Garten, Haus und Hof. Alles viel zu groß.«

»Und wer soll das dann bezahlen, wenn Marten abgebrannt ist?«, mischte sich nun Elisa wieder ein. »Ich vermute, ihr habt da an mich gedacht. Wo ihr doch sowieso erbt.«

»Mama, jetzt bist du aber ungerecht«, sagte Tobias' Vater. »Das ist doch alles noch ungeklärt. So weit sind wir noch gar nicht. Ike und Tobi haben das nur vorgeschlagen, und wenn es so wäre, dann würden wir natürlich eine Lösung finden, die alle beteiligt.«

Elisa war noch immer nicht überzeugt.

»Gut, immerhin sind wir uns darüber einig, dass diese WG hier«, sie machte eine ausschweifende Handbewegung, »sich in Kürze auflöst. Wie auch immer. Geht aber bitte davon aus, dass ich nicht zu Marten ziehe.«

Tobias sah seine Oma bittend an. »Kannst du dich denn wenigstens mit ihm versöhnen? Fahre doch hin und überzeuge dich selbst davon, dass Ikes Oma wieder auf und davon ist!«

Elisa atmete tief durch. »In Ordnung. Dir zuliebe!«

»Danke, Oma!« Tobias fiel ihr um den Hals.

»Aber das heißt gar nichts!«, sagte sie. »Keine falschen Schlüsse ziehen, bitte!«

»Bestimmt nicht!« Tobias sah sie treuherzig an.

»Aber wie gehen wir nun weiter vor?«, fragte Sybille. »Wir wissen jetzt nur, dass Immo und ich ein Büro benötigen und die beiden eine andere Bleibe. Wie und wo, bleibt offen?«

»Erst einmal ja«, sagte Tobis Vater. »Wir werden uns nach beidem umsehen.«

Ike wirkte sehr enttäuscht. Sie hatte sich definitiv mehr von ihrer Idee erhofft.

»Huhu!«

Marten zuckte beim Klang dieser Stimme zusammen. Hatte Traute denn nicht zugehört?

»Was willst du hier?«, knurrte er sie an.

Traute klimperte mit dem Wagenschlüssel. »Dir einen Vorschlag machen.«

Marten seufzte. Ihm ging es nicht gut, denn er hatte das, was so schön begonnen hatte wie ein gut duftender Frühlingsmorgen, definitiv vergeigt.

Elisa wollte nichts mehr mit ihm zu tun haben. In seiner Verzweiflung hatte er schon damit angefangen, das Haus zu renovieren und in den unbewohnten Zimmern die Tapeten von den Wänden zu reißen. Aber es ging nur langsam voran.

»Marten? Ich rede mit dir!«, herrschte Traute ihn an. »Es wäre überaus höflich, wenn du mir zuhören würdest!«

»Mach ich doch. Also, was möchtest du mir vorschlagen?« Er hatte sich entschlossen, Traute freundlich, aber distanziert zuzuhören und sie dann zum Teufel zu jagen. So konnte sie ihm wenigstens nicht unterstellen, er hätte sich nicht bemüht.

»Machst du uns einen Tee?«, fragte Traute mit schief gelegtem Kopf.

Aber das führte für Marten wieder viel zu weit. Sie wollte ihn um den kleinen Finger wickeln, und das zog nicht mehr.

»Du kannst mir auch schnell hier draußen erzählen, was dich hierherführt. Unsere Abmachung war klar.«

Marten wunderte sich selbst über seine deutlichen Worte. Auch wenn Elisa nichts mehr von ihm wissen wollte, war ihm dennoch deutlich geworden, dass Traute und er keine Zukunft mehr hatten. Die gemeinsame Zeit war vorbei.

»Ich dachte, ich bleibe in Otterndorf und besuche dich täglich. Wir zwei unternehmen dann was und machen uns eine schöne Zeit«, zwitscherte Traute. »Was sagst du dazu?«

»Dass wir das nicht tun«, entgegnete Marten. »Was willst du in einer norddeutschen Kleinstadt? Du bist hier weg, weil du in den Metropolen oder anderen Gegenden leben wolltest.«

»Das habe ich auch getan. Aber du lebst hier.«

»Traute! Das hat dich über so viele Jahre nicht gestört. Du bist von ›schnuckeligen‹ jungen Männern verwöhnt worden! Was hast du damit geprahlt. Warum bist du wirklich hier? Hast du finanzielle Schwierigkeiten?«

»Ich bin nur deinetwegen gekommen«, flötete sie weiter, ohne Martens Frage zu beantworten.

Sie machte einen Schritt auf ihn zu und fasste seine Hand. Noch ehe er sie fortziehen konnte, hörte Marten das Klappern eines Schutzbleches, und Elisa kam auf den Hof gefahren.

»Ach, dein Liebchen«, sagte Traute abwertend. »Es wird Zeit, dass sie weiß, wer jetzt hier das Sagen hat!«

Marten wollte Traute die Hand entziehen, aber sie hielt sie umkrallt, zog ihn ruckartig an sich heran und schmatzte ihm einen dicken Kuss auf die Lippen.

Er stieß Traute weg, doch Elisa hatte sich bereits wieder entfernt.

»Es ist nicht so, wie du denkst!«, rief er ihr nach.

»Ne, weiß ich. Du küsst ja jede, wenn sie dir zu nahe kommt!« Elisa winkte und war dann vom Hof verschwunden.

»Die wären wir los«, erklärte Traute zufrieden.

»Geh!«, sagte Marten mit gepresster Stimme. »Verschwinde! Und komm nie, wirklich nie mehr zurück nach Otterndorf!« Er stürzte ins Haus und schmetterte die Tür hinter sich zu. Zum ersten Mal in seinem Leben schloss er hinter sich ab.

Kapitel 22

Elisa freute sich, den Nachmittag wieder im Märchenland zu verbringen. Die Stunden hier hatten ihr schon in der letzten Woche sehr geholfen, die neuerliche Verletzung zu überstehen. Genau wie ihr Sport bei Ladys Gym, denn inzwischen plagte sie nach den Übungen kein Muskelkater mehr. Die Kinder im Märchenland waren nun mal herzallerliebst.

Tobi und Ike waren schon am Morgen hingefahren, weil sie Julia versprochen hatten, das Kreativzimmer aufzuräumen und neu zu gestalten.

Elisa wollte heute mit den Kindern Topflappen häkeln. Gut, das war ein wenig aus der Mode gekommen, aber brauchen konnte man die Dinger immer.

Julia hatte ihre Beziehungen spielen lassen, und das Wollädchen war so großzügig gewesen und hatte Baumwollgarn und Häkelnadeln zur Verfügung gestellt.

Elisa war heute vor allem deshalb gespannt, weil sich auch zwei Jungen angemeldet hatten, denn die gingen doch meist lieber zu Marten. Gut, dass er in anderen Räumen werkelte als sie selbst. Ein Aufeinandertreffen hätte sie nur schwer ertragen.

Der Handarbeitsnachmittag würde sie auf jeden Fall von ihrem Kummer – oder war es Ärger – mit Marten abhalten.

Von wegen, Traute war weg! Geküsst hatten sie sich, und dann rief er ihr auch noch nach, es wäre alles nicht so, wie es schien. Für wie dämlich hielt der Kerl sie eigentlich?

Elisa nahm das Rad aus der Garage und strampelte los.

Das Sommerwetter hatte mal wieder eine Pause eingelegt, und über ihr tobten dunkle Wolken am Himmel. Sie waren offenbar in wildem Wettstreit miteinander, und jede wollte schneller sein als die nächste.

Auf dem Rückweg würde Elisa Gegenwind haben, jetzt pusteten die stetigen Böen sie mit großer Geschwindigkeit voran, sodass sie den Elektroantrieb kaum brauchte.

Als sie im Märchenland ankam, begann es plötzlich wie aus Eimern zu schütten, und sie stürzte in die Einrichtung.

»Moin, Julia!« Elisa schüttelte kurz das Haar und lief zum Büro der Leiterin.

Sie hörte Stimmen und wollte eigentlich auf dem Flur warten, doch Julia rief sie herein. »Kannst ruhig eintreten!«

Elisa tat wie ihr geheißen, prallte dann aber erschrocken zurück, denn sie war geradewegs in Marten Boekhoff gerannt.

»Entschuldigung«, sagte sie. »Ich warte dann wohl doch besser auf dem Flur.«

»Nein, du störst kein bisschen«, meinte Julia. »Es ist leider notwendig, dich mit Marten abzusprechen, weil ihr euch heute die Örtlichkeiten teilen müsst. Tobi und Ike sind mit dem einen Saal noch nicht fertig. Sie haben beschlossen, dass ihm ein neuer Anstrich guttun würde.« Sie lachte auf. »Ihr beiden seid aber ja enge Freunde, sodass es nicht zu Schwierigkeiten kommen wird.«

Elisa schluckte und sah, dass auch Marten nach einer Argumentation suchte, die dieses Zusammentreffen auf engstem Raum möglichst vermied.

Nur – wie sollten sie das ablehnen? Dann würden die Kinder leiden, und das war das Letzte, was Elisa sich wünschte.

Sie nickte. »Das ist kein Problem. Beim Topflappenhäkeln macht es nichts, wenn sich andere unterhalten.«

»Danke, ihr seid so herrlich unkompliziert!« Julia strich sich über den Bauch.

Täuschte Elisa sich, oder war er tatsächlich ein wenig gerundet?

Julia strahlte bei der Bewegung förmlich und zuckte zusammen, als sie Elisas Blick bemerkte. »Ja, ich bin schwanger«, sagte sie glückselig. »Nun müssen mein Mann und ich nur noch ein passendes Haus finden. Wir würden so gern in der Altstadt leben, aber es ist unfassbar schwer, etwas zu bekommen. Wir können auch nicht viel in die Renovierung investieren.«

»Dann wünsche ich viel Glück und natürlich alles Gute zu dieser wundervollen Nachricht!«

»Schade, dass du doch nicht ausziehen willst, sonst könntest du Julia dein Domizil anbieten«, sagte Marten wie nebenbei und erklärte weiter, als er Julias fragenden Blick sah: »Elisa wollte noch vor kurzer Zeit Richtung Cuxhaven ziehen, denn ihr Haus ist für sie allein viel zu groß. Darin wäre eine Familie besser aufgehoben, aber dann haben sich die Ereignisse überschlagen, und jetzt leben ihr Sohn und ihr Enkel dort. Für Elisa fein, für dich eine verpasste Chance. Es ist aber auch nur für kurz, nicht wahr, Elisa?« Er wartete deren Antwort gar nicht ab und fragte: »In welchem Raum sollen wir arbeiten? Eins oder zwei?«

»Zwei«, antwortete Julia und zuckte mit den Schultern, als sie bemerkte, dass Elisa verständnislos den Kopf schüttelte.

»Tut mir leid, ich weiß nicht, was diese Bemerkung sollte. Es war auch nur eine Überlegung, nichts Konkretes!«

»Schon gut.« Julia winkte ab. »Es ist noch viel Zeit bis zum Termin. Bis dahin werden wir schon etwas finden. Und wenn nicht: Wir haben schließlich ein Dach über dem Kopf.«

»Es ist auch so, dass mein Sohn und mein Enkel ebenfalls gerade auf der Suche nach einer Bleibe sind. Auf Dauer ist es schwierig bei mir. Obwohl ich zwei Gästezimmer habe. Aber wir müssen eben Bad und Küche teilen und das Wohnzimmer. Da bleibt wenig Privatsphäre, das birgt auf Dauer Konfliktpotenzial.«

Julia lachte auf und legte ihre Hand auf Elisas Schulter. »Du musst dich doch vor mir nicht rechtfertigen, weil du in deinem Zuhause wohnen bleiben möchtest.«

Elisa war erleichtert. Julia hatte ja recht, aber Martens Anspielung hatte sie aus dem Konzept gebracht. Nun denn, für heute mussten sie sich vertragen.

Marten triumphierte innerlich. Das hatte gesessen und würde Elisa ein herrlich schlechtes Gewissen machen. Sie in dem viel zu großen Haus, während junge Familien genau so etwas suchten! Ihr Domizil würde exakt für eine kleine Familie passen.

Gleich darauf schämte Marten sich aber wegen der Schadenfreude. Er hatte Elisa wehgetan und nicht umgekehrt, und dass es nachfolgend zu diesen schrecklichen Missverständnissen gekommen war, weil sich die Zufälligkeiten wie Perlen an einer Schnur aneinandergereiht hatten, dafür konnte keiner von beiden etwas.

Warum to'n Düwel musste Traute auch ausgerechnet dann wieder auf seinem Gehöft auftauchen, als Elisa zu ihm kam? Vermutlich, weil sie sich versöhnen wollte.

Marten war eigentlich gar nicht sauer auf Elisa, denn er konnte ihr Verhalten sehr gut verstehen. Richtig stinkig war er einzig auf Traute, die sich über seine Wünsche einfach so hinweggesetzt hatte. Denn nur ihretwegen waren er und Elisa nun keine Freunde mehr. Oder besser, sogar die Freundschaft litt, denn nach dem Kuss hatte er sie und sich als Liebespaar gesehen. Da war er altmodisch. Wen man küsste, mit dem war man verbandelt. Nur hatte ihn auch Traute geküsst. Machte ihn das zum Bigamisten? In Elisas Augen schon.

Marten hörte Schritte, und kurz darauf betrat Elisa den Raum.

»Du bist ja schon da. Ich links, du rechts?« Ihr Ton war kühl, und er hatte nichts von der Wärme, die ihn stets so fasziniert hatte. Er suchte ihren Blick, doch sie wich ihm aus.

»Wenn du das so möchtest«, sagte er. »Ich kann überall arbeiten. Heute baue ich mit den Kids Segelboote aus Holzplatten. Und was machst du?«

»Topflappen«, kam es einsilbig zurück.

»Kann man immer brauchen.«

Mann, was für eine weitere dämliche Bemerkung war das denn?

Marten spitzte die Lippen und wollte eben etwas Intelligenteres zur Unterhaltung beisteuern, als Elisa sagte: »Ja, die Dinger sind supergut, wenn man sich nicht verbrennen möchte. Ich hätte mir mal besser in der letzten Zeit schon einen ganzen Stapel gehäkelt. Aber nun bin ich gewappnet.«

Marten verstand die Doppeldeutigkeit dieser Aussage sehr gut. Es war wohl sinnlos, jetzt mit Elisa weiter zu diskutieren. Außerdem ertönten auf dem Flur Stimmen und lautes Lachen. Hinzu kamen viele Schritte.

»Unsere Kinder sind da«, bemerkte Elisa. »Dann legen wir mal los.«

Marten nickte stumm und machte sich daran, die Holzstücke neu zu sortieren.

Die Kinder waren mit Feuereifer dabei. Elisa hatte ihnen kurz erklärt, was sie tun mussten, und danach durften sich alle ihre Farbe auswählen.

Sie hatte fünf Kinder zu betreuen, in Martens Gruppe waren sieben.

Weil die drei Mädchen und die beiden Jungen sehr schnell begriffen hatten, was zu tun war, und sie sich nicht ablenken ließen, blieb ihr genügend Zeit, Marten zu beobachten.

Er trug inzwischen wieder Bart. Nicht ganz so einen Wildwuchs wie bei ihrem ersten Kennenlernen, aber doch schon wieder flauschig. Es stand ihm.

Elisa schaute weg. Nicht dass er noch bemerkte, wie sie ihn beobachtete. Er könnte falsche Schlüsse daraus ziehen, und das wäre fatal.

»Wie geht das hier weiter?«, fragte Lisbeth, und Elisa zeigte ihr, wie sie den Faden mit der neuen Farbe einbringen konnte.

Damit sie nicht ständig zu Marten schielte, ging Elisa von Kind zu Kind und begutachtete dessen Tun. Dennoch begleitete sie Martens Stimme die ganze Zeit. Er war so ruhig und freundlich, wenn er den Kindern erklärte, wie sie das Segel anbringen mussten, und er achtete umsichtig darauf, dass sie vorsichtig mit den filigranen Teilen umgingen. Und er freute sich wie ein kleiner Junge, als das erste Kind das Boot in der Hand hielt.

»Sieh mal, Elisa, das erste Schiffchen kann vom Stapel gelassen werden!« Marten strahlte so sehr, dass Elisa einfach nicht anders konnte, als die Begeisterung zu teilen.

»Das ist ja toll geworden«, lobte sie Gitti, die ihr stolz das Segelboot entgegenstreckte.

Kurz darauf hatte auch Stoffel sein Boot fertig.

Elisa musste zugeben, dass Marten eine wunderbare Arbeit leistete, denn die Boote waren zwar von der Technik her mit dem platten Rumpf einfach gebaut, aber sie wirkten keineswegs dilettantisch. Im Gegenteil. Allein durch die individuell gestalteten Segel hatte jedes Schiffchen seinen eigenen Stempel erhalten.

»Der erste Topflappen ist fertig!«

Elisa bestaunte den blau-weiß gestreiften Lappen von Mirko.

»Den schenke ich meiner Oma«, erklärte er mit hochroten Wangen. »Die verbrennt sich nämlich ständig die Finger, wenn sie den Kessel vom Herd nimmt.«

Und so gelang es einem Kind nach dem anderen, den Nachmittag mit einem fertigen Teil zu beenden.

»Nächste Woche häkeln wir dann den zweiten Lappen«, erklärte Elisa. »Ein Topf hat schließlich zwei Griffe, und es ist immer gut, wenn man ein Paar zum Festhalten hat.«

»Und wir bauen nächste Woche einen Hafen«, sagte Marten. »Ich habe vorhin im Büro schon mit Julia gesprochen. Wir dürfen in der einen Ecke Erde ausheben und eine Wasserstelle bauen. Dort könnt ihr eure Boote schwimmen lassen und später festmachen! Material habe ich auf meinem Hof genug. Wer ist dabei?«

Alle Finger schossen in die Höhe, und als Elisa Marten derart in seinem Element vor sich sah, klopfte ihr Herz schon wieder eine Spur zu schnell.

»Bringt nächste Woche eure Schiffchen einfach wieder mit. Oder ihr lasst sie gleich bei Julia. Wie ihr es möchtet.«

»Tschüss!«, ertönte es von allen Seiten, dann entfernten sich die fröhlich tobenden Kinder.

Elisa nahm den Besen aus dem Schrank, denn putzen mussten sie hier selbst.

»Ich möchte mit dir reden«, sagte Marten.

»Worüber? Dass deine große Liebe wieder in dein Leben getreten ist, dass es dir leidtut, sich so gehen zu lassen, indem du mich geküsst hast?«

»So ist das alles nicht. Bitte, Elisa, lass uns doch wie zwei erwachsene Menschen miteinander umgehen«, bat er sie.

Elisa seufzte und rang mit sich. Einerseits hatte Marten ja recht, und sie benahmen sich wie zwei Teenager. Andererseits hatte er sie vorgeführt, und es fiel ihr schwer, ihm das zu verzeihen.

Aber als er sie nun so lieb anschaute, gab sie nach. So konnte es wirklich nicht weitergehen.

»Gut, dann gehen wir gleich zusammen etwas essen«, beschloss sie. Ein Treffen auf neutralem Boden gestaltete sich bestimmt einfacher, als wenn sie bei einem von ihnen zu Hause waren. Außerdem lief Elisa so nicht Gefahr, dass diese Traute wieder reinschneite und jegliche Kommunikation im Keim erstickte, weil sie Marten irgendwie sprachlos machte.

»Um neunzehn Uhr *In de Grund*? *Am Großen Specken*?«, fragte Marten. »Da kann ich auch super mit dem Boot anlegen.«

Elisa nickte und wusste nicht, ob sie sich freuen sollte oder nicht.

Immo war genervt. Er hatte in der letzten Woche noch keine passende Wohnung gefunden. Entweder waren die Angebote zu kostspielig, zu renovierungsbedürftig, oder er konnte der Lage nichts abgewinnen.

Auch Sybille war wegen eines neuen Büros noch nicht fündig geworden.

»Ich habe wirklich die Nase voll«, sagte Immo. »Eigentlich ist die Idee unserer Kinder grandios, meinst du nicht?«

»Auf jeden Fall. Nur klingt es wohl romantischer, als es ist, wenn man sich vorstellt, wie spinnefeind sich deine Mutter und mein Schiegervater inzwischen sind. Und das alles wegen meiner verflossenen Schwiegermutter, die während der Trennung eine eigenartige Metamorphose durchlaufen hat.«

»War sie früher nicht so?«, fragte Immo.

Sybille hatte ihm erzählt, wie übergriffig sich Traute bei ihren Besuchen verhalten hatte.

»Ich kenne sie tatsächlich ganz anders. Freundlicher. Gut, ein bisschen herrisch war sie schon immer, und man sagt ja, dass im Alter die schwierigen Charakterzüge deutlicher werden, aber so schlimm? Nein, das hätte ich nicht erwartet. Sie bedrängt Marten geradezu, das finde ich furchtbar.«

»Dann wollen wir mal hoffen, dass sich unsere beiden älteren Herrschaften wieder zusammenraufen und wir das Thema doch noch einmal ansprechen können. Ich persönlich bin von der Idee hellauf begeistert. Allein die Lage am Deich! Da lässt es sich wunderbar arbeiten«, schwärmte Immo, wurde aber von Sybille sofort wieder auf den Boden der Tatsachen geholt.

»Sofern man Internet hat. Das funktioniert noch immer nicht richtig. Es ist ein bisschen Servicewüste bei Marten.« Sie fuhr sich mit der Hand durchs Haar. »Und du glaubst gar nicht, wie viel ungebetene Mieter bei ihm ein und aus gehen!«

»Er vermietet?«, fragte Immo ungläubig.

»Eher Kost und Logis.« Sybille tat geheimnisvoll. »Tag und Nacht ist da was los!«

»Du veräppelst mich!«

»Ein klitzekleines, winziges bisschen vielleicht«, erwiderte Sybille.

»Wen meinst du genau mit diesen Bewohnern?«, fragte Immo.

»Mäuschen, Marder und Spinnen«, sagte Sybille kichernd.

Immo näherte sich ihr, und plötzlich konnte er nicht anders, als sie mit seinen Armen zu umschlingen, ihr mit der Nase durchs Haar zu fahren, ihren Duft zu kosten und sein Herz frei galoppieren zu lassen, als würde er über die Prärie preschen und es gäbe nichts anderes mehr als ihn und dieses unsagbar wundervolle Glücksgefühl.

Sybille wehrte sich auch nicht, sondern drehte Immo sogar den Kopf hin und anschließend den ganzen Körper. So standen sie voreinander, blickten sich an, tief und tiefer – am Ende war da nur noch Magie.

Kapitel 23

Es muss doch einen Weg geben, unsere Großeltern wieder miteinander zu versöhnen«, sagte Tobias mit einem leisen Stöhnen. Er war mit Ike auf einem Abendspaziergang durch Otterndorfs Straßen unterwegs.

»Vergiss es«, meinte Ike. »Das geht jetzt schon so lange mit den beiden. Die sind sich einfach nicht mehr grün.«

Tobias zuckte mit den Achseln. So ganz verstand er das Theater nicht. »Mann, deine Oma ist doch längst über alle Berge!«

»Oder auch nicht!« Ike deutete zu einem schwarzen SUV, der sich betont langsam durch die Cuxhavener Straße schob. »Sie ist noch da!« Dann erbleichte sie förmlich. »Guck mal!«

Jetzt erkannte auch Tobias, was Ike gesehen hatte. Marten und Elisa standen am *Großen Specken* auf der Terrasse des Speiselokals *In de Grund*. Das Fachwerkgebäude lag direkt am Ufer der Medem neben dem Alten Hafen. Martens Motorboot schaukelte am Anleger. Die Terrasse war fast leer, am heutigen Abend war es einfach zu kalt, um draußen zu sitzen.

Trautes SUV aber blieb auf der Medembrücke stehen. Ikes Großmutter ignorierte das hinter ihr einsetzende wütende Hupen und stieg aus.

Sie holte Luft, und es wirkte, als wollte sie Marten rufen, doch Ike war schneller. Sie spurtete die paar Meter zu Traute, packte sie am Arm und riss sie zu sich herum.

»Mien Deern, was hast du mich erschreckt«, sagte ihre Oma und schüttelte die Hand ihrer Enkelin ab.

Tobias warf einen Blick zur Terrasse. Opa Marten und Oma Elisa waren zum Glück schon im Inneren des Restaurants verschwunden. Die erste Gefahr war gebannt. Nun musste Traute nur noch hier weggelotst werden. Nicht dass sie noch auf die glorreiche Idee kam, sie könnte auch in dem Lokal etwas essen.

»Was schleichst denn du hinter mir her?«, maulte Traute nun Ike an.

Das Hupkonzert hinter ihnen wurde lauter. Das interessierte Traute aber kein bisschen.

»Ich bin mit Tobi spazieren gegangen, und wir haben dich zufällig gesehen«, wehrte Ike ab. »Ich schleiche dir doch nicht nach!«

Traute schaute noch einmal über die Brüstung, aber ihre Chance war vertan. Marten war entwischt.

»Gut, dann haben wir uns ja begrüßt, und wir können wieder unserer Wege gehen«, sagte sie.

Ihr Lächeln aber erreichte ihre Augen nicht. Sie wollte und konnte Marten offenbar nicht loslassen, und ihr waren Ike und Tobias im Weg.

»Ich muss dann auch. Otterndorf ist Geschichte für mich«, erklärte sie. »Marten will mich nicht mehr und hat so schnell Ersatz gefunden.«

»Ja, nach all den Jahren wirklich ein Skandal«, rutschte es Tobias raus, und für die Bemerkung erhielt er von Ike einen ordentlichen Tritt auf den Fuß.

Traute schnaubte nur und stieg wieder ein. Sie setzte den Blinker und brauste in der nächsten Lücke davon.

»Dass sie immer so theatralisch im Abgang sein muss«, witzelte Ike. »Wie ein schlechter Wein.«

Tobias runzelte die Stirn. »Ich trau ihr nicht über den Weg.«

»Inwiefern?«, hakte Ike nach.

»Die kommt zurück, und darauf sollten wir vorbereitet sein.«

Ike schürzte die Lippen. »Du meinst wirklich, sie lauert Oma Elisa und Opa Marten noch auf?«

»Schlimmer«, unkte Tobias. »Viel schlimmer. Sie wird im Restaurant auftauchen und ihnen das Essen versauen. Das wäre eine Katastrophe, denn es ist immerhin der erste Schritt, den unsere Großeltern nach dem Streit aufeinander zumachen. Und dann kommt diese Femme fatale und zerstört es schon wieder. Das dürfen wir nicht zulassen.«

»Du wirkst sehr entschlossen«, sagte Ike. »Und ich fürchte, du hast recht. Legen wir uns also auf die Lauer!«

Sie liefen das Stück über die Brücke zurück und bogen dann in die Straße Am Großen Specken ein.

»Am besten verschanzen wir uns zunächst hier Am Schlossgraben. Traute wird nur Augen für das Restaurant haben und uns nicht hier vermuten«, schlug Tobias vor.

Es dauerte nicht lange, bis der besagte SUV tatsächlich um die Ecke bog.

»Hinter dem Amtsgericht ist ein Parkplatz«, raunte Tobias. »Da wird sie den Wagen abstellen.«

»Ja, toll. Das wissen wir jetzt. Aber wie können wir sie denn aufhalten?« Ike verzog verzweifelt das Gesicht.

»Keine Ahnung, aber davon ganz viel«, sagte Tobias.

Es war gemütlich in dem Lokal, und Elisa fühlte sich auf Anhieb wohl. Die dunklen Tische vor den weißen Wänden, die hübschen rot karierten Gardinen in den Sprossenfenstern. So mochte sie es.

Sie wusste schon jetzt, dass sie einen leichten Weißwein und ein stilles Wasser trinken würde. Dazu passten fast alle Gerichte, und sie würde sich von der Speisekarte überraschen lassen. Es war lange her, dass sie ausgegangen war. Außer eben zu diesen Beisetzungsfeierlichkeiten, aber das zählte nicht.

Die Bedienung nahm ihre Getränkewünsche auf – Marten entschied sich für ein Pils.

Dann studierten sie die Karte und waren sich schnell einig, dass sie Fisch essen wollten.

»Aber nicht ohne Vorspeise«, erklärte Elisa. »Ich nehme die Tomatensuppe.«

»Meine Wahl fällt auf die Rinderkraftbrühe«, entschied Marten. Anschließend blätterten sie weiter.

Elisa lief beim Anblick der aufgelisteten Köstlichkeiten das Wasser im Mund zusammen.

Beide wählten den Medem Schmaus, der aus Matjesfilet, Brathering, Lachs und Krabben mit Rührei bestand. Dazu wurden Bratkartoffeln und hausgemachte Remoulade serviert.

»Eigenartig, dass wir uns beim Essen so einig sind«, sagte Elisa.

»Nicht nur da«, murmelte Marten.

»Obwohl, zwischen Rinderkraftbrühe und einem Tomatensüppchen gibt es ja Gott sei Dank doch noch einen Unterschied.«

»Ist das wichtig?«, fragte Marten sofort.

Elisa schaute ihm direkt in die Augen. Darin war keine Falschheit, er bat sie mit diesem Essen wohl wirklich ernsthaft um Verzeihung.

»Das mit Traute war dämlich«, sagte er. »Ich hätte sie sofort vom Hof jagen sollen, aber es ist mir schon immer sehr schwergefallen, mich gegen sie zu behaupten. Außerdem wusste ich ja gar nicht, was sie genau wollte.«

Die Suppen wurden gebracht, und Elisa konnte das Gesagte sacken lassen. Sie nickte dem Kellner freundlich zu und nahm einen Löffel von der Tomatensuppe. Die war wunderbar cremig. Aber auch Marten verzog verzückt das Gesicht, als er von seiner Kraftbrühe kostete.

»Die Küche ist hier fantastisch«, sagte Elisa, denn es war eine merkwürdige Situation, wenn sie schweigend beieinandersaßen, obwohl Marten doch zuvor ein so ernstes Thema angeschnitten hatte.

Das Thema, weswegen sie sich überworfen hatten.

Elisa spürte, wie sehr Marten nach einer erlösenden Antwort lechzte.

»Ich freue mich, dass wir hier zusammensitzen und endlich das Kriegsbeil begraben können«, sagte sie leise und lächelte Marten an, dessen Gesichtszüge sich sofort entspannten.

»Das freut mich.« Marten tauchte den Löffel erneut in seine Brühe. »Ich mag es, gut essen zu gehen, aber weißt du was? Ich habe es jahrelang nicht getan.« Er schüttelte den Kopf, bevor er weitersprach. »Wie blöd muss man eigentlich sein, das ganze Leben rückwärts zu gestalten und sich auf nichts mehr zu freuen, weil man sich daran festhält, wie übel das Leben einem mitgespielt hat.«

»Du warst verletzt«, versuchte Elisa die Situation zu erklären. »Das Einzige, was ich wirklich nur schwer nachvollziehen kann, ist, dass es so furchtbar lange gedauert hat, ehe du dich wieder öffnen konntest.«

»Du warst der Schlüssel dazu.« Als wäre ihm das Gesagte peinlich, begann Marten, wieder schneller zu essen, und ruck, zuck war die Suppentasse leer.

Elisa löffelte ihre Suppe weiter. Sie wollte sich nicht hetzen lassen, dazu schmeckte das Essen zu köstlich. Anschließend lehnte sie sich zurück. »Ach, weißt du …«

»Was soll ich wissen?«, hakte Marten nach, weil ihm Elisa die Antwort schuldig blieb.

»Es ist nicht mehr wichtig. Es zählt doch einzig, dass du es geschafft hast, dich endlich aus der Vergangenheit zu lösen und nach vorn zu schauen. Es war vielleicht gut, dass Traute aufgetaucht ist und dir so am Ende klar geworden ist, dass es wirklich und endgültig vorbei ist.«

Elisa schob die Suppentasse ein Stück weg.

»Das ist korrekt, aber es bleibt, dass ich mich dir gegenüber schäbig verhalten habe. Der Kuss … er hat mich fast umgehauen. Ich wollte dir so viel sagen. Und dann kam sie. Im unglücklichsten Moment.«

Elisa tastete nach Martens Hand und legte die ihre auf seine Finger. »Lass es gut sein, Marten. Nobody is perfect, und jetzt sitzen wir schließlich hier.«

»Danke!«

»Sieh nur, da kommt schon der Hauptgang«, sagte Elisa. »Das sieht total lecker aus.«

Sie warf einen Blick aus dem Fenster und hätte schwören können, dort eben Traute gesehen zu haben. Und Ike mit Tobi. Aber das konnte nicht sein. Warum sollten die drei ausgerechnet heute Abend *Am Großen Specken* in Otterndorf sein. Marten hatte doch gesagt, dass Traute fort war.

Elisa widmete sich lieber den Köstlichkeiten auf dem Teller.

»Was soll das?«, keifte Traute, als Tobias sie am Arm packte und vom Eingang der Gaststätte fortzog.

»Du gehst dort jetzt nicht rein, Oma!«, befahl Ike.

Tobias schaute seine Freundin erstaunt an, denn einen so resoluten Ton war er von ihr nicht gewohnt.

Aber Traute verstand wahrscheinlich nur klare Ansagen.

»Dadrin ist Marten«, erklärte die nun. »Mit einer anderen Frau!«

»Genau. Mit meiner Oma, und sie haben etwas zu klären, wo Sie nur stören würden!« Tobias zerrte Traute noch ein Stück von dem Restaurant fort. Nicht dass Elisa sie doch noch sah, falls sie aus dem Fenster schaute.

»Bestimmt will sie sich den Hof unter den Nagel reißen«, fauchte Traute.

Sie wirkte trotz der unterschwelligen Wut plötzlich verletzlich.

»Lassen Sie uns mal in Ruhe reden«, schlug Tobias vor und ignorierte das entsetzte Kopfschütteln von Ike.

»Junger Mann, Sie wollen sich also anhören, warum ich hier bin?«, fragte Traute ungläubig.

»Ja, denn ich finde Ihr Auftreten ein bisschen … sagen wir mal … befremdlich. Sie kommen hier einfach so hereingeschneit, nisten sich in Opa Martens altem Leben wie selbstverständlich ein und fragen nicht einmal, ob ihm das noch passt!«

Mit einem jetzt triumphierenden Blick erwiderte sie: »Er hat mich nie vergessen. Immer wieder hat Marten mir geschrieben. Natürlich hat es ihm gefallen, dass ich gekommen bin.«

»Wann war der letzte Brief?«, hakte Ike nach. Dass ihr Opa sie anders kontaktiert haben könnte, schloss sie wohl aus, technisch zurückgeblieben, wie er lebte.

»Vor ein paar Wochen, so genau weiß ich das nicht mehr«, gab Traute kleinlaut zu.

»Kommt bitte mit, wir suchen uns auch eine Kneipe. Hier redet es sich schlecht«, sagte Tobias. Er wollte wirklich genau wissen, was da vorgefallen war.

»Gut, dann gucken wir am besten im Ort, ob wir etwas finden«, meinte Ike, obwohl Tobi ihr ansah, wie wenig sie seine Entscheidung begeisterte.

»Wir können in den Irish Pub gehen«, war dann Tobis Vorschlag, nachdem er kurz gegoogelt hatte, was in der Nähe lag und geöffnet hatte.

Sie spazierten durch die Straße Am Schlossgraben, bis sie vor dem Pub standen. Zum Glück fanden sie sofort einen Platz in der Ecke und bestellten drei Murphy's.

Als das Bier vor ihnen stand, übernahm Tobias sofort die Gesprächsführung.

»So, nun haben Sie bei Marten ziemlich viel durcheinandergewirbelt, und Ike und ich wüssten sehr gerne, warum. Die Sehnsucht nehmen wir Ihnen nämlich nicht ab.«

Traute nahm erst einen Schluck Bier und wischte sich dann den Schaumbart mit dem Handrücken ab.

»Na ja, ich war jahrelang in der Weltgeschichte unterwegs. Habe sämtliche Kontinente bereist.«

»Du hast dich also an Opas Seite eher unwohl gefühlt?«, hakte Ike vorsichtig nach. Sie schien verstanden zu haben, warum Tobias sich so sehr für Trautes Geschichte interessierte. Nur wenn sie das wussten, würden sie gegenlenken können.

»Marten ist ein Otterndorfer. Er möchte nichts anderes, liebt seinen Hof und das Leben am Deich.«

»Und jetzt lieben Sie es auch wieder?«, fragte Tobias.

»Ich bin allein«, entfuhr es Traute.

»Aber Opa sagte, du hättest einen anderen Mann.« Ike nahm einen kräftigen Schluck Bier.

»Das stimmt. Erst gab es mehrere, ich habe meine Freiheit ausgekostet. Bis ich mich in Dänemark tatsächlich so richtig verliebt habe.«

»Und der Mann ist jetzt auch weg?«, fragte Tobias.

Nun kamen Traute dicke Tränen.

»Ja.«

»Sie haben mit ihm in Dänemark gelebt?« Tobias tat Traute tatsächlich richtig leid, nur verstand er ihre Beweggründe noch immer nicht.

»Ja, in Mommark. In der Nähe vom Hafen. Dort hatten wir ein Haus, und ich habe in dem kleinen Restaurant an der Marina gearbeitet.« Sie lächelte. »Dort haben sie an den Strand sogar Palmen gepflanzt. Es ist so schön dort. Das Möwengeschrei, der abendliche Blick über das Wasser, die Insel Ærø im Blick. Abends das Leuchtfeuer von dort. Und natürlich sind auch an der Marina die Positionslichter an. Keine Metropole, aber etwas ganz Besonderes.«

Ike wurde ungeduldig. »Gut, das ist ja alles prima, aber warum zum Geier gehst du jetzt Opa Marten auf die Nerven, und warum torpedierst du sein Leben?«

»So siehst du das?«, fragte Traute entgeistert.

»Ja, so sehe ich das, denn Opa hat es endlich geschafft, wieder fröhlich in die Zukunft zu blicken. Er hat mit Elisa eine tolle Freundin gefunden, und dann bist du wie ein Tsunami in sein Leben gerollt. Bitte, lass Opa und Elisa in Ruhe.«

Traute senkte den Kopf, und wieder überkam Tobias Mitleid. Nur half es ja nichts, denn Ike hatte recht. Traute passte nicht mehr in Martens Leben, und es wäre unglaublich traurig, wenn er und seine Oma sich langfristig verkrachen würden. Nicht nur, weil dann aus seiner und Ikes Idee mit dem Wohnprojekt nichts würde. Oma Elisa hatte zu strahlen aufgehört, als Traute gekommen war, und laut Ike war es auch ihrem Opa Marten schlecht gegangen. Manche Dinge waren eben vorbei.

Traute schwieg jetzt, aber Tobias wollte ihre Geschichte trotzdem zu Ende hören.

»Was ist denn passiert, dass Sie diesen offenbar romantischen Ort verlassen mussten?«, fragte er.

»Nichts Schönes«, antwortete Traute. »Ole ist mit dem Schiff von Fynshavn nach Bojden rüber, ich habe es noch von Mommark aus gesehen. Und ganz ehrlich: Ich hatte dabei kein gutes Gefühl. Drüben ist er auch gut angekommen, aber dann verliert sich seine Spur.«

»Er ist getürmt?«, fragte Ike entsetzt.

Traute zuckte mit den Achseln. »Wahrscheinlich. Ich glaube, er hat irgendwo ein neues Leben begonnen. Oft hat er von Nordschweden gesprochen. Er liebte die langen dunklen Winter, auch wenn das jetzt eigenartig klingt.«

»Und das Haus?«, hakte Ike nach.

»Ich habe ein Schreiben bekommen. Er hat es verkauft, und ich musste da raus. Also war ich obdachlos, und ich wollte ohne Ole auch nicht in Dänemark bleiben.«

»Gut, dann bist du also zurückgekommen und hast dir überlegt: Marten hat ein großes Gehöft. Zwar habe ich ihn mal verlassen, aber er scheint ja noch an mir zu hängen, also kann ich bestimmt wieder bei ihm einziehen. Bis zu meiner nächsten Flucht«, fasste es Ike zusammen.

»So ähnlich.« Traute senkte zerknirscht den Blick. »Das war wohl dumm und egoistisch.«

»Das war es«, bestätigte Ike. »Aber wie dem auch sei«, sie gab sich sichtlich einen Ruck, »du bist dennoch meine Oma, und ich denke, uns beiden würde eine Annäherung guttun. Ich kann dir zwar keine Wohnung anbieten, aber es schadet bestimmt nichts, wenn wir ab und zu Zeit miteinander verbringen würden. Dann hätte ich nicht nur Opa.«

Traute tastete nach Ikes Hand, und als die Band nun den Song »Should auld acquaintance be forgot« anstimmte, mutete es fast ein bisschen kitschig an.

Traute liefen derweil Tränen über die Wangen. »Immerhin habe ich jetzt meine Enkelin zurück!«

Ike strich ihr über den Unterarm. »Eine Wohnung findest du bestimmt auch schnell. Du wirst doch Rente bekommen, damit du dir was suchen kannst.«

Traute griff nach dem Bierglas. »Ich sag mal Prost. Meine Mission ist zwar nicht ganz so erfolgreich gelaufen wie erhofft, aber ich sehe ein, dass ich einen Fehler begangen habe, indem ich einfach so tun wollte, als könnte ich an dem Punkt anknüpfen, wo ich vor vielen Jahren aus Otterndorf verschwunden bin.

Vermutlich würde ich mich hier auf Dauer doch nicht wohlfühlen.«

Tobias hob sein Glas ebenfalls. »Dann sind wir uns also einig, dass Sie Marten jetzt in Ruhe lassen?«

Traute presste die Lippen aufeinander, nickte dann aber zustimmend. »Ich verspreche es. Dafür kann ich ja ab und zu mit Ike einen Tee trinken und klönen.«

Ike atmete erleichtert auf. Jetzt, wo ihre Oma versprochen hatte, Opa nicht mehr zu belästigen, entspannte sie sich merklich.

»Du kannst mir auch gern mal Mommark zeigen und das, was du in Dänemark gern magst«, schlug sie vor.

»Da ist es überall schön«, schwärmte Traute sofort. »Mommark liegt auf der Insel Als, und dann die vielen Inseln, die man mit der Fähre oder über einen Damm erreichen kann …«

»Dann werden wir das mal gemeinsam bereisen«, versprach Ike. »Wo schläfst du denn heute Nacht?«

»Ich habe mir ein Hotelzimmer in der Innenstadt genommen«, erklärte Traute. »Ich checke aber morgen aus und fahre nach Hamburg. Dort überlege ich mir dann, wo ich zukünftig leben werde. Ganz sicher aber nicht hier, damit ich Marten nicht ins Gehege komme.«

Tobias war sehr erleichtert, denn das klang nach einem guten Plan.

Als sie Traute eine Stunde später verabschiedeten und sie mit ihrem SUV davonbrauste, schickte Tobias einen dankbaren Blick zum Himmel. Endlich kam etwas Ruhe in ihr Leben.

Kapitel 24

Als Elisa erwachte, tat sie das mit einem freudigen Kribbeln im Bauch. Der Abend mit Marten gestern hatte all ihre Erwartungen übertroffen, und am Ende hatte er sie geküsst.

Nicht wie ein alter Mann, der der Liebe schon lange abgeschworen hatte, sondern wie ein Teenager, der sich Hoffnungen auf mehr machte. So hatte sie es sich nach dem ersten Kuss gewünscht. Aber noch wichtiger war, was er gesagt hatte. Immer wieder ließ Elisa sich die drei Sätze durch den Kopf gehen.

»Elisa, ich hätte nie gedacht, dass ich mich noch einmal verlieben könnte, und noch viel weniger, dass ich mir ernsthaft wünschen würde, wieder mit einer Frau zusammenzuwohnen. Und doch – jetzt tue ich es. Ich liebe dich, Elisa Krull.«

Elisa hatte sich jedes Wort eingeprägt, und ja, sie liebte ihn auch. Gestern konnte sie es Marten noch nicht sagen, aber heute, heute würde sie es tun. Obwohl – was war, wenn Marten sie dann bedrängte, zu ihm zu ziehen? Sie haderte mit sich, ob sie dazu wirklich bereit war.

Es war doch noch so frisch …

Sie stand auf und wollte ins Bad, doch das war von Tobias besetzt. Gut, dann mache ich mir eben einen Kaffee, dachte sie und ging in die Küche.

»Moin, Mutter«, wurde sie von Immo begrüßt. »Soll ich dir einen Kaffee einschenken?«

»Gern«, antwortete sie.

»Wäre es problematisch, wenn ich nach Tobias gleich ins Bad könnte?«, fragte Immo, während der Kaffee durchlief und seinen angenehmen Duft verbreitete.

Elisa atmete tief durch, stimmte dann aber zu.

Nein, es war nicht problematisch, aber nervig. Sie konnte in ihrem eigenen Haus einfach nicht mehr tun und lassen, was sie wollte.

»Was macht die Wohnungssuche?«, fragte sie. »Oder die nach geeigneten Büroräumen?«

»Schlecht.« Immo stellte Elisa den Kaffee hin. Er deutete auf die Zeitung. »Es gibt Angebote genug, aber irgendwie will nichts so richtig passen.«

Elisa setzte sich und nippte an der Tasse. »Dann bleibt die Situation also erst einmal, wie sie ist?«

»Wir geben alles«, versprach ihr Sohn. »Was meinst du denn zu Ikes Vorschlag? Wäre der nicht doch zu überlegen?«

Elisa verbrannte sich fast die Zunge, weil sie einen zu großen Schluck genommen hatte. »Ihr meint also wirklich, wir sollten alle auf dem großen Hof leben?«

»Schlecht wäre es nicht. Er bietet ausreichend Platz für uns alle, und jeder hätte sein eigenes Reich. Wenn aber was ist, sind die anderen für denjenigen da. Es wäre ein generationsübergreifendes Projekt.«

»Das kostet viel Geld!«

»Wir müssten es durchrechnen, aber ich für meinen Teil verfüge ja bald über das Geld für das Haus in Köln. Und Sybille hat Eigenkapital, weil auch ihr Mann sie ausgezahlt hat und sie das Geld nie antasten musste. Das alles muss natürlich rechtlich geklärt werden und …«

»Ihr seid Traumtänzer«, entfuhr es Elisa. »Marten müsste entweder an uns vermieten oder anteilig verkaufen. Dann lägen noch die Renovierungskosten an. Das ist nicht zum Nulltarif zu stemmen. Ich für meinen Teil möchte in keiner Bruchbude leben.«

»Das verlangt auch niemand. Aber bevor wir die Idee gleich verwerfen, könnten wir es mal durchkalkulieren lassen. Wenn es dann nicht geht, dann eben nicht.«

Tobias kam aus dem Bad und schüttelte das nasse Haar. Die Wassertropfen verteilten sich auf den Fliesen.

Elisa seufzte. Ja, es musste sich etwas ändern. Nur war die Idee mit Martens Hof die richtige?

Ich brauche ja nicht mit ihm in einer Wohnung zu leben, dachte sie. Denn egal, wie sehr ihr Herz für ihn schlug: Niemals würde sie ihre Unabhängigkeit aufgeben wollen.

»Ich muss ans Meer«, überlegte sie laut. Dort bekam sie immer den Kopf frei.

Duschen kann ich später, wenn ich in meinem eigenen Haus wieder in mein eigenes Bad kann.

Elisa zögerte nicht, schlüpfte in die Jogginghose und stahl sich aus dem Haus. Das fehlte noch, sich in den eigenen vier Wänden abmelden zu müssen. Sie kam und ging, wie es ihr gefiel, und so sollte es bitte auch zukünftig bleiben.

Schnell den Akku angeschlossen und den Helm festgezurrt. Dann stellte sie das E-Bike auf Turbo und kam rasch auf Touren.

Sie genoss den Fahrtwind, und mit jedem Tritt fühlte sie sich freier und leichter. Weil sie so rasant fuhr, gelangte sie fix an den Deich, entschloss sich aber, nicht in die Richtung von Martens Hof zu radeln, sondern nach Altenbruch. Doch wenn sie in diesem Tempo unterwegs war, bedeutete es, dass sie viel zu schnell zu Hause war, und sie wollte doch nachdenken. Für sie war es ebenfalls ausgeschlossen, den Otterndorfer Strand zu besuchen, so schön er auch war. Dort waren ihr zu viele Menschen, genau wie an der Nordsee und Südsee, den beiden Binnenseen, um die sich die Freizeitanlagen und der Campingplatz gruppierten. Sie brauchte heute die Einsamkeit und war sich selbst genug. Zu viel war passiert, damit musste sie erst einmal zurechtkommen.

Also disponierte sie um, schloss das Rad am Seglerhafen ab und machte sich zu Fuß auf den Weg.

Ach, war das schön, auf dem Elbdeich entlangzuwandern. Sie sog die Würze der Nordseeluft in sich auf und war wie immer fasziniert von den großen vorbeifahrenden Schiffen, die sich Richtung Cuxhaven und Hamburg schoben oder aber am Horizont auf anderen Routen unterwegs waren.

Zwei Lachmöwen balgten sich am Vordeich um eine Muschel, und ein paar Segler unterhielten sich lautstark über das nächste Auslaufen ihrer Boote.

Gänse flogen schnatternd über sie hinweg, und sie schaute dem fliegenden V lange hinterher. Viel zu lange hatte sie sich das nicht mehr gegönnt, allein am Deich zu sein und über die weite See zu schauen.

Elisa atmete mehrfach tief durch, füllte ihre Lunge mit der klaren Seeluft und war froh, dass sich die Knoten in Hals und Bauch merklich entspannten. Erst danach war es ihr möglich, sich wirklich auf das zu konzentrieren, was ihr auf der Seele brannte. Sie benötigte etwas Zeit, um alles in ihrem Kopf zu sortieren.

»Ich fange am besten mit dem ungewöhnlichsten Punkt an«, flüsterte sie. Plötzlich war aus der anfänglichen Freundschaft zwischen Marten und ihr so was wie Liebe gewachsen, und sie konnte damit gar nicht richtig umgehen. Auch wenn sie sich genau das gewünscht hatte.

»Also nun ganz langsam, nichts durcheinanderbringen. Und das Leichte zuerst.«

Punkt 1 war: Marten hatte ihr seine Liebe gestanden, und sie hatten sich geküsst.

Elisa ging in sich. Es hatte sich gut und sogar richtig angefühlt. Ihr Herz klopfte immer noch, wenn sie daran dachte.

»Also: lassen und schauen, was draus wird«, beschloss sie.

Punkt 2: Traute war fort.

»Eifersucht unnötig, er hat sie zum Teufel gejagt.«

Häkchen dran.

Elisa grinste. So machte es Spaß, und so bekam sie immer mehr das Gefühl, die vollkommen entglittenen Situationen doch in der Hand zu haben.

Punkt 3: das Märchenland.

Es lief toll an, und dort würde sie sich definitiv weiter einbringen. Häkchen dran.

Punkt 4: Trennung Immo und Gesa.

Hier spitzte Elisa die Lippen. Die Geschichte war für sie noch nicht final geklärt. Zwar war zu spüren, dass sich zwischen Immo und Sybille etwas anbahnte, was aber zu erheblichen Konflikten führen würde, wenn Immo sich nicht erst mit Gesa ausgesprochen hatte. Bislang war nur sie, Elisa, die Überbringerin schlechter Botschaften gewesen.

»Also ab auf die To-do-Liste«, beschloss sie. Da würde sie Immo gleich Beine machen, damit klare Verhältnisse herrschten, ehe er sich in eine neue Beziehung stürzte, selbst wenn Sybille entzückend war. Aber so liefen sie Gefahr, sich gegenseitig zu verletzen.

Elisa ordnete diesen Punkt auf das gedankliche Regal, denn der war alles andere als erledigt.

Punkt 5: die Wohnsituation.

Hier geriet Elisa so richtig ins Grübeln, denn das war ein fetter Punkt, mit dem sie so gar nicht ins Reine kam.

Sie hatte sich zuerst so gefreut, dass Tobias und Immo zurück waren, ja sogar bei ihr leben wollten. Doch sie hatte die Nachteile, die damit einhergingen, maßlos unterschätzt.

Sie fand es inzwischen strapaziös, wenn sie nicht einfach duschen konnte, weil vielleicht schon jemand im Bad war.

Sie mochte es nicht, dass jeder mitbekam, wenn sie die Toilette benutzte und sich inzwischen heimlich dorthin schlich, weil sie es unangenehm fand.

Es war anstrengender als gedacht, wenn ständig jemand im Haus war und überall Dinge herumstanden, die ihrem eigenen Ordnungssinn widersprachen.

Dann war ihr Wohnzimmer ständig besetzt! Es ging nicht mehr, sich einfach auf die Couch zu fläzen und ein Nickerchen zu machen.

Ihr ganzes Leben war auf den Kopf gestellt – mit allen Vor- und Nachteilen.

Gut, Immo und Tobias hatten das Problem erkannt, und ihr Sohn bemühte sich mit allen Kräften, Abhilfe zu schaffen, aber so einfach schien es nicht zu sein.

Was war, wenn sich die Wohnungssuche oder wenigstens die nach geeigneten und erschwinglichen Büroräumen noch Monate hinzog? Oder sie womöglich gar nichts fanden? Der Markt schien gerade wie leer gefegt.

Elisa blieb stehen und setzte sich auf ihre Jacke ins Gras. Sie genoss das leichte Streicheln der Halme an ihren Unterschenkeln, legte den Kopf in den Nacken und spürte die Wärme der Sonnenstrahlen auf ihrer Haut. Der Wind strich sacht über sie hinweg und spielte mit ihrem Haar.

»Was willst du eigentlich, Elisa Krull?«, fragte sie sich selbst.

»Ich hoffe, ab und zu mit mir zusammen sein«, hörte sie Martens Stimme und zuckte zusammen.

»Hast du mich erschreckt«, sagte sie.

»Entschuldige, das wollte ich nicht. Ich habe dich nur hier sitzen sehen, und ich konnte nicht anders, als mich zu nähern. Wenn ich aber störe, dann verschwinde ich gleich wieder.«

»Nein, bleib bitte!«, bat Elisa. Punkt 1 war immerhin der, den sie sehr schnell hatte bejahen können.

Marten breitete seine Jacke ebenfalls aus und ließ sich neben Elisa nieder. Wie von selbst fanden sich ihre Finger, und die Wärme des anderen schien zwischen ihnen hin und her zu fließen. Das tat gut, denn plötzlich war Elisa, als würden die Probleme zu Problemchen schrumpfen, weil sie nicht allein war, sondern ihre Sorgen und Ängste mit Marten teilen konnte. Nur wusste sie gar nicht, inwieweit er in die Idee involviert war, ja ob er überhaupt davon wusste, dass Ike und Tobi gern alle auf seinem Hof versammelt sehen würden.

»Du grübelst«, sagte Marten. »Magst du mir sagen, worüber du nachdenkst? So allein hier am Deich. Mit Schafsblick.«

»Na immerhin fahren dahinten auch Tanker und Lastschiffe«, wich Elisa aus.

»Du bist aber weder hier, um den Schafsdamen mit ihren Lämmern beim Bockspringen zuzuschauen, noch, um dich an den Schiffen zu ergötzen. Du hast Kummer.« Marten legte vorsichtig seinen Arm auf ihre Schulter, wartete aber ab, ob Elisa das auch wollte.

Sie fühlte sich mit dieser Geste sehr geborgen und rückte noch ein Stück näher an ihn heran, legte ihren Kopf auf seine Schulter und sagte: »Ja, ich habe Kummer, obwohl ich gar keinen Kummer habe.«

Das war nun wirklich keine rhetorische Glanzleistung, aber es entsprach exakt dem, was sie empfand und irgendwie nicht geordnet bekam. Es machte sie deshalb so wahnsinnig, weil sie sonst immer sehr genau wusste, wo es langging, und sie eigentlich auch gut darin war, den Ton anzugeben. Aber jetzt?

Marten schien jedoch verstanden zu haben, was sie bewegte, denn er strich ihr nur sacht über den Oberarm. »Ich weiß genau, was du meinst. Wir werden eine Lösung finden, ganz bestimmt.«

»Meinst du?«

»Ja, weil es immer Lösungen für alles gibt. Und was Ike und Tobi da vorgeschlagen haben, klingt ja gar nicht so schlecht.«

Elisa schaute Marten überrascht an. Er wusste also davon und hatte keine Einwände, dass gleich eine ganze Mannschaft sein Haus okkupieren wollte?

»Du wärst nicht mehr allein, und das, wo du doch ein Deichschrat bist«, wandte Elisa ein. »Ich habe das auch gewaltig unterschätzt, und genau das macht mich gerade wahnsinnig. Ich möchte aber auch die Einsamkeit nicht zurückhaben. Und zwischen diesen beiden Polen bewege ich mich gerade und weiß nicht, zu welchem ich mich mehr angezogen fühlen möchte.«

»Das kann ich gut verstehen.« Marten pflückte einen Grashalm ab und drehte ihn mit der freien Hand. »Genau darüber habe ich nämlich auch intensiv nachgedacht, bin dann aber zu dem Schluss gekommen, dass es ja ganz anders wäre, wenn wir es so lösen, wie es unsere Enkel vorgeschlagen haben.«

Elisa tat es gut, dass Marten so analytisch vorging. Das verschaffte ihr die Sicherheit und Ruhe, die bislang gefehlt hatten.

»Du meinst, weil jeder von uns seinen eigenen Bereich hat?«

»So sehe ich das«, bestätigte Marten. »Wenn wir das angehen sollten, dann muss alles gut geregelt sein. Im Grunde machen wir aus meinem großen Gehöft ein Vierfamilienhaus mit Wohneinheiten. Wir nutzen nur den Garten zusammen, aber ich könnte auch verschiedene Terrassen schaffen, denn die jungen Leute haben bestimmt andere Interessen als wir beide.« Er warf den Grashalm fort und nahm Elisa fest in den Arm. »Und für uns würde ich eine richtig schöne und lauschige Laube wachsen lassen. Man kann es aus Weiden machen oder Ahorn und anderen Laubbäumen. Du darfst dir einen Baum aussuchen. Darin können wir uns dann zurückziehen, wenn wir unsere Ruhe vor dem Tohuwabohu haben wollen.«

Elisa schlug das Herz bis zum Hals. Dass Marten so romantisch sein konnte, war ein wunderbares Gefühl.

»Das klingt alles so schön, doch wäre das nicht auch möglich, wenn die anderen bei dir einziehen, ich aber in meinem Haus bleibe und immer nur vorbeikomme, wenn mir danach ist? Ich habe doch auch noch das Märchenland, und deshalb bin ich gar nicht mehr so einsam.«

Da war etwas Wahres dran, und Marten hatte dem nichts entgegenzusetzen. Dachte Elisa.

Doch dann sagte er etwas, womit sie nicht gerechnet hätte.

»Es wäre nur zu schön, wenn du in meiner Nähe wärst. Also richtig nah. Muss ja nicht dieselbe Wohnung sein, ich weiß ja, welchen Freiraum du für dich benötigst.«

Elisa schob Marten ein Stück weg und suchte seinen Blick. Er sah sie so herzlich an, dass sie wusste, er hatte das eben vollkommen ernst gemeint.

»Wenn ich jemanden liebe«, fuhr er fort, »dann genieße ich jede Sekunde mit dieser Frau. Und ich kann dir nur eines sagen, Elisa Krull. Das ist mir erst zweimal passiert. Mit Traute und mit dir. Aber Traute passt nicht mehr in mein Leben. Ich räume nun bei mir auf, und es wäre für mich ein Segen und mein größter Wunsch, dich dabei an meiner Seite zu haben.«

Elisa schluckte. So etwas hatte nicht einmal ihr Mann jemals zu ihr gesagt. Trotzdem zauderte sie noch.

Marten drückte ihr einen Kuss auf den Scheitel.

»Du musst es nicht jetzt entscheiden, denn das Schlimmste wäre doch, wenn du es meinetwegen tun würdest. Du liebst deine Unabhängigkeit, und ja – es würde uns aneinanderbinden. Nicht nur räumlich, sondern auch finanziell und mit all der Arbeit, die damit verbunden wäre. Lass dir Zeit mit der Entscheidung, so etwas kann und darf man nicht spontan umsetzen. Zuvor wäre es ohnehin zwingend vonnöten, erst einmal zu gucken, wie teuer es werden würde und wie man es finanzieren kann.«

»Danke«, sagte Elisa, und während sie sich wieder in seinen Arm schmiegte, war ihre Entscheidung eigentlich schon gefallen.

Klar würde sie in ihrem Haus wohnen bleiben können, aber dann gehörte sie nie richtig dazu, denn die anderen würden gemeinsame Projekte für den Garten machen, sich spontan zum Essen treffen, Pläne für das Märchenland schmieden … Und hatte sie nicht schon selbst überlegt, das Haus wegzugeben, weil es für sie allein zu groß war? Während andere junge Menschen wie Julia nicht wussten, wo sie mit ihrem Nachwuchs ein gutes Zuhause finden sollten.

»Ich komme zu dir«, hörte Elisa sich sagen. »Meine Bedenkzeit ist zu Ende. Ruf gleich einen Bauunternehmer an, damit wir wissen, was auf uns zukommt. Worauf möchte ich denn noch warten?«

Marten gab Elisa einen Kuss. Lange und zärtlich.

»Ich habe nicht geglaubt, dass du dich darauf einlässt«, sagte er hinterher.

»Ich auch nicht.« Elisa grinste. »Es gibt auch eine Bedingung.«

»Und die wäre?«

»Ich behalte die Hosen an!«

»Gebongt!«

Die beiden schlugen ein.

»Dann radle ich mal zurück und setze Immo und Tobias von meinem Entschluss in Kenntnis. Sybille erfährt es in dem Zuge auch sofort, und du brauchst es nur noch mit Ike zu besprechen. Sie wird aus dem Häuschen sein.«

»Elisa, du machst mich gerade zum glücklichsten Menschen der Welt!« Marten half ihr hoch, nahm sie dann in den Arm und schwenkte sie durch die Luft. »Du wirst sehen, wir beide werden in unserem Alter noch fliegen!«

Kapitel 25

Immo schüttelte verzweifelt den Kopf. Das Wochenende begann gleich mit einer schlechten Nachricht, die er eben aus dem Briefkasten gefischt hatte. Wieder eine Absage! Dass er im Augenblick im Homeoffice arbeitete, schien für viele Vermieter gleichbedeutend mit gar nicht arbeiten zu sein. Es war zum Mäusemelken, und so langsam wusste er gar nicht mehr, wie er seiner Mutter noch unter die Augen treten sollte. Er merkte doch, dass sie die beengte Wohnsituation immer mehr belastete.

Und er hatte ein schlechtes Gewissen, weil er sie mit seiner unangemeldeten Anreise und der Entscheidung, in Otterndorf zu bleiben, komplett überfallen hatte.

Sie waren alle vier, Sybille eingeschlossen, sehr blauäugig gewesen, indem sie dachten, so etwas ginge ohne Konflikte gut.

Leider funktionierte das Internet auf Martens Hof noch immer nicht richtig, und sie konnten nicht einmal dorthin ausweichen.

Außerdem quälte es Immo, dass er mit Gesa noch kein klärendes Gespräch geführt hatte. Er würde sich so gern mit Sybille aussprechen, denn er merkte doch, wie nah sie sich inzwischen waren. Nur konnte er doch keine neue Liebe zulassen, wenn die alte zwar vorbei war, aber noch immer über ihm schwebte, weil es keinen richtigen Schlussstrich gab. Das Aus über den Umweg seiner Mutter zählte nicht wirklich.

Gestern Abend hatte er Gesa über den Messenger eine Nachricht geschickt und darum gebeten, alles final zu klären. Er hoffte, dass sie ihn dort nicht mehr blockiert und die Botschaft gelesen hatte.

Immo hörte das Klacken der Haustür und die Schritte seiner Mutter. Sie war gestern Abend erst sehr spät nach Hause gekommen und heute Morgen früh aufgestanden.

»Hallo, Immo?«

»Bin in der Küche, Sybille hat gerade einen Call. Sogar am Wochenende!« Er fand die Situation ja selbst blöd, denn ständig mit dem Laptop in andere Räume ausweichen, damit der andere seine Videokonferenzen halten konnte, war belastend.

»Wo steckt denn Tobias?«

»Er ist in seinem Zimmer, warum?«

»Hol ihn bitte. Ich muss mit euch reden. Ich koche uns inzwischen Kaffee.« Dann rief sie Immo noch nach: »Und anschließend gehört das Bad samt Badewanne mir!«

Tobias chillte auf dem Bett und schaute dabei eine Serie auf dem Laptop. Sein Samstagmorgenvergnügen. Immerhin in Englisch, das schulte sein Sprachvermögen.

»Ich höre gleich auf, weil ich mit Ike zum Märchenland gehe«, entschuldigte er sich sofort. »Heute ist Training angesagt.«

»Oma will mit uns reden.«

»Oje, haben wir was ausgefressen, oder wirft sie uns nun endgültig raus?«

Immo zuckte mit den Schultern. »Keine Ahnung, aber für einen Rauswurf hat sie eigentlich viel zu gute Laune.«

»Dann ist ja gut.« Tobias klappte den Laptop zu und sprang vom Bett. »Dann gucken wir mal, was Oma von uns will.«

Als die beiden runterkamen, standen schon Kaffeetassen, Kanne und Gebäck auf dem Tisch.

Immos Mutter hatte wirklich ein freudiges Leuchten im Gesicht. »Ich will gar nicht lange um den heißen Brei herumreden«, sagte sie, nachdem sie allen eingeschenkt hatte. »Marten macht einen Termin mit dem Bauunternehmer. Damit wir bei unserm neuen Wohnprojekt genau wissen, worauf wir uns einlassen werden.«

Immo fiel glatt der Löffel aus der Hand, und er klirrte kurz auf der Untertasse. »Du machst das wirklich?«

»Wenn es erschwinglich ist, ja!«

Tobias stieß ein lautes »Yes!« aus, und Immo konnte nicht anders, als seine Mutter zu umarmen.

»Das ist einfach fantastisch«, sagte er.

»Störe ich hier einen fröhlichen Familienfrieden?«

Immo musste sich nicht umdrehen, diese Stimme hätte er aus Tausenden erkannt. Dennoch schnellte er herum. Gesa schaffte es wirklich immer, in den ungünstigsten Augenblicken aufzutauchen.

»Du störst nicht«, sagte er. »Wie ich dir mehrfach versucht habe, mitzuteilen, müssen wir reden. Es geht um etliche Dinge, die wir zu klären haben. Zum Beispiel, dass ich den Haustürschlüssel brauche.«

Gesa reichte ihm zwei Schlüsselbunde. »Deshalb bin ich hier. Es ist schließlich dein Haus, und dass du mich nicht allein dort wohnen lässt, ist schon klar. Ich will das auch gar nicht. Ich bin schließlich Influencerin und habe ein eigenes Einkommen, ich werde mich doch nicht von dir abhängig machen. Wie ich bereits mit dem Inventar verfahren habe, weißt du ja.«

Immo war erleichtert, dass Gesa offenbar nicht gekommen war, um sich zu streiten, sondern wohl eher, weil sie die Friedenspfeife rauchen wollte.

»Wir hatten eine schöne Zeit, aber nun ist es vorbei«, sagte sie mit ihrem ewig strahlenden Lächeln, das Fremde verzauberte, aber dennoch unehrlich war. Dann gab sie Immo einen Kuss auf die Wange, ging zu Tobi und knuffte ihn in die Seite. »Ich wünsche euch was. Wir sind also jetzt offiziell getrennt.«

»Wie bist du denn hier?«, fragte Immo, noch immer vollkommen perplex, weil Gesa wie aus dem Nichts aufgetaucht war und die Trennung weggesteckt hatte wie eine Packung Papiertaschentücher, die man recht schnell in der Hosentasche vergaß.

»Mit Jason. Ich habe ihn im Trennungsseminar kennengelernt, und jetzt haben wir einen gemeinsamen Instagram-Kanal.« Sie warf Immo eine Kusshand zu und entfleuchte aus dem Raum, als wären sie alle nur flüchtige Bekannte gewesen.

»Das war krass«, meinte Tobias. »Aus den Augen, aus dem Sinn, oder was?«

Immo kommentierte es lieber nicht. Es tat ihm einerseits ein bisschen weh, wie oberflächlich und gleichgültig Gesa mit alldem umging. Andererseits schoss ihm sofort ein ganz anderer Gedanke durch den Kopf. Wenn er jetzt in Otterndorf blieb und es kein Gezanke und Gehaue mit Gesa gab, konnte er das Haus ganz schnell verkaufen. Damit hatte er genug Geld, um sich in das Wohnprojekt einzubringen.

»Du grinst, obwohl sich eben deine Lebensgefährtin von dir verabschiedet hat?«, fragte Tobias irritiert.

»Ich kann das Haus in Köln verkaufen«, sagte Immo. »Ich bin flüssig für unsere WG.«

»Klasse!«, entfuhr es Tobias. »Oma, wir sitzen jetzt mit dir in einem Boot!«

»Erst mal sehen, was der Bauunternehmer sagt«, wiegelte sie ab.

Immo lächelte. So war sie, seine Mutter. Immer schön vorsichtig bleiben!

Marten war glücklich, dass Bauunternehmer Kümmerling schon nach drei Tagen sein Kommen zugesagt hatte und sie nun nach weiteren drei Tagen mit dem Kostenvoranschlag rechnen konnten. Kümmerling wollte selbst vorbeikommen, damit er die einzelnen Posten direkt vor Ort erläutern konnte – oder Alternativen aufzeigen. Denn es gab stets eine günstigere Variante. Da war es sicher gut, das alles vor Ort zu betrachten.

Er war mächtig aufgeregt, denn wenn die Kosten ins Unermessliche stiegen, mussten sie das Projekt einstampfen und waren so weit wie zuvor.

Die Anspannung stand aber auch den anderen ins Gesicht geschrieben. Von diesem Nachmittag hing einfach so viel ab.

Endlich fuhr der blaue VW-Bus auf den Hof.

»Er kommt!«, sagte Ike erleichtert. Sie hatte hochrote Wangen und war wohl diejenige, die am meisten aufgeregt war. Immerhin ging es um ihre Idee.

Sofort liefen alle ins Freie.

Kümmerling stieg aus dem Wagen und rieb sich den feisten Bauch.

»Da ist ja die gesamte Mannschaft versammelt«, sagte er. »Und ich habe gute Neuigkeiten. Erst dachte ich tatsächlich, dass viel mehr marode ist, aber da kann ich alle schon mal beruhigen.«

»Juchuu!« Ike tanzte auf dem Hof herum.

»Aber billig wird es dennoch nicht«, dämpfte Kümmerling die aufkommende Euphorie. »Gehen wir mal alles der Reihe nach durch. Ich habe die Pläne mitgebracht, die sollten wir uns zuerst ansehen, bevor ich das an Ort und Stelle im Einzelnen beleuchte. Was Ihre ursprüngliche Renovierungsanfrage bezüglich Bad und Küche betrifft, habe ich die zunächst auf Eis gelegt, denn nun wird ja doch alles anders.«

Marten winkte Kümmerling in die Küche durch. Dort konnte er ihnen am großen Esstisch zeigen, was er aus ihren Ideen gezaubert hatte.

Neugierig platzierten sich alle um den großen Hausplan. Zuerst ging es um die Außenfronten, und allein das wirkte malerisch. Vor den neu eingesetzten Sprossenfenstern hatte er Blumenkübel mit Blüten in bunter Pracht gemalt, die Haustür war im Otterndorfer Stil gestaltet und mit etlichen Details geschmückt.

»Das geht natürlich auch einfacher«, sagte er, »aber der Tenor war ja, dieses Gehöft der Umgebung entsprechend anzupassen. Ich gebe zu, es hat mir viel Spaß gemacht, das zu tun.«

Er zeigte ihnen jede Front, und eine wirkte schöner als die andere.

»Was neue Fenster ausmachen!«, sagte Tobias ehrfürchtig.

»Das sag du mal!«, bestätigte Sybille. Sie stand verdammt nah neben Immo, und täuschte sich Marten, oder hatten sich ihre Finger tatsächlich eben berührt?

»Nun kommen wir zum Innenleben«, fuhr Kümmerling fort. »Wir beginnen mit der Diele. Sie soll der Ausgangspunkt zu allen Wohneinheiten sein, und deshalb verdient sie besondere Beachtung.« Er fuhr mit dem Zeigefinger die gestrichelte Linie entlang. »Hinten endet sie mit einer Tür zum Garten. Rechts und links habe ich Räume geplant, wo man Dinge lagern kann, die draußen benötigt werden. Für Geräte und Möbel habe ich an ein Gelass in der Scheune gedacht. Oder Sie stellen eine Hütte auf. Nur sind ja Gebäude genug da, sodass das Grundstück auch anders genutzt werden kann.«

»Ich würde gern Gemüse anbauen«, ließ Sybille verlauten, und Immo ergänzte, wie gern er ein Gewächshaus hätte.

»Mit entsprechenden Lichtelementen bekommen wir auch ausreichend Helligkeit in den Durchgang«, erklärte der Bauunternehmer.

»Wow!«, brachte Elisa hervor, als sie die lichtdurchflutete Eingangshalle sah. »Das ist einfach nur schön!«

»Nicht wahr?«, fragte Kümmerling stolz.

Zunächst zeigte er die Umbaumaßnahmen unten. Dort sollten links Marten und rechts Elisa leben.

»Natürlich mit eigener Küche und Bad.«

Sie gingen die einzelnen Räume durch, die exakt gegengleich gestaltet waren. Kümmerling hatte Einbauküchen eingezeichnet.

»Das muss natürlich jede Partei selbst entscheiden«, meinte er.

»Ich möchte meinen Holzofen auf keinen Fall verbannen«, erklärte Marten. »Das war ja von Beginn an klar!«

»Deshalb ist er bei Ihnen auch noch drin.« Kümmerling deutete auf Martens Küche, die im Entwurf zwar modern wirkte, aber dennoch die antiquarischen Gerätschaften beinhaltete.

»Das ist so cool!« Ike freute sich so sehr, dass sie Tobias einfach so auf die Wange küsste.

Sie gingen auch die oberen beiden Wohnungen durch, die nach dem Umbau ebenfalls hell und freundlich wirkten, aber dennoch den nostalgischen Charme nicht verloren hatten. Anschließend folgte eine Raumbegehung, wo die Türfarben und andere Dinge besprochen wurden.

»Ich habe für alles einen Durchschnittswert angesetzt«, erklärte Kümmerling abschließend. »Wenn jemand natürlich eine hochwertigere Küche oder Badezimmer möchte, sind nach oben keine Grenzen gesetzt. Mit meiner Berechnung hätten sie aber eine gute Qualität, und ich arbeite sowohl mit einer Gas- und Wasserinstallationsfirma als auch einem Elektriker und Fliesenleger zusammen, sodass wir die Arbeiten gut koordinieren könnten.«

Marten biss sich nervös auf die Lippe. Das sah alles toll aus, und es wirkte alles so einfach. Seine olle Bruchbude würde zu einem Kleinod an der Otterndorfer Küste werden, und er hätte nicht nur die Frau, die er liebte, an seiner Seite, sondern gleich auch noch die Enkelin mit Schwiegertochter und Elisas unglaublich sympathische Familie.

»Und der Preis?«, rang er sich schließlich ab.

»Der unangenehme Teil«, witzelte Kümmerling.

Sie gingen wieder hinunter in die Küche.

Der Bauunternehmer zückte die Berechnungen aus seiner Tasche, legte sie wortlos auf den Tisch, und alle starrten wie gebannt auf die Summe.

Elisa war die Erste, die reagierte. »Ich habe tatsächlich mit mehr gerechnet. Durch vier bedeutet das für jeden eine erschwingliche Summe.«

Marten nickte. Als er gesehen hatte, was am Ende dabei herauskam, war ihm kein Stein, sondern gleich ein ganzer Fels vom Herzen gefallen. Er verfügte zwar über das geringste Kapital, aber er würde ja Mieteinnahmen haben, und so war alles gut zu bewerkstelligen.

»Also kann das klappen?«, fragte Ike vorsichtig.

»Ja«, erklärte Marten, nachdem auch Immo und Sybille ihr Okay gegeben hatten. »Das kann klappen. Ich habe schon einen Termin beim Notar gemacht, denn wir müssen uns natürlich gut absichern und an alle Eventualitäten denken.«

»Ich habe auch eine gute Neuigkeit«, rückte nun Elisa heraus. »Heute Morgen waren Julia und ihr Mann da.«

»Hab ich es mir doch gedacht!«, jubelte Tobias. »Sie will dein Haus an der Medem haben!«

»Genau«, bestätigte Elisa. »An diese beiden netten Leute kann und will ich auch verkaufen. Nächste Woche machen wir alles dingfest!«

Kapitel 26

Sechs Monate später

Ausgerechnet heute am Einzugstag fiel Schnee. Und zwar nicht nur ein bisschen, nein, es wirkte, als würde Frau Holle auch die Betten sämtlicher Nachbarn ausschütteln.

Maunz von Maunzerich mochte das Weiß offenbar nicht und hatte sich hinter Martens warmen Holzofen verzogen und auf dem Kissen hingelegt. Er ließ sich von dem Umzugstrubel kein bisschen beeindrucken.

»Wie soll denn der Möbelwagen bei den glatten Straßen durchkommen?«, jammerte Elisa. Sie hatte die letzten Wochen alles zusammengepackt und war geflohen, als die muskelbepackten Kerle in ihr Häuschen eingefallen waren. Sie würde sich später von dem Gemäuer, das so lange ihre Heimat gewesen war, verabschieden.

Sie ging mit einem lachenden und einem weinenden Auge.

Ja, sie freute sich auf den schönen Hof am Deich und ihre hochmoderne Wohnung, die sie natürlich als Smarthome hatte umrüsten lassen. Es war schließlich cool, wenn sie von unterwegs schon mal den Backofen anstellen konnte, und außerdem fand sie es schön, in keine dunkle Wohnung kommen zu müssen.

Marten besaß nun immerhin ein Handy, aber es fehlte ihm noch an der Routine, es auch vernünftig bedienen zu können. Was da nun digital bei Elisa passierte, kam ihm vermutlich sehr fremd, fast außerirdisch vor.

Immo und Sybille wollten auch lieber eine herkömmliche Ausstattung, was Ike und Tobias allerdings sehr schade fanden.

»Sie sind eben noch nicht so weit«, sagte Elisa. »Lass die mal erst in mein Alter kommen, dann denken sie anders.«

Bei Marten war, was das anging, ohnehin Hopfen und Malz verloren. Er kochte wirklich weiter auf seinem Holzofen, erwärmte das Teewasser mit dem Kessel und goss Kaffee durch den alten Porzellanfilter auf.

»Der Möbelwagen kommt!«, rief Ike. Es war aber nicht Elisas, sondern der aus Köln mit den Möbeln von Immo und Sybille.

»Bei dir dauert das Zusammenpacken sicher noch«, tröstete Ike sie. »Auf dem kurzen Stück ist bestimmt alles gut gegangen. Sieh nur, da kommt auch schon die Sonne raus.«

Über Elisas Gesicht glitt ein erleichtertes Strahlen. Jetzt würden auch die Streudienste etwas schaffen.

Marten legte seine Hand auf ihre Schulter.

»Wer hätte das gedacht, dass wir alten Leute noch einmal zusammenziehen und die große Liebe finden.«

»Wer hätte das gedacht«, sagte Elisa. Und endlich kam auch ihr Möbelwagen auf den Hof gefahren.

Da Elisa alles genau beschriftet hatte, musste sie auch beim Ausladen nicht dabei sein. Das war auch gut so, denn Julia und ihr Mann warteten gleich auf die Schlüsselübergabe.

»Musst du los?«, fragte Immo.

»Ja, bringen wir es hinter uns. Leicht fällt es mir nicht, obwohl ich weiß, dass ich den richtigen Schritt getan habe.«

»Ich fahre dich hin«, sagte Marten.

»Ja, wie denn?«, fragte Immo. »Du hast doch kein Auto.«

»Aber mein Motorboot. Es hat aufgehört zu schneien, und auf der Medem ist kein Eis. Elisa und ich ziehen uns warm an, und dann knattern wir los.«

Elisa hob den Daumen. »Das ist eine wunderbare Idee. Mit frischer Luft um die Nase wird mir alles viel leichter fallen.«

Sie holte ihre dicke Winterjacke samt Mütze, Schal und Handschuhe, und dann stapften sie durch den Schnee zum Anleger.

»Es ist ein bisschen verrückt, das zu tun«, erklärte Marten. »Aber ich wollte an deiner Seite sein, wenn du Abschied nimmst.«

»Das habe ich mir gedacht oder besser erhofft. Deshalb wartet drinnen auch was auf dich.«

Es dauerte etwas, ehe der Motor bei der Kälte ansprang, aber dann endlich setzte sich der Kahn in Bewegung. Sie rauschten an der geliebten Umgebung vorbei und winkten denen zu, die in ihren Gärten standen. Dann hatten sie den Steg erreicht.

Elisas Wehmut wurde nun doch stärker. Wie oft hatte sie hier gesessen und die Beine baumeln lassen!

»Alles okay?«, fragte Marten.

Elisa nickte. »Sieh nur! Julia und ihr Mann stehen schon mit ihrem kleinen Fietje vor der Tür!«

Sie kletterte aus dem Boot, und als sie die junge Familie dort einträchtig mit dem Kinderwagen stehen sah, wurde ihr warm ums Herz. Sie hatte genau das Richtige getan.

»Moin!«, begrüßte sie die beiden. »Ich hoffe, ihr wartet noch nicht allzu lange!«

»Nein, wir sind eben erst gekommen«, sagte Julia.

Elisa überreichte ihnen feierlich die Schlüssel.

»Ich müsste nur noch einmal kurz in die Küche gehen«, sagte sie.

»Nur zu!«, meinte Julia.

Elisa betrat das Haus mit einem mulmigen Empfinden. Bis jetzt waren die Räume ihr Zuhause gewesen, ihre Festung, ihre Burg. Aber jetzt war es, als beträte sie fremden Boden und als würde sie hier nicht mehr hingehören. Sie wollte nicht lange bleiben, es fühlte sich nicht mehr richtig an. Deshalb schaute sie weder nach rechts noch nach links. In der Küche stand eine Tortenplatte. Sie hatte für den Kuchen gefrorene Erdbeeren verwendet, aber die Creme war dennoch fantastisch geworden. Daneben befand sich eine Pappschachtel, worauf Martens Name stand. Die würde sie ihm später überreichen, wenn sie allein in ihrem neuen Zuhause waren.

Sie nahm beides und trat vor die Haustür. »So – und nun übergebe ich euch feierlich euer neues Zuhause. Möge euch ewig Glück beschert sein.«

Julia nahm sie in den Arm. »Danke, und versprich uns, dass du vorbeikommst, wenn wir hier fertig sind.«

»Versprochen!«

Das würde ihr ohnehin leichter fallen, als heute zum Abschluss in den leeren Räumen von ihren alten Erinnerungen erdrückt zu werden.

Sie schaute zu, wie ihr altes Zuhause die Familie freundlich in sich aufsog. Von jetzt an würde hier wieder Kinderlachen zu hören sein. Das war ein gutes Gefühl.

Elisa schluckte den Kloß hinunter, und mit jedem Schritt, den sie sich dem Flüsschen näherten, wurde ihr leichter ums Herz.

Am Steg schaute sie sich noch einmal um. Der Schnee hatte dem Dach ein freches Mützchen aufgesetzt, der Garten wirkte wie unter einer dicken Zuckergussdecke begraben. Die Sonne ließ die Eiskristalle glitzern. Es war ein friedliches Bild.

»Geht es?«, fragte Marten leise und nahm ihr den Kuchen ab. »Dachte ich es mir doch, dass du noch etwas gebacken hast.«

Elisa reckte das Kinn. »Klar, ohne Erdbeerkuchen kann ich nicht einziehen, Marten Boekhoff. Von dieser Stunde an wirst du mich nicht mehr los. Ich bleibe an deiner Seite. So lange, bis auch deine Wohnung smart ist.«

Marten grinste. »Los, einsteigen!«

Elisa nahm Marten in den Arm. »Vielleicht ist es ganz gut, wenn wir jetzt beide wissen, wo es langgeht.«

»So sieht das aus. Ab zum Deich. In unser neues Zuhause!«

Sie tuckerten los. Doch bevor sie durch das frisch gestrichene Hoftor traten, zupfte Elisa Marten am Ärmel.

»Ich habe noch was für dich. Weil ich die alte Tradition doch gern wieder aufleben lassen möchte.«

»Und was?«

Elisa zauberte die Pappschachtel hinter ihrem Rücken hervor. »Sieh nach!«

Marten öffnete den Deckel, und dann begann er so warm zu lächeln, dass Elisa schlucken musste. Er verstand, was sie ihm da gerade überreichte.

»Das ist der Otterndorfer Dichterkuss!«, sagte er.

Elisa lächelte ihn an. »Ich habe das Gebäckstück umbenannt. Es heißt jetzt nach dir – meiner großen Liebe.«

Marten schluckte. »Wie heißt es genau?«

»Der Marten-Kuss. Nur für dich!« Elisa küsste Marten sacht. »Deinem Törtchen liegt mein ureigener Gruß bei. Schau nach!«

Marten nahm die kleine Rolle, die mit einem roten Schleifchen umwickelt war.

Ich liebe dich. Für immer.

Marten nahm Elisa in den Arm. »Ich dich auch. Ich dich auch.«

Elisa kicherte. »Solange das Rezept mein Geheimnis bleiben darf und ich tatsächlich die Hosen anbehalte, kann uns von jetzt an nichts mehr passieren!«

Rezepte für Erdbeerkuchen

Oma Elisa ist Backprofi und liebt Erdbeerkuchen in allen Varianten. Hier eine Auswahl.

Erdbeerkranz

Diese Erdbeertorte ist einem Frankfurter Kranz mit Erdbeergeschmack angeglichen und schmeckt wunderbar fluffig.

Sie wird mit einem Rührkuchen, der in drei Ringe geschnitten wird, gemacht.

Zutaten Rührkuchen:

- 200 g weiche Butter
- 5 Eier
- 200 g Zucker
- 1 Päckchen Vanillezucker
- 300 g Mehl
- 1 Päckchen Backpulver

Zubereitung Rührkuchen:

1. Die Butter mit den fünf Eiern schaumig rühren. Dann den Zucker und Vanillezucker dazugeben und weiter rühren, bis eine weiche Masse entstanden ist.
2. Mehl und Backpulver vermischen und ebenfalls so lange rühren, bis der Teig locker cremig aufgeschlagen ist.
3. Die Masse in eine Springform mit Rohrboden (Durchmesser 26 cm) geben und circa eine Stunde bei 180 Grad (Umluft) auf mittlerer Schiene backen.

Zutaten Cremefüllung, Schicht 1:

- 250 g weiche Butter
- 500 ml Milch
- 1 Paket Vanillepuddingpulver
- 50 g Zucker

Zubereitung Creme:

4. Der Vanillepudding wird mit der Milch und dem Zucker nach Anleitung auf der Packung gekocht.
5. Auf Zimmertemperatur abkühlen lassen.
6. Die Butter mit dem Mixer cremig rühren und vorsichtig unter den abgekühlten Pudding heben.

Zutaten Schicht 2:

Erdbeermarmelade

Zubereitung Erdbeermarmelade:

Man kann sie fertig kaufen, oder man nehme 500 g frische Erdbeeren, püriert sie und lässt sie mit Gelierzucker nach Anleitung aufkochen. Wer mag, kann einen Schuss Rum dazugeben und mitkochen lassen.

Zutaten oberer Kuchen:

halbierte Erdbeeren, circa 250 g

Fertigstellung vom Erdbeerkranz:

7. Den Kuchen in drei Ringe schneiden.
8. Der untere Teil wird mit der Erdbeermarmelade bestrichen.
9. Nun kann der zweite Ring aufgelegt werden. Die zweite Schicht besteht aus der Puddingcreme.
10. Dann wird auch der dritte Ring aufgelegt und der gesamte Kuchen mit der restlichen Puddingcreme bestrichen. Zum Schluss mit den halbierten Erdbeeren ringsum garnieren.

Erdbeerkuchen mit Grießboden

Dieser Erdbeerkuchen schmeckt wunderbar frisch.

Zutaten:

- 3 Eier
- 80 g Butter
- 160 g Zucker
- Saft einer Zitrone
- 1 Päckchen Vanillezucker
- ½ Päckchen Backpulver
- 1 ½ Tassen Grieß
- 375 g Quark
- 500 g gewaschene und geputzte Erdbeeren
- Tortenguss klar

Zubereitung Boden:

1. Die Eier mit der Butter schaumig rühren, dann den Zucker, Vanillezucker und Zitronensaft dazugeben. Das Backpulver unter den Grieß rühren und ebenfalls unterrühren. Am Ende den Quark einarbeiten.
2. Den Teig in eine gefettete Springform (Durchmesser 26 cm) geben und 45 Minuten bei 160 Grad (Umluft) backen. Aufpassen, dass der Teig nicht zu dunkel wird, sonst die Temperatur runterstellen.
3. Nach Backende in der Form abkühlen lassen.
4. Die Erdbeeren vierteln und auf dem abgekühlten Boden verteilen.
5. Den Tortenguss nach Packungsanleitung herstellen und von der Mitte aus mit einem Esslöffel auf dem Kuchen verteilen.
6. Erkalten lassen.

7. Erst danach die Springform öffnen, damit der Guss nicht einreißt. Den Rand vorsichtig mit einem Messer lösen. Dazu schmeckt Schlagsahne mit Vanillezucker.

Beschwipste Erdbeertorte

Diese Torte ist etwas aufwendiger, aber es lohnt sich!

Zutaten Boden 1:

- 150 g weiche Butter
- 150 g Zucker
- 1 Päckchen Vanillezucker
- 50 g gemahlene Mandeln
- 4 Eier
- 250 g Mehl
- ½ Päckchen Backpulver
- 1 Fläschchen Rumaroma

Zutaten Boden 2:

- 200 g Kuvertüre Zartbitter
- Krümel von Boden 1 (siehe Anleitung)

Zutaten Füllung 1:

- 250 g Erdbeeren, gewaschen und gesäubert
- 800 ml Schlagsahne mit Sahnesteif
- 70 ml Campari
- 4 EL Erdbeermarmelade oder Konfitüre (wer möchte)

Zutaten Füllung 2:

2 EL Erdbeermarmelade oder Konfitüre (mit Stückchen)

Zubereitung Boden:

1. Zuerst werden die Mandeln kurz in der Pfanne geröstet (ohne Fett) und müssen danach abkühlen.
2. Butter, Zucker, Vanillezucker und Rumaroma so lange rühren, bis alles cremig geworden ist. Erst dann werden die Eier einzeln untergegeben und verquirlt.
3. Nachdem Mehl und Backpulver vermischt sind, mit einrühren und erst zum Schluss die gerösteten Mandeln dazugeben.
4. Den Teig in eine Springform (Durchmesser 26 cm) geben. Man kann die Form einfetten oder mit Backpapier auslegen.
5. Der Boden wird bei 160 Grad (Umluft) etwa 30 Minuten gebacken.
6. Danach muss er abkühlen.

Nun wird es etwas kniffelig.

7. Der Boden wird mit einem Teelöffel auf etwa einen Zentimeter Höhe abgekratzt, es bleibt aber der Rand (auch 1 cm) stehen.
8. Der abgekratzte Teig wird zerkrümelt.
9. Die Zartbitterkuvertüre nach Anleitung schmelzen und dann die Kuchenkrümel einarbeiten.
10. Für die Weiterverarbeitung nimmt man am besten die Springform.
11. Dort wird wieder Backpapier ausgelegt, die Schokoladen-Krümelmasse darauf verteilt und zu einem festen Kuchenboden zusammengedrückt.
12. Nun kann der Boden mit der Erdbeermarmelade oder Konfitüre bestrichen werden.
13. Danach wird der ausgehöhlte Boden daraufgelegt.

Zubereitung Füllung 1:

14. 10 Früchte fürs Verzieren beiseitelegen.
15. Die Erdbeeren putzen und klein schneiden. Dann in die Aushöhlung des Tortenbodens legen.
16. Campari und etwas Wasser (circa 50 ml) mit einem Schneebesen verrühren.
17. Die steif geschlagene Sahne (mit Sahnesteif) ganz langsam unterheben.
18. Diese Masse auf dem Tortenboden verteilen und 2–3 Stunden im Kühlschrank kalt stellen.
19. Danach wird die Masse mit den restlichen Erdbeeren verziert. Wer mag, kann noch mit ein paar Klecksen Erdbeermarmelade ein paar Tupfen auf die Füllung geben.

Guten Appetit mit Oma Elisas Erdbeerparadieskuchen!

Danksagung

Die Oma-Romane mit allen Facetten der reifen Frauen begleiten mich ja nun schon eine Weile in meinem Autorinnendasein, und es macht mir immer wieder Freude, neue spannende Damen zu erfinden, die sich nicht unterkriegen lassen und ihr Leben auf die eigene unnachahmliche Art und Weise meistern.

Ich danke Ihnen, dass Sie auch die Geschichte von Oma Elisa und Marten so aufmerksam verfolgt haben, und ich hoffe, Sie hatten vergnügliche Lesestunden.

Einen Roman zu schreiben erfordert natürlich selbst im »leichten Genre« auch immer Recherchearbeit, und so bin ich Frau Rennebeck von der Altstadt-Buchhandlung in Otterndorf unglaublich dankbar, weil sie mich sehr unterstützt hat, als ich das süße Städtchen erkundet habe.

Dass ich auf die Idee gekommen bin, den Roman in Otterndorf anzusiedeln, lag an einer wunderbaren Lesung dort in der Bibliothek, und ich danke dem Team und allen voran Herrn Bursky für die Einladung, denn bei diesem Termin habe ich mich auf Anhieb in Otterndorf verliebt. Natürlich habe ich ein paar Sachen erfunden. Es gibt kein »Märchenland«, und der Freizeitanbieter für Oma Elisas Sport entspringt ebenfalls meiner Fantasie.

Und ich danke natürlich meiner Agentin Anna Mechler für die jahrelange und vertrauensvolle Zusammenarbeit und ihr immer offenes Ohr.

Dann danke ich dem gesamten Team von Droemer Knaur, das mich wunderbar unterstützt, allen voran meiner Lektorin Sabine Ley für ihre wertvollen Tipps und Dr. Gisela Menza für die redaktionelle Überarbeitung.

Und zu guter Letzt: Danke an meinen Mann Frank und die Familie. Ohne euch wäre das alles nichts.